本书获浙江省哲学社会科学规划课题
"'两山理论'下浙江省OFDI对绿色TFP的影响机制及对策研究"
（20NDQN309YB）资助

HIGH-QUALITY
DEVELOPMENT

CHINESE OFDI, INDUSTRIAL UPGRADING
AND GREEN TFP PROMOTION

高质量发展

中国OFDI、产业升级与绿色TFP提升

陈 昊　肖 文◎著

ZHEJIANG UNIVERSITY PRESS
浙江大学出版社
·杭州·

图书在版编目（CIP）数据

　　高质量发展：中国 OFDI、产业升级与绿色 TFP 提升 /
陈昊，肖文著. —杭州：浙江大学出版社，2023.4
　　ISBN 978-7-308-23655-3

　　Ⅰ.①高… Ⅱ.①陈… ②肖… Ⅲ.①对外投资—直
接投资—影响—制造工业—产业结构调整—研究—中国
Ⅳ.①F832.6 ②F426.4

　　中国国家版本馆 CIP 数据核字(2023)第 064673 号

高质量发展：中国 OFDI、产业升级与绿色 TFP 提升

陈　昊　肖　文　著

策划编辑	吴伟伟
责任编辑	陈思佳(chensijia_rua@163.com)
文字编辑	谢艳琴
责任校对	陈逸行
封面设计	雷建军
出版发行	浙江大学出版社
	（杭州市天目山路 148 号　邮政编码 310007）
	（网址：http://www.zjupress.com）
排　　版	杭州青翊图文设计有限公司
印　　刷	广东虎彩云印刷有限公司绍兴分公司
开　　本	710mm×1000mm　1/16
印　　张	15.25
字　　数	258 千
版 印 次	2023 年 4 月第 1 版　2023 年 4 月第 1 次印刷
书　　号	ISBN 978-7-308-23655-3
定　　价	68.00 元

前　言

对外直接投资(outward foreign direct investment,简称 OFDI)、母国产业升级和绿色全要素生产率(total factor productivity,简称 TFP)提升研究一直是国际经济领域的热点论题。自 2002 年实施"走出去"战略以来,中国 OFDI 以年均 25.2% 的增长速度实现"井喷式"扩张,中国对外投资规模持续扩大,跨国并购活动异军突起,对外投资领域不断拓宽,这些都是近年来中国 OFDI 所呈现的新特征和新亮色。中国综合国力的不断提升,"一带一路"建设和国际产能合作的加快推进,对外投资政策体系的稳步完善,多双边务实合作深入推进等共同助力中国企业"走出去",中国 OFDI 进入持续高速发展的"快车道"。《2020 年对外直接投资统计公报》数据显示,2020 年中国 OFDI 流量为 1537.1 亿美元,同比增长 12.3%。截至 2020 年底,中国 2.8 万家境内投资者共设立境外企业 4.5 万家,分布在全球 189 个国家和地区,年末存量达 25806.6 亿美元。联合国贸易和发展会议 (United Nations Conference on Trade and Development,简称 UNCTAD)发布的《2021 年世界投资报告》显示,中国 OFDI 占全球当年流量、存量的比例分别为 20.2% 和 6.6%,其中,流量排名第一,存量位居第三。

在中国 OFDI 一路高歌猛进的同时,中国经济与社会发展进入新时期。党的二十大报告明确指出,要坚持以推动高质量发展为主题,加快建设现代化经济体系,着力提高全要素生产率,推动经济实现质的有效提升和量的合理增长,同时也要推动绿色发展,促进人与自然和谐共生。目前,我国技术瓶颈、资源短缺和环境污染等问题不断凸显,产业升级与绿色发展迫在眉睫。具体来说,一方面,中国经济长期处于国际分工低端的深层次矛盾凸显,随着我国人口红利的不断下降，劳动力成本和原材料价格持续攀升，原先以生产要素的低成本为依托，以牺牲生态环境为代价来参与国际竞争的外向型经济增长方式正面临着严峻的挑战；另一方面，以钢铁、水泥和服装等为代表的传统产业产能过剩，研发创新不足导致的先进制造业和战略性新兴产业发展不足，以及现代生产性服务业培育滞后等问题使得我国产业升级与绿色转型阻滞重重。在这样的背景下，借助 OFDI 推动我国产业升级和绿色 TFP 提升已成为我国政府的重要期望。

本书紧紧围绕中国 OFDI、产业升级与绿色 TFP 提升这一中心，从基础理论的回顾、梳理出发，首先，构建了中国 OFDI、产业升级与绿色 TFP 提升的理论框架，重点研究了中国 OFDI 对母国产业升级的传导路径与理论模型，以及中国 OFDI 对绿色 TFP 的影响机理与调节机制。其次，从中国 OFDI 特征事实、产业升级动态演进、绿色 TFP 现状刻画三个方面展开现状分析，在此基础上，实证研究了中国 OFDI 对母国产业升级的影响效应与传导机制，以及中国 OFDI 对母国绿色 TFP 提升的门槛效应与空间效应。再次，本书基于浙江省 OFDI、产业升级与绿色 TFP 实践，分析了浙江省对外投资情况、产业转型现状与浙江省域绿色 TFP 水平，并通过吉利集团跨国并购案例分析，总结其凭借对外投资促进转型升级、绿色发展的相关经验与启示。最后，本书提出了研究结论与政策建议。本书共分为十章，具体结构如下所示。

第一章为 OFDI、产业升级与绿色 TFP 的基础理论。本章从 OFDI 理论、产业升级理论、OFDI 与母国产业升级理论、OFDI 与母国绿色 TFP 研究等四个层面入手，对已有文献和理论进行总结与梳理，并在此基础上提出本书可突破的方向。

第二章为中国 OFDI、产业升级与绿色 TFP 的理论框架。本章是本书的理论研究部分，主要论述了以下四个方面：第一，将 OFDI 东道国划分为非洲国家、欧美国家、东南亚与拉美国家三类，探讨了对不同国别的 OFDI 促进母国产业升级的一般机制。第二，基于国别差异视角，构建了中国 OFDI 对母国产业升级的影响机制，并在此基础上构建了理论模型。第三，从绿色技术溢出、环境制度倒逼、绿色研发分摊三条路径探讨了中国 OFDI 对绿色 TFP 的影响机理。第四，本章分析了中国 OFDI 影响绿色 TFP 的过程中，母国消化吸收能力的调节作用。

　　第三章为中国 OFDI、产业升级与绿色 TFP 的现状分析。本章为本书的现状研究部分。通过描述性统计、指标测算等方法,对中国 OFDI 特征事实、中国产业升级动态演进、中国绿色 TFP 现状刻画三个方面进行现状分析。

　　第四章为中国 OFDI 与产业升级的实证检验。本章回答的核心问题是:中国 OFDI 之母国产业升级效应是否存在,以及在存在国别差异的情况下,即在区分发达及新兴市场国家和发展中国家两类投资东道国的基础上,这种影响效应是否存在显著差异。本章基于修正的钱纳里标准结构模型,利用我国省级面板数据实证检验了中国 OFDI 宏观整体和国别差异对母国产业升级的影响,并通过替代核心解释变量和引入滞后被解释变量的方法进行相关稳健性检验。

　　第五章为中国 OFDI 对产业升级的影响机制检验:发达国家。本章主要回答了两个核心问题:第一,中国对发达及新兴市场国家的 OFDI 对母国产业升级的促进作用是不是通过技术进步路径实现的;第二,母国消化吸收能力是否对 OFDI 的技术进步效应存在调节作用。一方面,本章通过中介效应回归模型,对技术进步路径下中国对发达及新兴市场国家的 OFDI 促进母国产业升级的传导路径进行实证检验。另一方面,本章通过调节效应回归模型,对母国消化吸收能力的调节作用进行实证检验。

　　第六章为中国 OFDI 对产业升级的影响机制检验:发展中国家。本章主要回答了两个核心问题:第一,中国对发展中国家的 OFDI 对母国产业升级的促进作用是否能够通过边际产业转移路径实现;第二,中国对发展中国家的 OFDI 对母国产业升级的促进作用是否能够通过研发成本分摊路径实现。一方面,本章通过中介效应回归模型,对边际产业转移路径下中国对发展中国家的 OFDI 促进母国产业升级的传导路径进行实证检验。另一方面,本章通过 3SLS 回归方法,对研发成本分摊路径下中国对发展中国家的 OFDI 促进母国产业升级的传导路径进行实证检验。

　　第七章为中国 OFDI 对绿色 TFP 影响的门槛效应。本章主要回答了两个核心问题:第一,中国 OFDI 对母国绿色 TFP 的提升作用是否存在;第二,母国消化吸收是否在上述作用中起到了调节作用。一方面,本章通过基准回归模型，对全样本和分地区数据进行了计量回归分析，实证检验中国 OFDI 对母国绿色 TFP 的影响。另一方面，本章基于面板门槛回归模型，实证检验了人力资本和研发投入作为消化吸收能力的调节作用。

第八章为中国 OFDI 对绿色 TFP 的空间溢出效应。本章回答的核心问题是：中国 OFDI 对母国绿色 TFP 的影响是否存在空间溢出效应。第一，本章借助邻接矩阵和经济距离矩阵测算了绿色 TFP 的莫兰指数检验空间自相关性。第二，本章构建了空间杜宾模型，实证检验中国 OFDI 对绿色 TFP 的空间效应。

第九章为中国 OFDI、产业升级与绿色 TFP 提升：浙江实践。本章分析了浙江省对外投资、产业升级和绿色发展三个方面的现状特征，并以吉利集团为案例，通过"LLL"分析框架总结和梳理了吉利集团跨国并购实现企业转型、绿色发展等的相关经验与启示。

第十章为结论与政策建议。基于理论和实证研究，本章总结和概括了本书的主要研究结论，并从区位选择、地区 OFDI 实践、绿色发展等方面提出了本书的政策建议。

陈昊　肖文

2022 年 6 月

目　录

第一章　OFDI、产业升级与绿色 TFP 的基础理论

第一节　OFDI 理论回顾

对外直接投资(outward foreign direct investment,简称 OFDI)理论的研究对象是跨国公司的对外投资行为。自 20 世纪 60 年代开始,发达国家跨国公司 OFDI 迅速发展,引起学界的广泛关注与研究,并形成了一系列经典理论;80 年代后,发展中国家 OFDI 的兴起出现了某些传统 OFDI 理论无法解释的现象,对传统 OFDI 理论形成巨大挑战,由此引发了学界对发展中国家 OFDI 的理论补充。进入 21 世纪,中国 OFDI 以年均 35.9% 的增长率实现指数型增长,并表现出独特的"中国模式"(Huang & Wang,2011)。基于世界范围内的国际直接投资进程,本节从发达国家 OFDI 理论、发展中国家 OFDI 理论和中国 OFDI 研究入手进行理论回顾和文献梳理。

一、发达国家 OFDI 理论

(一)垄断优势理论

美国学者 Hymer(1960)在其博士学位论文《国内企业的国际化经营:对外直接投资研究》中提出垄断优势理论,其核心思想为在市场不完全的假设

下，一国的跨国企业可以通过垄断优势消除在东道国的外来劣势，进而开展海外投资活动。这种垄断优势大致可划分为两类：一是生产技术、营销网络、品牌商标和组织管理经验等无形资产优势；二是由于跨国企业自身规模庞大而形成的规模经济优势，大规模和低成本生产成为可能。在海默垄断优势理论（Hymer，1960）的基础上，Kindleberger（1969）和 Caves（1971）又对其进行了延续与拓展，最终形成 H-K-C 体系。垄断优势理论被认为是国际直接投资领域的开山之作，它从理论上开创了以国际直接投资为对象的全新研究领域。自此之后，越来越多的学者开始关注跨国企业的 OFDI 行为，国际直接投资理论不断涌现。

（二）产品生命周期理论

美国经济学家维农提出产品生命周期理论（Vernon，1966），该理论基于垄断竞争优势的隐含假设，认为产品在一国市场内部存在周期性，包括以下三个阶段：创新阶段、成熟阶段和标准化阶段。进一步的研究表明，在不同技术发展程度的国家之间，上述周期所出现的时间和过程均存在显著差异。换言之，高技术水平国家和低技术水平国家之间存在一个巨大的周期时差，例如，某类产品在高技术水平国家处于标准化阶段，但其在低技术水平国家可能仍处于创新阶段。因此，具备生产技术优势的跨国企业可以将不同的生产阶段布局到不同的东道国，实现跨国企业技术优势和东道国区位优势相匹配，从而实现企业利润最大化的目的。产品生命周期理论从动态的视角阐述了跨国企业 OFDI 的区位选择标准，同时，该理论也暗含着一国将优势产业向落后国家转移，推动母国创新产品发展的意味。

（三）内部化理论

Buckley 和 Casson（1976）以及 Rugman（1980）提出的内部化理论沿用了美国学者科斯的新厂商理论和市场不完全假定，认为在外部市场存在不完全性的条件下，跨国企业要实现利润最大化目标，就必须将中间产品的交易从外部市场转向内部市场，其中，企业的中间产品主要包括工艺生产技术、半成品、管理经验和人员培训等。跨国企业通过 OFDI 的方式，在全球范围内建立生产和销售网络,最重要的是形成了企业内部的交换体系,把中间产品的外部交易转变为内部交易。由于在内部市场,买卖双方对产品的质量和定价都有着准确的认识,信息和知识等都处于一种较为对称的认知状态,从而能够有效地解决企业内部资源配置与外部市场的矛盾。简单地说,内部化理论强调的是跨国企业将中间产品在企业内部交易转让,是一个外部市场内部化的过程。当内部化交易突破国界时,就出现了 OFDI 行为。

(四)国际生产折衷理论

在借鉴垄断优势理论和内部化理论等前人研究的基础上,英国学者邓宁(Dunning,1977,1980,2000)提出国际生产折衷理论。该理论认为跨国企业进行海外投资必须具备三大优势,即所有权特定优势、内部化优势和区位优势。其中:所有权特定优势又称垄断优势,源于海默的垄断优势理论,它是指跨国企业拥有的而其他企业没有的生产要素禀赋、生产技术工艺、商标品牌和管理经验等,它是企业国际化的基础;内部化优势源于巴克莱和卡森的内部化理论,它是指跨国企业为了避免外部市场的不完全性,将中间产品的外部交易转变为内部交易的能力;区位优势是指在东道国投资环境因素上具有的优势条件,包括自然资源、市场规模、法律制度、劳动力成本等因素。国际生产折衷理论被认为是国际直接投资理论的集大成者,它把垄断优势理论、内部化理论、生产要素理论、比较利益理论和生产区位理论等系统地结合在一起,形成了一个囊括所有影响企业国际化的因素的综合框架。

(五)边际产业扩张理论

Kojima(1978)提出的边际产业扩张理论以赫克歇尔-俄林的要素禀赋理论为基础,认为一国开展海外投资应该从本国的边际产业开始,依次进行。所谓的边际产业,又称夕阳产业,它是指在国内已经或即将处于比较劣势,然而在东道国仍具有显性或潜在比较优势的产业。Kojima(1978)运用边际产业扩张理论分析日本的对外直接投资行为:在投资产业方面,该理论认为日本的对外投资产业应从选择与东道国技术差距较小的开始,依次进行;在投资国别方面,该理论主张日本应向发展中国家开展工业领域投资,并要从差距小以及容易转移的技术开始，依次进行；在投资与贸易关系方面，该理论强调日本海外投资所带来的不是贸易替代，而是贸易互补，即对外直接投资进一步创造和扩大了日本的对外贸易。这种对外直接投资特征最终表现为以"日本—亚洲四小龙—东盟—中国"为顺序的雁行模式。

二、发展中国家 OFDI 理论

（一）小规模技术理论

美国学者 Wells(1983)提出了小规模技术理论。该理论首次关注和研究了发展中国家的对外直接投资现象，认为发展中国家跨国企业进行海外投资的竞争优势包含以下三个方面：第一，发展中国家跨国企业本身在技术水平上相对落后，服务的市场规模相对较小，因而具有为小市场服务的小规模生产技术，这种生产技术适合小批量生产，具有生产成本低、生产灵活性大等特点；第二，发展中国家在民族产品的海外生产中具有巨大的优势；第三，发展中国家跨国企业往往采用低价的产品营销策略，相较发达国家跨国企业为创造品牌效应而投入的大量广告支出，发展中国家跨国企业抢占国际市场的重要武器在于物美价廉。基于以上三个优势，即使发展中国家跨国企业技术水平落后、生产规模狭小，也能在国际化进程中占据一席之地。

（二）技术地方化理论

英国学者 Lall(1983)提出的技术地方化理论从不同视角出发全面对比了发展中国家跨国企业与发达国家跨国企业竞争优势的差别，发现发达国家的竞争优势主要在于前沿技术创新，而发展中国家的竞争优势来源于自身的特有优势，这一特有优势是指发展中国家跨国企业善于利用发达国家跨国企业的技术扩散，并对这类生产技术进行学习、改造等。这意味着发展中国家跨国企业的技术引进不是被动地模仿，而是对引进的技术加以消化、吸收，并进行二次创新。通过"学习—引进—改造"，发展中国家跨国企业能够将国外先进技术不断本土化，从而实现自身技术水平和竞争能力的提升。

（三）技术创新产业升级理论

Cantwell 和 Tolentino(1990)针对 20 世纪 80 年代中期以后新兴工业国家对发达国家的对外直接投资活动，提出了技术创新产业升级理论。该理论认为，发展中国家对外直接投资的地理分布和产业分布会随着时间推移而逐渐演化，地理分布方面遵循"周边国家—发展中国家—发达国家"规律，产业分布方面遵循"自然资源产业—进口与出口替代产业"规律。该理论主张两个观点：一是发展中国家现有技术水平影响发展中国家对外直接投资的投资形式和增长速度；二是技术能力的不断积累使得发展中国家跨国企业技术水平不断提高，从而推动国内产业结构升级。

（四）投资发展周期理论

Dunning(1981,1986)在原有的国际生产折衷理论框架内加入了时间因素，从而构建了包含所有权优势、内部化优势、区位优势和时间因素的投资发展周期理论(简称 IDP 理论)。根据经济发展水平，Dunning(1981,1986)将一国对外直接投资划分为以下五个阶段：第一阶段，人均 GDP 低于 400 美元，由于经济发展较为落后，国际资本流入和对外直接投资均处在较低水平；第二阶段，人均 GDP 在 400～2000 美元，随着经济的发展，外资流入迅速增加的同时伴随着少量对外直接投资；第三阶段，人均 GDP 在 2000～4750 美元，对外直接投资规模不断增加；第四阶段，人均 GDP 大于 4750 美元，对外直接投资超过外资流入；第五阶段，对外直接投资净额呈现下降趋势，在零水平附近波动，但对外直接投资和外资流入会出现同方向增长。

（五）"LLL"分析框架

Mathews(2006)基于对亚太地区跨国公司的案例分析，提出了"LLL"分析框架。该理论认为，作为国际化进程中的后发者，即发展中国家跨国企业，在起步阶段缺乏竞争优势，但可以通过资源联系、杠杆效应和学习效应三条路径参与国际化进程并获得竞争优势。具体来说，后发者应具备全球视野，通过合资或者其他合作形式与领先者企业取得联系，并将此作为融入全球化资源网络的有力杠杆，在建立联系的基础上，通过杠杆效应不断学习领先者企业的技术、销售技能和管理经验等知识，并对这些知识资源进行学习、消化和吸收，最终内化为企业自身的竞争优势。"LLL"分析框架打破了传统国际直接投资理论中"企业国际化必须具备一定的竞争优势"这一观点，为后发者企业应迅速融入国际化网络和提高自身竞争优势提供了强有力的理论支撑。

三、中国 OFDI 的研究回顾

（一）区位选择研究

既有文献关于中国 OFDI 区位选择的研究主要包含两个方面，即中国 OFDI 区位选择决定机制和基于"母国内嵌"视角的中国 OFDI 区位选择研究，而前者又存在是企业投资动机决定还是企业所有权优势决定的争论。

第一，企业投资动机决定区位选择研究。现有学者大多认为中国 OFDI 存在资源寻求、市场寻求、效率寻求和战略资产寻求等动机。Deng（2004）指出，中国经济持续多年的粗放型增长方式导致中国企业对石油、铁、铝、铜等资源表现出极强的渴望，这也是上海宝钢公司投资澳大利亚和巴西，中国铁矿石进出口公司投资澳大利亚等地的原因所在。此外，中国跨国企业出于技术寻求目的而投资欧美发达国家的典型案例就是深圳一家自行车公司收购美国自行车公司以提高技术水平。Child 和 Rodrigues（2005）认为，中国跨国企业为了提高在高附加值产业上的竞争力，不断攫取海外高新技术等相关生产知识。这也解释了中国企业为何会在高收入国家建立联合研发中心这一问题（Buckley et al.，2008）。Buckley 等（2007）研究发现，降低劳动力成本的效率寻求型 OFDI 在中国企业的境外投资并不典型，但阎大颖（2013）认为，随着中国人口红利的逐步降低，劳动力成本也有逐步攀升的中长期趋势，对中国跨国公司而言，在劳动力成本更低廉的地区设立子公司的吸引力也会更高。Cheung 和 Qian（2009）的研究也证实了这个观点。

第二，企业所有权优势决定区位选择研究。从企业所有权优势角度来探讨中国 OFDI 区位选择，主要包括以下观点：大规模、低成本的生产优势和廉价、充裕的资金优势(Ramasamy & Yeung,2010)。Wei(2010)认为,中国企业的竞争优势并非在生产技术方面,而在于简单产品生产和低收入市场经营方面的成本竞争优势。此外,中国跨国企业善于对发达国家高技术产品进行模仿以及二次创新。一方面,这种模仿创新节约了大量的产品研发投入,使产品具有更强的定价优势;另一方面,这类模仿产品与发达国家的产品十分相似,存在一部分的替代效应,因此在同等需求的发展中国家,中国跨国企业比发达国家更具竞争优势(Meyer,2004;Jain et al.,2013)。Huang 等(2004)研究发现,亚洲和非洲国家的制度缺陷致使资本市场发育不足,进而提高了当地的融资成本,中国跨国企业,特别是国有企业更易因母国政府支持而享受到廉价资金优势,进而在亚洲和非洲国家的对外直接投资中更具竞争优势。

第三,"母国内嵌"视角下的中国 OFDI 区位选择研究。这一部分的研究主要关注中国经济发展水平、制度因素、政府作用等方面的独特性对中国OFDI 区位选择的影响。Kiggundu(2008)研究发现,中国跨国企业有相当一部分都集中在采矿业发达的非洲国家,而这些国家往往具有更高的市场风险和政治风险,中国跨国企业在这些国家开展对外直接投资时,除了正常的商业沟通渠道,还会通过政府渠道来保证投资可以顺利完成。裴长洪和樊瑛(2010)以国家特定优势理论来解释中国企业的对外直接投资活动,认为中国企业的对外直接投资是在服务和服从于国家经济发展全局与宏观调控目标的条件下,兼顾和结合企业微观经济利益的市场行为。肖文和周君芝(2014)同样指出,国家特定优势令中国 OFDI 在区位选择方面呈现出特殊偏好,即中国 OFDI 偏好自然资源、廉价劳动力、战略资产这三类资源禀赋丰裕的国家或地区。

(二)母国效应研究

第一,逆向技术溢出效应。关于中国 OFDI 逆向技术效应的研究集中在两个方面,即 OFDI 逆向技术溢出的机理研究和中国 OFDI 逆向技术溢出效应存在性的实证检验。赵伟等(2006)分别构建了中国对发达国家、新兴工业化国家和落后发展中国家对外直接投资的差异化逆向技术溢出理论机制,证实中国对外直接投资对中国技术进步的促进作用已开始显现。仇怡和吴建军(2012)测算了我国对九个较发达国家对外直接投资的技术溢出效应,结果显示,我国通过对外直接投资渠道获得的国外研发资本存量能给母国带来正的技术外溢效应。近年来,越来越多的研究开始关注母国消化吸收能力对逆向技术溢出效应的作用(Cohen & Levinthal,1990;茹玉骢,2004)。陈菲琼等(2013)在考虑母国消化吸收能力的基础上,检验对外直接投资对我国技术创新能力的提升作用,研究发现,对外直接投资促进了我国的技术创新,并且存在地区差异。

第二,贸易效应。关于中国 OFDI 之母国贸易效应,主要讨论的点在于OFDI 对母国贸易规模和贸易结构的影响,而前者又存在是替代效应还是互补效应的争论。项本武(2009)使用 2000—2006 年中国对 50 个国家投资的面板数据,对中国对外直接投资的贸易效应进行了实证检验。结果显示,中国对外直接投资与中国进出口贸易之间存在长期协整关系,中国对外直接投资显著地扩大了贸易规模。王胜等(2014)基于扩展的引力模型分析了中国OFDI 的贸易效应,发现中国对外直接投资的贸易效应存在国别差异,其中,中国对发达国家和新兴经济体及其他不包含丰裕资源的发展中国家的直接投资会减少中国对这些国家的贸易出口流量,即存在贸易替代。王英和刘思峰(2007)的研究开始涉及中国 OFDI 对母国贸易结构的影响。俞毅和万炼(2009)基于 VAR 模型检验了我国进出口商品结构与对外直接投资的相关性,结果显示:从长期来看,我国进出口商品结构与对外直接投资之间存在长期均衡关系;从短期来看,我国进出口商品结构与对外直接投资之间不存在短期因果关系。

第三,产业升级效应。关于中国 OFDI 之母国产业升级效应,目前的研究主要在于分析 OFDI 对产业升级的作用机理和检验母国产业升级效应是否存在。汪琦(2004)认为,对外直接投资对母国的产业结构调整存在正负双向作用,其中,通过资源补缺、传统产业转移、新兴产业促长、产业关联和辐射等有力地推动产业升级,而产业间竞争以及国际收支平衡等方面又会对产业升级有负向影响。潘素昆和袁然(2014)从不同投资动机角度梳理了 OFDI 之母国产业升级机理,认为:市场寻求型 OFDI 可以扩大国际贸易、转移传统产业;资源寻求型 OFDI 能够打破资源短缺对新兴产业发展的限制;技术寻求型 OFDI

可以获得先进的技术和充足的研发资金。赵伟和江东(2010)从产业转移、产业关联和产业竞争三个视角构建了 OFDI 与母国产业升级的机理系统,并就中国典型省域进行了尝试性检验。结果显示,对外直接投资对我国产业升级具有一定的正效应,且与区域 OFDI 规模呈明显的正相关关系。李逢春(2012)、杨建清和周志林(2013)的研究也得到了相似的结论。冯春晓(2009)以制造业为例,分析了制造业 OFDI 对其产业结构优化的影响,结果发现,我国制造业 OFDI 与其产业结构优化显著正相关,且存在长期稳定的关系。

第二节　产业升级理论回顾

关于产业升级的研究最早可以追溯到英国学者配第关于经济增长与产业结构升级的讨论。其后,新的理论不断涌现,较为典型的理论包括费希尔三次产业划分、霍夫曼定理、刘易斯二元结构模型、配第-克拉克定律等,分析和讨论工业化进程中的产业结构变化与演变规律。现阶段,我国经济正处于"调结构、转方式"的新常态时期,优化产业结构以实现我国经济可持续发展越显重要。本节从产业升级的内涵、驱动机制及其测度方法入手展开文献回顾,为 OFDI 的母国产业升级效应研究做铺垫。

一、产业升级内涵界定

目前,学术界对产业升级的定义往往包含两方面的含义:一是从微观视角出发,考察企业内部竞争能力的提高和产品结构、生产流程等的升级现象;二是从宏观视角出发,考察产业间和产业内的结构层次以及生产效率的变化情况。

(一)微观视角

近年来,越来越多的研究开始关注企业对于产业升级的重要作用,其研究主要聚焦两大块,即要素转移视角下的企业核心竞争能力提升和价值链视角下的企业转型升级。关于企业核心竞争能力提升的研究主要讨论的是企业从劳动密集型向资本和技术密集型转变，这种生产要素的转移意味着企业从最初的低价值产品制造转向高技术、高附加值产品生产，由此带动了产业升级（Porter，1990；Poon，2004；Pietrobelli & Rabellotti，2006）。丁焕峰（2006）指出，技术创新会显著提高企业的生产效率，在利润最大化的驱动下，生产要素会向该企业部门集聚、转移，最终推动该产业规模不断扩大并实现产业升级。价值链视角下的产业升级研究源起于 Porter（1985）的价值链分析模型，他将企业内外价值增加的活动分为基本活动和支持性活动，企业参与的活动中只有某些特定的环节能够增加企业价值，因此，为提升企业竞争优势，必须关注和培养价值链上的关键环节。基于价值链理论，众多的学者对于企业升级问题展开研究。Gereffi 和 Tam（1998）指出，产业升级是企业从低利润和劳动密集型实体向高利润或资本与技术密集型实体转变的过程，与之相伴的是企业产品和服务的高附加值化。他们还提出了一条规范化的企业升级路径，即从贴牌生产到自主品牌生产，再到自主设计生产。Gereffi（1999）首次提出了全球商品链的概念，基于这一概念，Humphrey 和 Schmitz（2004）从流程升级、产品升级、功能升级和部门升级四个维度提出了以企业为中心的产业升级模式。国内学者方甲（1997）指出，企业内部组织结构的合理化强化了企业某些特定环节的价值培养，从而使企业更具规模经济效益。许南和李建军（2012）认为，由于产品内分工的出现和全球价值链的分解，产业升级演变为从低附加值向高附加值的价值链环节攀升。

（二）宏观视角

基于宏观层面对产业升级的研究，主要存在两类观点：一是结构变迁。它是根据生产要素或产品特征对产业进行划分，然后考察各产业的结构比重变化情况。二是效率变迁。它是考察各产业间和产业内的生产效率变化情况。结构变迁的研究重点首先在于明确产业分类。Fisher（1935）最早提出了三次产业的概念。随后，Clark（1940）将产业划分为三大部门，分别是：广义的农业，对自然资源进行加工制造的产业，无形资源制造部门。最后，Kuznets（1971）明确地提出了农业、工业和服务业的三次产业划分标准。在这种产业划分背景下,众多研究都把产业升级定义为第一产业比重不断下降,第二产业和第三产业比重不断上升的过程。Kuznets(1971)通过国家层面数据的搜集发现,随着经济的增长,农业部门产值和劳动力比重逐渐下降,工业部门比重先上升后下降,而服务部门比重呈现先缓慢上升然后迅速上升的趋势。国内学者付凌晖(2010)将产业升级界定为产业结构的高级化过程,它是指随着经济的不断增长,产业结构相应地发生规律性变化,主要表现为三次产业的比重沿着第一、第二、第三产业的顺序不断上升。目前,关于产业升级的研究更多的是从效率变迁的角度入手。杜传忠和郭树龙(2011)认为,产业升级是指从生产效率低的结构形态向生产效率高的结构形态演变的过程和趋势,主要以产业间的结构升级和产业内的结构升级两种形式交叉进行。朱卫平和陈林(2011)指出,产业升级是指产业由低技术水平向高新技术状态的演变,它反映的是产业生产效率和技术水平的上升。

二、产业升级影响因素研究

产业升级不是一蹴而就的,它是一种渐进的、动态的发展过程,会受到技术进步、国际贸易、国际投资和制度安排等诸多因素的影响。总的来说,产业升级过程中,社会需求是市场导向,科技进步是直接动力,制度安排是体制保障,资源供给是物质基础(姜泽华和白艳,2006)。

(一)技术进步角度

众多研究表明,技术进步是产业升级的根本动因(高越和李荣林,2011;杨智峰等,2014)。Ngai 和 Pissarides(2007)、Acemoglu(2009)等的研究表明,经济结构变化特征在各经济体发展过程中普遍存在,各部门的生产技术进步速度不同,导致生产成本出现不成比例的变化,进而影响产量,最终引起产业结构的变化。从供给端来看,技术进步改善了原有生产工艺,提高了该产业的劳动生产率,使大规模生产成为可能。此外,技术进步提高了劳动者的素质,为企业效率的提高和新产业的兴起提供了高素质的劳动力。从需求端来看,技术进步开拓了新的产业部门,刺激和创造了新的消费需求,从需求方面拉动新兴产业的产生和发展(张晖明和丁娟,2004)。史学贵和施洁(2015)建立了一个包含部门技术进步和对外贸易的三部门增长模型,考察中国产业结构变化的驱动力问题。结果显示模型能够很好地模拟 1952—2012 年我国农业、工业和服务业三部门产出份额的变化轨迹。模型反事实试验表明,影响我国产业结构变化的直接因素是技术进步而非外贸需求。因此,向自主创新和注重技术进步的增长方式转变是实现我国经济结构转型的关键。李健和徐海成(2011)基于 1978—2006 年的时间序列数据分析了技术进步和技术效率对我国产业升级的动态效应。结果显示,技术效率是引起第一、第二产业比重发生变化的主要原因;技术进步和技术效率对第二产业调整的影响比较大,但对第三产业的影响力度比较小;技术进步是深化和优化产业结构的根本途径。

(二)国际贸易角度

已有研究表明,国际贸易是产业升级的重要驱动力(Leontief,1936;Chenery,1975)。Leontief(1936)的投入产出模型最早体现了上述思想,一国的总产出不仅受到国内需求(即消费和投资)的影响,还受到国际贸易净额的影响。具体而言,进口贸易能在一定程度上有效改变国内产业结构,而出口贸易的扩张能加速国内的产业演变(Chenery,1975)。吴进红(2005)指出,在开放经济条件下,对外贸易与产业结构之间是相辅相成、相互促进的关系。一方面,一个国家或地区根据自身的比较优势,生产自己具有优势的产品,由此决定了其进出口商品结构;另一方面,优化进出口商品结构可以带动国民经济的发展和推动产业结构的升级。范爱军和李菲菲(2011)将对外贸易分为一般贸易和加工贸易两类,其中,一般贸易能通过技术外溢、利益分配等方式推动产业结构升级,而加工贸易处在全球价值链的低端环节,不利于企业自主创新和技术外溢,因而对产业升级存在阻碍作用。孙晓华和王昀(2013)通过构建半对数模型和结构效应,实证检验了对外贸易结构对产业结构的影响。结果表明,工业制成品的进出口有利于降低第一产业比重并提高第二产业比重,这是我国工业化由初期向中期跨越的特定时期工业化发展战略和对外贸易政策的体现;从结构效应的角度来看,进出口结构效应对产业结构升级存在显著的正向影响,但其发挥作用存在一定的时滞。

(三)国际投资角度

跨国资本流动对产业升级效应的影响研究由来已久,其中,跨国资本流动可分为承接型国际直接投资和外向型国际直接投资,前者主要讨论的是外商直接投资对本国产业升级的影响,后者更多地关注对外直接投资所带来的母国产业升级效应。王洛林和江小涓(2000)以全球 500 强跨国公司在华投资为研究对象,发现大跨国公司增加在华投资的重要性不仅体现在通过资本供给推动经济增长上,更重要的是在提升我国产业结构、推进技术进步和提高经济国际化程度等方面都产生了积极影响。裴长洪(2006)认为,外商直接投资流入所带来的先进技术和现代化管理知识以及产生的溢出效应促进了我国工业部门的技术进步和劳动生产率的提高,并直接推动了产业结构的优化升级,从而成为我国产业结构转变的重要影响因素。赵红和张茜(2006)、文东伟和冼国明(2009)、贾妮莎等(2014)的研究也得出了相似的结论。此外,众多的学者也从对外直接投资角度对母国产业升级效应展开讨论。潘素昆和袁然(2014)首次从投资动机出发,分析了资源寻求型 OFDI、市场寻求型 OFDI 和技术寻求型 OFDI 促进母国产业升级的机理,并在此基础上进行了实证检验,结果表明三类 OFDI 均能促进我国产业升级,其中,技术寻求型 OFDI 对我国产业升级的促进作用最明显。

(四)制度安排角度

制度安排是影响宏观经济运行的重要因素,政府通过经济、行政和法律手段引导经济运行的方向,产业结构也会沿此方向发生一定的演变(姜泽华和白艳,2006)。其中,制度安排对产业升级影响的最直接表现在于产业政策,在经济发展的特定阶段,为扶持某类产业或者限制某类产业的发展,政府会制定相应的产业政策以实现既定目标,进而影响一国产业结构升级。郭晔和赖章福(2010)研究了财政政策和货币政策对区域产业结构调整的影响,结果表明,财政政策具有产业结构调整效应,而货币政策的产业结构调整效应并不显著。安苑和王珺(2012)考察了地方政府的财政行为对产业结构升级的影响,结果显示,地方政府财政行为的波动显著抑制了产业结构的升级,财政行为的波动性越大,那些技术复杂程度越高的产业的份额下降越多;与基本建设支出和科教文卫支出相比,行政管理支出的波动性具有更大的负面作用;市场化水平的提高显著缓解了财政行为波动对产业结构升级的负面影响。

三、产业升级测度方法研究

(一)单指标测度

霍夫曼在其著作《工业化的阶段和类型》中,利用 20 多个国家的时间序列数据系统地分析了工业化进程中消费资料工业和生产资料工业的比例关系,提出将霍夫曼系数用以衡量产业升级,即 H＝消费资料工业净产值/生产资料工业净产值。霍夫曼认为,伴随着工业化进程的不断加快,霍夫曼系数呈不断下降趋势,并提出了工业化进程的四个阶段:第一阶段,霍夫曼系数在 5 左右,消费资料工业占绝对优势;第二阶段,霍夫曼系数在 2.5 左右,消费资料工业仍占优势,但生产资料工业发展加速;第三阶段,霍夫曼系数在 1 左右,生产资料工业发展速度已超过消费资料工业;第四阶段,霍夫曼系数下降到 1 以下,消费资料工业生产产值落后于生产资料工业。

靖学青(2005)提出用产业结构层次系数来衡量产业结构高级化水平。具体操作如下:设某区域有 n 个产业,将这些不同层次的产业由高层次向低层次排列,各层次产业产值占总产业产值的比例记为 $q(j)$,则该地区的产业结构层次系数为:$w = \sum_{i=1}^{n} \sum_{j=1}^{i} q(j)$。$w$ 越大,该区域结构层次系数越大,表明产业结构高级化水平越高。结构层次系数的价值和意义不在于反映某区域、某年份产业结构高级化程度的绝对水平,而在于进行不同区域与不同时间之间产业结构高级化程度的比较和产业结构高级化变动状况的考察。

周昌林和魏建良(2007)从专业化分工角度构建了产业升级的测度模型,专业化分工是指个人或群体按照分工的要求,专门从事某一环节的劳动以提高劳动效率的过程。因此,劳动生产率提高不仅是专业化分工的集中体现,也是产业升级的集中体现。假设一个产业结构系统由 n 个产业部门组成,h_i 表示第 i 个产业部门的产业水平值,k_i 表示第 i 个产业部门占总产出的比重,则产业升级 H 为:$H = \sum_{i=1}^{n} k_i h_i$。由于劳动生产率是产业水平的集中体现,因此用劳动生产率来衡量产业水平值 h_i,$h_i = \dfrac{p_i}{l_i}$,p_i 为 i 产业的产值,l_i 为 i 产业的就业人口,则产业升级 H 为:$H = \sum_{i=1}^{n} k_i \times \dfrac{p_i}{l_i}$。

(二)多指标测度

为了更加精确地刻画产业升级,不少学者开始对单一的测度指标进行拓展,甚至建立一个完整的指标体系来测度产业升级。

干春晖等(2011)将产业升级拆分为两个维度,即产业结构合理化和产业结构高度化。产业结构合理化指的是产业间的聚合质量,包含两个方面:一方面是产业之间协调程度的反映,另一方面是资源有效利用程度的反映。也就是说,它是对要素投入结构和产出结构耦合程度的一种衡量。运用泰尔指数度量产业结构合理化的计算公式如下:$TL = \sum_{i=1}^{n} \dfrac{Y_i}{Y} \ln\left(\dfrac{Y_i}{L_i} \Big/ \dfrac{Y}{L} \right)$,$Y$ 表示产值,L 表示就业人数,i 表示产业,n 表示产业部门数。TL 越接近 0,产业结构越合理。产业结构高级化的计算公式如下:$TS =$ 第三产业产值 / 第二产业产值。TS 值处于上升状态,意味着经济在向服务化的方向推进,产业结构在升级。

黄亮熊等(2013)从调整幅度、调整质量与调整路径三个维度入手,构建了产业结构变动幅度指数、高度化生产率指数、高度化复杂度指数和相似度指数四个指数来测算中国产业结构升级。冯春晓(2009)以制造业为切入点,将制造业产业升级分解为产业结构合理化和产业结构高度化。其中,用制造业适应系数来衡量产业结构合理化,用产值高度化、资产高度化、技术高度化和劳动力高度化四项指标体系来衡量产业结构高度化。

第三节　OFDI 与产业升级研究梳理

目前，学术界对 OFDI 之母国产业升级效应的研究并未形成系统的理论框架，多数研究主要是从机制分析和实证检验两个层面对该问题进行探讨。本节从产业转移视角、技术进步视角和国别差异视角三个方面入手，对 OFDI 与母国产业升级的文献进行梳理和回顾。

一、产业转移视角

基于产业转移视角讨论 OFDI 与母国产业升级关系的研究，大多以赫克歇尔-俄林的要素禀赋理论为基础，分析投资国与东道国之间要素禀赋差异引起的国际产业转移，进而探讨这种产业转移对母国产业升级的影响。上述讨论以 Lewis(1978)提出的劳动密集型产业转移论为典型代表。该理论研究发现，二战后发达国家人口增长率下降，劳动力供给不足且成本上升，加快了发达国家劳动密集型产业的对外转移，从而推动了发达国家内部产业结构往高级化发展。以 Kojima(1978)为代表的日本学者也从产业转移的角度探讨了对外直接投资与母国产业升级的关系，其中最为典型的理论为边际产业扩张理论。该理论认为对外直接投资应从本国即将或已经处于比较劣势的边际产业开始，依次进行，而这些产业在东道国仍具有比较优势。简而言之，Kojima(1978)的边际产业扩张理论实质上是发达国家向发展中国家让渡夕阳产业，进而为其国内新兴产业提供资源和空间以推动母国产业升级。基于上述理论框架，自 20 世纪 90 年代起，学术界开始对 OFDI 之母国产业升级效应展开实证研究。Hiley(1999)通过对比 1970—1995 年日本对东盟对外直接投资流量与东盟各国纺织品、化工产品与电子产品的显示性比较优势指数，提出对外直接投资已帮助日本将处于衰退中的纺织业转移出去，同时又促进了国内生产要素向新产业转移。Dowling 和 Cheang(2000)检验了亚洲国家的对外贸易和海外投资是否支持雁行模式的发展态势。结果表明，在存在比较优势的情况下,赶超型国家在其工业化进程中的产业升级与对外投资之间存在较为密切的正相关关系。

国内学者王根军(2004)指出,我国将已经处于比较劣势的产业向低水平的发展中国家进行转移,这一方面可以适时地转移国内过剩的生产能力,为国内产业升级腾出发展空间;另一方面可以延长国内比较劣势产业的经济寿命,增加利润,为国内产业升级提供资金支持。潘颖和刘辉煌(2010)分析了中国对外直接投资促进母国产业升级的机理,其中一条即为通过转移国内产能过剩行业来促进产业升级。卜伟和易倩(2015)认为,我国效率寻求型 OFDI 和市场寻求型 OFDI 均存在产业转移效应。其中,效率寻求型 OFDI 一般是指具有传统优势的劳动密集型产业(如服装、纺织、玩具等)的海外转移,能够释放出沉淀的生产要素用以发展国内新兴产业。市场寻求型 OFDI 通过转向国外市场,为国内过剩的生产能力寻找出路。这种海外投资在占领更大国际市场份额的同时,能够使我国制造业高加工度化,推动我国制造业不断向全球价值链的高附加值环节攀升。

二、技术进步视角

基于技术进步视角讨论 OFDI 与母国产业升级关系的研究主要讲述的是一国对外直接投资可以通过逆向技术溢出效应促进母国技术进步,进而推动母国产业升级。Cantwell 和 Tolentino(1990)提出的技术创新产业升级理论最早阐述了这种观点,认为发展中国家技术进步与对外直接投资紧密相关,发展中国家在向周边国家乃至发达国家的上行投资过程中可以获得技术能力的积累,正是这种经验学习和技术积累最终促进了母国产业结构的优化升级。Braconier(2001)利用瑞典跨国公司微观数据检验了对外直接投资和外商直接投资两类渠道的技术溢出效应。结果显示,对外直接投资与技术溢出效应呈显著正相关关系,并且进一步研究发现,对外直接投资的流向国越发达,研发资源越密集,逆向技术溢出效应就越明显。Lipsey(2002)认为,对外直接投资过程中的国际技术溢出效应有力地推动了投资国从原材料、农产品出口国转变为高技术出口国。Driffield 和 Love(2003)利用英国制造业面板数据证实了对外直接投资逆向技术溢出效应的存在。Branstetter(2006)通过公司层面数据检验了日本企业对美国 OFDI 的逆向技术溢出效应,结果显示,对美国 OFDI 显著提升了日本企业的技术创新能力。

国内学者赵伟和江东(2010)认为,对外直接投资能够通过产业前向关联效应促进母国产业升级。具体来说:一方面,企业海外投资会增加所在行业的海外规模,进而增加对国内上游产业的产出需求,需求的增加会进一步刺激上游产业的规模扩张和技术提升;另一方面,跨国企业所面临的环境是激烈的国际竞争,竞争加剧会提高对国内上游产业投入品质量的要求,从而促使上游部门以提高产品质量为目标进行技术研发和创新。李东坤和邓敏(2016)指出,跨国企业置身于激烈的国际竞争环境之中不仅有助于通过学习、模仿等方式提高自身的技术创新能力,还会对本产业的其他企业形成示范效应,鼓励和迫使这些企业加快研发与创新以提高企业竞争能力,最终促进整个产业优化升级。贾妮莎和申晨(2016)以 2005—2007 年 522 家对外直接投资的制造业企业为样本,实证检验了制造业企业对外直接投资的产业升级效应。结果表明,中国企业对外直接投资总体上促进了高中端技术制造业增加值份额的提升,对低端技术企业增加值份额的提升作用并不明显;进一步区分东道国异质性,企业投资于发达国家有利于促进制造业产业升级,而投资于发展中国家的制造业产业升级效应尚未显现。

三、国别差异视角

基于国别视角讨论 OFDI 与母国产业升级关系的研究旨在回答以下两个问题:OFDI 区位选择和产业进入如何影响母国产业升级效应;OFDI 区位选择和产业进入应采取何种策略。首先,从区位选择角度来说,国内学者将中国 OFDI 的不同区位选择定义为顺梯度 OFDI 和逆梯度 OFDI(隋月红,2010),其中,顺梯度 OFDI 是指我国对欠发达地区的对外投资,逆梯度 OFDI 是指我国对发达国家的上行投资。欧阳峣(2006)将中国 OFDI 区位选择划分为发达国家和周边发展中国家两类,认为大型企业和高新产业可以选择到发达国家投资,以利用发达国家的研发中心追赶国际前沿生产技术,对母国形成技术反哺效应;中小型企业和传统产业适合投资于周边发展中国家,利用小规模的生产技术和生产经验以及发展中国家的自然资源来生产适销的产品,开拓发展中国家市场。魏浩(2008)的研究也得到了类似的结论,即基础资源寻求型和边际产业转移型产业应投资于发展中国家,核心技术寻求型产业应投资于美日欧等发达国家和地区。陈昊和吴雯(2016)将我国 OFDI 东道国划分为发达国家和转型及发展中国家两个样本,实证检验了 OFDI 国别差异对母国技术进步的影响。结果显示,我国对发达国家 OFDI 能够获得逆向技术溢出,对转型及发展中国家 OFDI 则不能获得逆向技术溢出,反而会产生正向技术输出。

从产业进入角度来说,张宏(2003)指出,OFDI 的产业选择体现了我国产业政策的目标,对促进国内产业结构优化升级意义重大。具体来说,资源开发型产业是我国 OFDI 的预防性产业,劳动密集型产业和成熟适用技术产业是我国 OFDI 的主导产业,服务业是我国 OFDI 的策略产业,研究与开发型技术产业是我国 OFDI 的战略产业。郭国云(2008)认为,在中国经济发展的现阶段,中国企业对外直接投资在产业选择上应以资源开发型产业、劳动密集且技术成熟的产业为主;针对未来的长远发展,中国应大力发展对高新技术产业的投资。李逢春(2013)利用灰色关联法实证检验了我国 OFDI 的产业选择问题,结果显示,制造业 OFDI 对我国产业升级的推动效应最大,资源类推动效应次之,金融业的推动效应不明显,商务服务业等劳动密集型行业的推动效应最弱。

第四节　OFDI 与绿色 TFP 研究回顾

一、绿色 TFP 测算与影响因素研究

(一)绿色 TFP 的测算方法研究

绿色全要素生产率(green total factor productivity,简称绿色 TFP)的测算方法正在逐步完善,传统的索罗模型具有一定的狭隘性,无法全面包含经

济增长、资源投入和环境等要素，索罗模型逐渐被 Charnes 等(1978)等学者提出的非参数方法数据包络分析(data envelopment analysis，简称 DEA)方法以及 Meeusen 和 Broeck(1977)提出的参数方法随机前沿分析(stochastic frontier analysis，简称 SFA)方法代替，这两种方法逐渐应用于绿色 TFP 的测算。相比于 SFA 方法，DEA 方法更能避免因误差分布或函数形式引起的误差，使用 DEA 方法测算绿色 TFP 更为适宜(Zhou et al.，2008)。传统的 DEA 方法多是基于径向的角度的，忽视了投入和产出的松弛性问题，Tone(2001)提出的非径向、非角度的 SBM 模型解决了投入产出要素的松弛性问题。

国内关于绿色 TFP 的研究文献中，运用 DDF 函数来测算绿色 TFP 的学者主要有涂正革、陈超凡等。涂正革(2008)利用 DDF 函数测算了我国 30 个省区市的环境技术效率，对环境技术效率的差别进行分析。研究发现，各个区域之间环境工业协调性很不平衡，东部沿海地区环境技术效率比中、西部地区好，工业发展与环境关系较为和谐。陈超凡(2016)采用 DDF 函数结合 ML 生产率指数对我国工业绿色 TFP 进行测算，使用 SYS-GMM 动态面板模型进行实证分析，结果发现，我国的工业绿色 TFP 增长呈现出倒退的现象并且不收敛，传统的 TFP 要显著高于工业绿色 TFP。同时，还有部分学者运用其他方法对我国绿色 TFP 进行测算和分析。原毅军和谢荣辉(2015)运用 SBM 方向性距离函数结合 Luenberger 生产率指数对中国 30 个省份的工业绿色 TFP 及其分解项进行测算，从实证角度分析了 FDI、环境规制及两者的交互项对绿色 TFP 的影响效应，发现 FDI 对中国绿色 TFP 的增长并未起到显著的促进作用。李玲和陶锋(2011)认为，污染密集型产业与环境和能源密切相关，在对污染密集型产业的绿色 TFP 进行测算时需要充分考虑环境、能源因素，并且他们同样基于 SBM 方向性距离函数与 Luenberger 生产率指数，考虑了四种非合意产出，测算了中国工业 19 个污染密集型产业的绿色 TFP。研究发现，不考虑非合意产出的 TFP 要高于考虑了非合意产出的绿色 TFP；污染密集型产业的环境规制水平对绿色 TFP 的提高具有促进作用。李斌等(2016)采用 2003—2013 年的省级面板数据，在考虑能源投入和环境污染的情况下，选用基于 SBM 方向距离函数的 ML 指数测算绿色 TFP 及其分解项。

研究结果表明,我国绿色 TFP 增长率处于较低水平,且增长主要来源于绿色技术效率的改善。

(二)绿色 TFP 的影响因素研究

众多学者从多个角度研究了绿色 TFP 的影响因素。刘淑茹和屈慧芳(2021)构建了自主创新对工业绿色 TFP 影响的理论分析框架,探究工业绿色 TFP 的影响因素。实证分析发现,自主创新对东、中、西部地区工业绿色 TFP 具有显著的促进作用,但环境规制在短期内会抑制其提升,环境规制只有在自主创新影响工业绿色 TFP 时存在正向调节作用。夏凉等(2021)构建系统 GMM 模型实证分析了环境规制和财政分权对绿色 TFP 的影响,结果发现,命令控制型环境规制对绿色 TFP 起到了抑制作用,而市场激励型和群众参与型环境规制促进了绿色 TFP 的提升,在财政分权的调节效应下,这三类环境规制对绿色 TFP 的影响具有明显的差异性。将全国样本分为东、中、西三个区域,不同区域环境规制的影响也具有差异性。尹子擘等(2021)测算了全国 30 个省份的绿色 TFP 和绿色金融发展水平,选用空间杜宾模型实证检验了绿色金融发展水平对我国绿色 TFP 的影响。结果发现,我国目前绿色金融发展水平和绿色 TFP 水平的分布格局呈现"东高""中平""西低"的态势,绿色金融发展水平对绿色 TFP 的影响呈现出 U 形关系;科技投入、产业结构和人力资本会正向促进绿色 TFP 的增长,外商直接投资(foreign direct investment,简称 FDI)会明显抑制绿色 TFP,城镇化率对绿色 TFP 的作用不显著。李敏杰和王健(2019)选用 SYS-GMM 模型分析了 FDI 与绿色 TFP 的关系,发现中国 FDI 对绿色 TFP 的作用具有显著的区域性和阶段性特征,中国 FDI 对绿色 TFP 具有促进作用,但存在区域差异性;研发投入强度、人力资本、贸易开放度和金融发展水平会正向促进绿色 TFP,经济发展水平、产业结构、城镇化水平会抑制绿色 TFP 的增长,环境规制对绿色 TFP 的影响不显著。

二、OFDI 对绿色 TFP 影响的文献梳理

与研究 OFDI 对于 TFP 的影响文献相比,研究 OFDI 对绿色 TFP 的影

响的相关文献出现得较晚且较少。汪克亮等(2020)运用 2003—2017 年的中国省际面板数据，选用 GML 指数测算中国各省份的绿色 TFP，通过构建动态面板模型和面板门槛模型实证研究了 OFDI 与绿色 TFP 之间的关系，结果表明，OFDI 对绿色 TFP 的逆向技术溢出效应尚未显现，但 OFDI 与结构转型对绿色 TFP 存在协同提升效应，且 OFDI、结构转型对绿色 TFP 的影响存在时空差异。王晓红等(2021)从宏观层面研究 FDI 与 OFDI 在影响中国绿色 TFP 时是否存在协同效应，选取中国 OFDI 和 FDI 的宏观统计数据，实证探究了 FDI、OFDI 及其交互项对中国绿色 TFP 的影响。结果发现，FDI 对中国绿色 TFP 的影响在统计上并不显著；OFDI 对中国绿色 TFP 具有一定的促进作用。Song 等(2021)利用中国企业层面的数据，研究了在经济政策不确定性下中国 OFDI 对绿色 TFP 的影响，发现中国 OFDI 对绿色 TFP 有显著的积极影响。此外，OFDI 对中国私营企业和外商投资企业的全球贸易融资计划有积极贡献。寻求技术的 OFDI 比寻求资源的 OFDI 和寻求市场的 OFDI 对全球贸易融资的贡献更大。

第五节　小　结

关于对外直接投资、母国产业升级与绿色 TFP 提升的讨论隶属于 OFDI 母国效应研究，归根结底还是在国际直接投资理论框架下的延伸探讨。目前来说，关于 OFDI 之母国产业升级效应的研究尚未形成系统、成熟的理论框架，国内外学者大多是基于国际直接投资理论对该问题进行机理阐释并展开实证检验。从国外学者的研究来看，OFDI 之母国产业升级效应研究主要包含以下内容：第一，基于发达国家向发展中国家的顺行投资带来的母国产业升级效应研究，重点关注发达国家向发展中国家的产业转移，以及由此带来的发达国家内部产业转型升级。代表性的理论包括维农的产品生命周期理论、Kojima(1978)的边际产业扩张理论等，这些理论基本都是从比较优势原理出发，考察两国要素禀赋差异情况，并从产业转移的视角讨论 OFDI 的母国产业升级效应。第二，基于新兴发展中国家对外直接投资行为而形成的母国产业升级效应研究，主要关注发展中国家向发达国家的逆向投资所带来的国内产业升级现象。代表性的理论包括 Cantwell 和 Tolentino(1990)的技术创新产业升级理论等，这类研究大多基于技术进步视角，认为发展中国家可以通过技术积累和经验学习，在干中学中获得发达国家的技术经验，从而不断追赶国际前沿生产技术，推动国内产业升级。

国内关于 OFDI 之母国产业升级效应的研究起步较晚，通过总结和归纳现有文献可以发现，我国学者对于该问题的研究可概括为两大类，即 OFDI 之母国产业升级效应的机理分析和 OFDI 之母国产业升级效应的实证检验。从现有研究来看，在理论方面，目前大多数文献均从投资动机和产业选择入手，探讨中国 OFDI 影响母国产业升级的传导机制，但这类研究大多立足于各自的角度，因而较为零散，且结论不一而足，关于 OFDI 影响母国产业升级的理论研究尚未形成一个系统且成熟的理论框架。此外，也有学者从区位选择（不同东道国选择）的角度讨论 OFDI 的母国产业升级效应，但此类研究大多只停留在现状描述或政策建议层面，甚少有文献系统地分析不同区位选择影响母国产业升级的传导机制。在实证方面，绝大多数文献检验了中国 OFDI 这一个宏观整体对母国产业升级的影响，但并未区分不同东道国样本对中国产业升级的影响差异。此外，对于影响机制的实证检验更是少之又少。

目前，关于 OFDI 之母国绿色 TFP 提升效应的研究较为稀缺，相关讨论源于 OFDI 逆向技术溢出效应研究，即 OFDI 之母国 TFP 提升效应，或称 OFDI 之母国技术进步效应，而将环境和资源因素纳入分析框架，探讨 OFDI 对母国绿色 TFP 影响的研究则相对薄弱。此外，关于 OFDI 对母国绿色 TFP 影响的理论机理也较少从母国消化吸收能力的视角切入。基于此，本书将系统构建中国 OFDI、母国产业升级与绿色 TFP 提升的理论框架，在此基础上，通过钱纳里标准结构模型、中介效应模型，实证研究中国 OFDI 国别差异对母国产业升级的影响效应与传导机制，并通过门槛模型和空间杜宾模型实证研究中国 OFDI 对母国绿色 TFP 的影响效应、传导机制和空间溢出效应。

第二章　中国 OFDI、产业升级
与绿色 TFP 的理论框架

关于 OFDI、产业升级与绿色 TFP 提升的讨论隶属于 OFDI 母国效应研究。首先,本章从投资动机入手,将 OFDI 划分为对非洲国家、对欧美国家、对东南亚和拉美国家三类,在此基础上探讨 OFDI 促进母国产业升级的一般机制。其次,本章构建了中国 OFDI 国别差异与母国产业升级的理论机制和理论模型,探讨中国对发达及新兴市场国家的 OFDI 和对发展中国家的 OFDI 促进母国产业升级的不同机理。再次,本章从绿色技术溢出、环境制度倒逼、绿色研发分摊三条路径分析中国 OFDI 对绿色 TFP 的影响机理。最后,本章从母国消化吸收能力的视角探究中国 OFDI 对绿色 TFP 的调节机制。

第一节　OFDI 与产业升级的一般机制

根据 Dunning(1977)的国际生产折衷理论,以及 Buckley 等(2007)、Ramasamy 和 Yeung(2010)等学者的研究,可将 OFDI 按投资动机分为以下四类:资源寻求型、市场寻求型、效率寻求型和战略资产寻求型。基于不同的投资动机,OFDI 最终表现为不同的区位选择特征。本节从投资动机入手,将 OFDI 东道国划分为非洲国家、欧美国家、东南亚和拉美国家三类,探讨对不同国别的 OFDI 促进母国产业升级的一般机制。

一、对非洲国家的 OFDI

非洲国家因其丰裕的自然资源而成为世界各国资源寻求型 OFDI 的重要输出地。研究表明,中国和印度跨国公司在非洲从事的投资活动是资源寻求型 OFDI 的典型代表(Dunning & Norula,1996)。对于资源寻求型 OFDI,Dunning 和 Narula(1996)给出如下定义:跨国公司对外直接投资是为了以更低的价格获取东道国特定的自然资源,以保证母公司相关资源的供应,从而使跨国公司更具竞争能力和盈利优势。这类资源主要包括煤炭、石油、矿石和农产品资源等。

从资源寻求动机来说,对非洲国家的 OFDI 促进母国产业升级的机制主要包括以下三点:第一,打破母国资源瓶颈,推动关联产业发展。一国在工业化发展阶段往往对关键性自然资源具有较强的依赖性,这一点在制造业和石油化工等行业表现得更为明显(俞佳根,2016)。通过对非洲国家进行资源寻求型 OFDI 能够有效地获得国内资源供应保障,显著地推动母国制造业和石油化工业等关联产业的快速发展,为一国快速实现工业化起到了关键性的作用。第二,发挥出口拉动效应,带动上下游产业联动。一方面,对非洲国家的资源寻求型 OFDI 涉及煤炭和矿石等自然资源的开采活动,因而会增加母国开采设备制造业的对外出口,显著带动上游产业发展;另一方面,对非洲国家的资源寻求型 OFDI 将国内工业发展所需要的矿产资源带回母国,会带动下游工业制成品部门的生产,增加其出口规模,带动下游产业的发展(潘素昆和袁然,2014)。第三,降低资源使用成本,增加母国研发投入。跨国公司通过对非洲国家的资源寻求型 OFDI 能够以更低的价格获取生产所必需的要素资源,有效地降低了生产成本,从而可以将这一部分节约的资金用于跨国公司研发投入以推动技术进步(陈昊和吴雯,2016),最终促进母国产业升级。对非洲国家的 OFDI 促进母国产业升级的机制如图 2-1 所示。

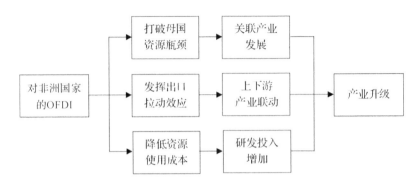

图 2-1 对非洲国家的 OFDI 促进母国产业升级机制

二、对欧美国家的 OFDI

欧美发达国家是全球技术创新的重要引擎和核心动力,各国对欧美发达国家的 OFDI 往往包含着战略资产寻求的目的,比如技术、品牌和管理经验等无形资产(Braconier et al.,2001;吴先明和黄春桃,2016)。对于战略资产寻求型 OFDI,Dunning 和 Narula(1996)给出如下定义:跨国公司通过对外直接投资获取东道国关键性要素或无形资产等战略性资产,从而提高跨国公司自身的竞争能力和生产效率,战略性资产具体包括知识技术、管理经验、营销网络、品牌商标等无形资产。

从战略资产寻求动机来说,对欧美国家的 OFDI 促进母国产业升级的机制包括以下两点:第一,逆向技术溢出,促进母国技术进步。发展中国家在向发达国家进行 OFDI 的过程中,可以通过两条路径获得逆向技术溢出,即研发要素吸收和研发成果返回,跨国公司通过合资、兼并等方式在东道国进行投资,在此过程中通过跟随模仿、资源共享和人员交流等方式不断汲取东道国企业研发要素,以此获得东道国企业最先进的知识并把握技术前沿和动态。在吸收研发要素的基础上,跨国公司将所汲取到的知识、技术、生产工艺等反馈给国内母公司,以此带动母公司的技术升级(陈昊和吴雯,2016)。OFDI 的逆向技术溢出效应推动了母公司技术进步,并通过示范效应和溢出效应带动母国整个行业的技术进步,最终促进母国产业升级。第二,提升品牌知名度,提高产业的国际竞争力。对欧美发达国家的战略资产寻求型 OFDI 往往通过兼并收购的方式吞并发达国家企业，并立即独占被兼并企业的核心技术、品牌商标、营销网络和人力资源等无形资产，这对于提升一国产业品牌形象和提高产业国际竞争力具有重要作用。这一机制的典型案例有许多，如联想收购 IBM 全球 PC 业务，这一并购极大地推动了联想品牌在国际市场的知名度，扩大了其国际市场份额，同时获得了 IBM 关于 PC 领域的所有核心技术和营销网络，显著地提高了中国计算机产业的国际影响力和竞争力。对欧美国家的 OFDI 促进母国产业升级的机制如图 2-2 所示。

图 2-2　对欧美国家的 OFDI 促进母国产业升级机制

三、对东南亚和拉美国家的 OFDI

对于东南亚和拉美国家来说，廉价劳动力资源丰裕，如菲律宾和墨西哥等国逐渐取代中国成为"世界工厂"，并且这些国家原材料成本较为低廉，因此成为世界各国边际产业转移的重要输出地，学界称之为效率寻求型 OFDI。Kojima(1978)提出的日本边际产业转移沿着"日本—亚洲四小龙—东盟"这一雁行模式，也包含着上述意味。对于效率寻求型 OFDI，Dunning 和 Narula(1996)给出如下定义：效率寻求型 OFDI 一般在资源寻求型 OFDI 和市场寻求型 OFDI 之后出现，是跨国公司为了提升现有生产要素投入组合的产出效率，在世界范围内进行劳动和专业化的重新配置，从而实现跨国界的垂直一体化或横向一体化，以获得规模经济或范围经济的效益。

从效率寻求动机来说，对东南亚和拉美国家的 OFDI 促进母国产业升级的机制包括以下两点：第一，转移低效环节，提升母国产业效率。效率寻求型

OFDI 的目的在于通过全球要素资源的再配置，实现跨国公司生产效率的提升。随着一国生产要素成本（原材料和劳动力等）的不断上升，跨国公司将某些效率低下且比较劣势显现的生产环节，比如加工装配、高污染制造等转移至东南亚和拉美国家，这些国家低廉的原材料和劳动力价格显著地降低了跨国公司的生产成本。伴随着跨国公司低效生产环节的国际转移，母公司可以集中优势资源发展企业高技术生产环节，从而推动母公司产业效率提升。第二，转移边际产业，培育母国新兴产业。基于微观视角，效率寻求型 OFDI 将跨国公司的低效生产环节进行国际转移，从而提升了母公司的生产效率，从宏观角度来说，即使一国将处于比较劣势的边际产业向更为落后的国家或地区转移，这类在母国属于比较劣势的产业在东南亚和拉美国家仍旧属于比较优势产业，边际产业转移释放了母国被传统产业占据的沉淀生产要素（劳动力、资本和土地等），并将这些生产要素转移至高技术产业等新兴产业，推动了一国产业从附加值较低的劳动密集型和资本密集型产业向技术密集型产业的转型。对东南亚和拉美国家的 OFDI 促进母国产业升级的机制如图 2-3 所示。

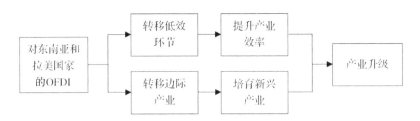

图 2-3　对东南亚和拉美国家的 OFDI 促进母国产业升级机制

第二节　中国 OFDI 对产业升级的传导路径

一、国别差异视角的理论来源

本书基于国别差异视角，对中国 OFDI 的母国产业升级效应展开研究。

所谓的国别差异可以从母国和东道国两个维度进行解读。从母国角度来说，它是指中国 OFDI 的区位选择特征，以及在此特征下中国 OFDI 的产业进入差异。研究表明，中国 OFDI 的区位选择表现出一定的特殊性，主要集中在三类国家：第一类是伊拉克、赞比亚、尼日利亚等自然资源丰裕的发展中国家；第二类是缅甸、柬埔寨、泰国等劳动力资源丰裕的发展中国家；第三类是美国、德国、俄罗斯、韩国等技术先进的发达及新兴市场国家（肖文和周君芝，2014）。可以看到，中国 OFDI 存在不同的区位选择，并且在不同的区位选择下中国 OFDI 产业进入存在差异。从东道国角度来说，它是指东道国内部之间存在着要素禀赋的差异，其中最重要的是技术禀赋的差异。

以上两个维度共同构成了国别差异的核心内涵，那么，在存在国别差异的情况下，中国对不同东道国的 OFDI 是否会对母国产业升级产生不同的影响呢？这是本书所要探讨的核心问题。基于上文对国别差异的定义以及相关理论文献的总结，本书进一步把中国 OFDI 的国别差异概括为：中国对发达及新兴市场国家的 OFDI 和中国对发展中国家的 OFDI 引起的母国产业升级效应差异。

首先，本书需要回答的问题是：为什么要把中国对发达国家的 OFDI 和中国对发展中国家的 OFDI 进行区分？这一问题的答案是因为两类 OFDI 的投资产业存在差异。早期国外学者重点关注发达国家向发展中国家的对外投资行为，并探讨这种投资行为所产生的母国产业升级效应。而对于其中的影响机理，众多理论均是从边际产业转移视角切入的。如 Lewis(1978) 提出的劳动密集型产业转移论，以及 Kojima(1978) 提出的边际产业扩张理论，他们都认为发达国家将国内处于比较劣势的边际产业向发展中国家转移能够推动母国产业升级。从中可以得到如下推论，发达国家向发展中国家的 OFDI 投资的产业往往是国内处于比较劣势的边际产业，如服装加工等劳动密集型产业。那么中国对发展中国家的 OFDI 投资的产业是不是也大量集中在边际产业呢？国内学者将中国对发展中国家的 OFDI 定义为顺梯度 OFDI（隋月红，2010），意指母国对欠发达地区的海外投资的投资动机主要包含效率寻求和资源寻求两类（刘海云和聂飞，2015），其中，效率寻求型 OFDI 的投资产业即为母国处于比较劣势的边际产业（Dunning & Narula,1996）。20

世纪 80 年代后期，越来越多的研究开始关注发展中国家对发达国家的上行投资，以及由此产生的发展中国家内部产业升级。对于其中的影响机理，众多理论均是从技术进步路径切入的，如 Cantwell 和 Tolentino（1990）提出的技术创新产业升级理论，他们认为发展中国家在向发达国家的上行投资过程中，通过嵌入发达国家高新技术集群网络获得技术积累和经验学习，最终促进母国产业升级。从中可以得到如下推论，发展中国家向发达国家的 OFDI 往往包含着技术寻求动机，因而其投资的产业以技术密集型产业为主。那么中国对发达国家的 OFDI 的产业是不是也集中在技术密集型产业呢？国内学者将中国对发达国家的 OFDI 定义为逆梯度 OFDI（隋月红，2010），其投资动机以技术寻求为主（刘海云和聂飞，2015），投资的产业往往是国内具有比较优势的新兴产业（汪琦，2004；赵伟和江东，2010）。

那么，中国 OFDI 的现实特征是否如上文所述呢？根据杨连星和张梅兰（2019）的研究，本书将中国 OFDI 的投资动机大致分为矿产资源开采、境外生产和加工、商贸服务、技术研发四类。基于中国商务部境外投资企业（机构）名录数据库的经营范围指标，本书使用 Python 词频统计对中国企业在发达和新兴市场国家以及发展中国家的投资动机进行了分类，结果如表 2-1 所示。从表 2-1 中可以发现：中国在发达及新兴市场国家近一半的 OFDI 是出于技术研发的动机，而生产和加工以及资源开发只占很小的比例；中国在发展中国家的 OFDI 有一半以上是出于生产和加工以及资源开发的目的，这一现实特征与上文的分析一致。

表 2-1　国别差异下四大投资动机的中国 OFDI 企业数量

单位：家

	商贸服务	境外生产和加工	技术研发	矿产资源开采
发达及新兴市场国家	4705	258	5034	664
发展中国家	2039	2489	1919	1300

两类东道国内部的要素禀赋存在差异。宋学印（2016）从技术维度将世界各国划分为三类经济体，即远离前沿、国际准前沿和国际前沿，其中，发达

国家,特别是七国集团(Group of Seven,简称 G7)被广泛认为处于世界技术前沿,而广大发展中国家被认为是远离世界技术前沿的。与发展中国家相比,发达国家在国内研发投入、知识资本存量和技术进步水平等方面都存在绝对优势(陈昊等,2016),而发展中国家则拥有丰富的自然资源,以及广阔的市场和丰裕、低廉的劳动力要素。因此可以推断,发达国家和发展中国家内部要素禀赋存在显著差异,发达国家内部的技术要素比较优势明显,而发展中国家内部的劳动力要素和自然资源要素比较优势更为突出。

其次,本书需要回答的问题是:为什么要把中国对发达国家的 OFDI 和中国对新兴市场国家的 OFDI 归为一类? 新兴市场国家也被称为新兴工业化国家,具体的国别范围目前尚无严格的界定,根据《世界投资报告 2015》,以及 Amann 和 Virmani(2014)等的划分标准,以下几个国家一般被认为是新兴市场国家:韩国、新加坡、印度、马来西亚、俄罗斯、印度尼西亚、埃及、中国、泰国和土耳其等。那么,是否所有新兴市场国家都能与发达国家放在同一个类别下呢? 根据宋学印(2016)的研究,在新兴市场国家内部,韩国和新加坡等新兴市场国家通过追赶型增长,已处于接近国际技术前沿的收敛状态,而巴西、印度尼西亚等新兴市场国家与国际前沿的技术差距依然很大。这一研究结果表明,不同新兴市场国家间的技术进步水平存在显著差异,其中,韩国、新加坡和俄罗斯等国的技术进步水平与国际技术前沿更为接近,而其他的新兴市场国家与国际技术前沿之间依然存在较大差距。基于此,本书仅将韩国、新加坡和俄罗斯等靠近国际技术前沿的新兴市场国家与发达国家放入同一个类别,而其他远离国际技术前沿的新兴市场国家则依然归类为发展中国家。

二、中国对发达及新兴市场国家的 OFDI 与母国产业升级的传导路径

(一)理论基础

在国际直接投资理论的框架下,中国对发达及新兴市场国家的对外直接投资属于上行投资。自 20 世纪 80 年代起,越来越多的研究开始关注发展中

国家对发达国家的上行投资所带来的母国产业升级效应,相关理论最早可以追溯到 Cantwell 和 Tolentino(1990) 提出的技术创新产业升级理论,该理论指出,发展中国家可以通过技术能力的积累,向周边国家尤其是发展中国家进行成功的投资,并最终升级为向发达国家的上行投资。在这一过程中,发展中国家可以利用技术地方化优势不断积累经验,通过学习、积累不断提高母国技术能力和创新水平,最终促进母国产业结构升级。Mathews(2006) 提出"LLL"分析框架,认为国际化进程中的后发者——发展中国家跨国公司,凭借外部联系、杠杆效应和学习效应,在干中学中不断消化、吸收领先者的技术外溢并形成自身的竞争优势。

国内学者将中国对发达国家的 OFDI 定义为逆梯度 OFDI(隋月红,2010),认为中国对发达国家的 OFDI 的技术寻求动机最为强烈(赵伟和江东,2010;刘海云和聂飞,2015;吴先明和黄春桃,2016),通过逆向技术溢出和产业关联等途径,中国对发达国家的 OFDI 能够促进母国技术进步,并最终推动母国产业升级。从国内外研究可以发现,发展中国家向发达国家上行投资所带来的母国产业升级效应研究均是基于技术进步视野,即发展中国家可以通过技术积累,在干中学中获得发达国家的技术经验,从而不断追赶国际前沿生产技术,推动国内产业升级。基于上述基础理论回顾,可以推断,中国对发达及新兴市场国家的 OFDI 促进母国产业升级的影响机制是通过技术进步路径实现的,即存在"中国对发达及新兴市场国家的 OFDI—母国技术进步—母国产业升级"的逻辑链条。

(二)基于技术进步路径的机制分析

1. 中国对发达及新兴市场国家的 OFDI 促进母国技术进步机制

OFDI 之母国技术进步效应隶属于国际技术溢出理论的讨论范畴,日本学者 Kogut 和 Chang(1991) 最早以日本在美国的跨国企业为分析对象,证实了日本在美国的 OFDI 是为了获取美国企业的先进技术。近年来,随着中国 OFDI 规模不断扩大,关于中国 OFDI 与母国技术进步之间关系的研究引起了学界的广泛关注。在前人研究的基础上,本书总结和梳理了中国对发达及新兴市场国家的 OFDI 促进母国技术进步的三条机制。

　　第一，逆向技术溢出效应。中国对发达及新兴市场国家的 OFDI 可以通过以下三条途径获得逆向技术溢出。一是研发要素吸收。中国海外子公司通过向发达国家 OFDI，嵌入其高新技术集群网络，并以跟随模仿、资源共享、人员交流等方式不断汲取东道国企业的研发要素，获得发达国家企业最先进的知识并把握世界技术前沿和动态。二是研发成果返回。在研发要素吸收的基础上，一方面，中国跨国公司将所汲取到的知识、技术和生产工艺等反馈给母公司，带动母公司技术进步；另一方面，中国跨国公司将新的知识和技术运用于新产品开发与研究，并将最新研究成果反馈给母公司，促进母公司产品和技术升级。三是研发人员培养。人力资本的流动也是技术扩散和溢出的重要途径，中国跨国公司可通过向合资或被兼并企业中的核心技术人员学习，也可通过参与发达国家科研机构、研发中心和战略联盟等方式，学习和掌握发达国家先进技术并反馈给母公司。通过以上三条途径，中国跨国公司通过向发达及新兴市场国家 OFDI 可以获得逆向技术溢出，并促进母公司技术进步，最终通过外溢和示范效应促进母国技术进步。

　　第二，产业关联效应。产业关联理论最早由美国学者赫希曼提出，认为某一产业的经济活动能够通过产业之间的相互关联互相影响。产业关联可分为前向关联和后向关联，其中：前向关联是指下游产业通过需求端与上游产业发生联系，比如下游产业的技术进步会倒逼上游原材料供应、设备提供等部门做出相应的技术升级调整；后向关联是指上游产业通过供给端与下游产业发生联系，比如上游产业的技术进步会带动下游产业的技术提升。研究表明，后向关联所带来的母国技术进步效应往往发生在发达国家对发展中国家的下行投资中，发达国家将上游低技术产业外移至发展中国家，自身则专注于最终产品的生产与研发环节（赵伟等，2006）。因此，中国对发达及新兴市场国家的 OFDI 主要是通过前向关联效应促进母国技术进步，具体来说，中国跨国企业在发达及新兴市场国家的上行投资将面临发达国家同类企业的激烈竞争，这势必会对母国上游产业（原材料供应等相关要素投入部门）提出更高的质量要求，从而倒逼母国上游产业为提高产品质量而增加研发投入，促进母国技术进步。

　　第三，产业竞争效应。产业竞争理论来源于 Poter(1990)所提出的钻石理论,其强调了产业竞争对于一国产业技术进步和产业结构升级的重要作用。中国对发达及新兴市场国家的 OFDI 通过产业竞争效应实现母国技术进步的路径包括以下两条:一是国内同行业竞争引致的技术进步。中国跨国企业在向发达及新兴市场国家上行投资的过程中,一方面,由于逆向技术溢出效应的存在,跨国企业能够获得发达国家的技术外溢,并有效提高自身技术水平;另一方面,其会面临发达及新兴市场国家同类企业的激烈竞争,这将倒逼中国跨国企业增加研发、创新投入以提高产品质量,增强竞争能力。以上两个方面会显著提高中国跨国企业的技术水平和竞争能力,并对国内同行业的企业形成巨大的竞争压力,这将推动母国企业增加研发投入,提升技术水平,增强竞争能力。二是国际竞争引致的技术进步。中国跨国企业在发达及新兴市场国家的 OFDI 活动不仅将自身置于全球经济的竞争环境之下,也把国际竞争传递至国内,如当前国际市场对于产品的技术标准、规格等,从而使国内企业接触国际市场的技术前沿,推动母国企业技术革新以增强竞争能力。

中国对发达及新兴市场国家的 OFDI 可以通过以上三条机制促进母国技术进步。进一步的研究表明,OFDI 逆向技术溢出效应的发挥有赖于母国的消化吸收能力(Cohen & Levinthal,1990;茹玉骢,2004)。中国跨国公司通过 OFDI 嵌入发达及新兴市场国家高技术集群网络,能够接触其先进的研发要素资源,有效克服了中国与发达国家之间技术转移的距离障碍(陈菲琼等,2013),但是要使发达国家的先进技术真正为我所用必须以母国消化吸收能力为前提,母国的消化吸收能力越强,OFDI 逆向技术溢出效应就越明显。因此,中国对发达及新兴市场国家的 OFDI 促进母国技术进步的作用机制受母国消化吸收能力的影响,即母国消化吸收能力越强,中国对发达及新兴市场国家的 OFDI 对母国技术进步的促进作用就越大。

2.技术进步促进产业升级机制

众多研究表明,技术进步是推动产业升级的直接动力和根本动因(张晖明和丁娟,2004;高越和李荣林,2011)。在前人研究的基础上,本书梳理和总结了技术进步促进产业升级的两条机制。

第一,微观视角:优化要素配置。从要素配置角度来说,技术进步对产业升级的促进作用表现为对各类生产要素的产出能力提升和配置方式改进。一是技术进步通过劳动力要素促进产业升级。一方面,技术进步和知识创新推动了人力资本的形成和积累,人力资本作为知识和创新的载体在各个产业发挥作用;另一方面,技术进步倒逼劳动者技能提升,随着生产方式、技术的不断革新,机械化大生产时代越来越不需要体力劳动者,这将倒逼劳动者主动寻求技能提升,通过学习和培训不断提高自身技术水平,推动各个产业朝技术密集型方向发展。二是技术进步通过资本要素促进产业升级。技术进步推动了机器、设备等生产工具的技术革新,机器、设备等固定资产作为资本要素的重要组成,带动了相关物质资本的生产和使用,也极大地提高了产业的生产效率,使产业规模急剧扩张成为可能。三是技术进步通过优化要素配置组合促进产业升级。一方面,技术进步促进了产业内要素的优化配置,在没有技术进步的情况下,产业发展单纯依靠资本和劳动投入,因而发展缓慢且资源使用效率不高。通过技术要素引入,知识技术成为产业发展的第一动力,从而极大地提高了资源使用效率,以最少的资本和劳动实现最大的产出。另一方面,技术进步促进了产业间要素的优化配置,知识技术的引入使某一产业内部完成了最佳的要素组合配置,即以最少的资本和劳动实现最大化的产出,有效地节约了要素资源,推动产业内部多余的资本和劳动要素向其他产业转移,从而提高生产要素在各产业间的配置效率。

第二,宏观视角:影响产业变迁。从产业变迁角度来说,技术进步对产业升级的促进作用表现为新旧产业的更迭和转型升级。一是技术进步推动了新产业和新产业部门的创立。技术创新和发明创造通过新产品、新工艺、新能源、新材料的发明与利用,扩大了社会分工的范围,创造了生产活动的新领域,形成了新的生产门类和生产部门,这类产业往往具有极大的增长潜力,并能迅速成为国民经济的支柱产业。二是技术进步加速了旧产业和旧产业部门的淘汰。技术进步带来的新产品和新工艺符合市场需求的方向,能够满足潜在的需求或者创造新的需求,其增长速度较快,并且产业规模不断扩大,对传统产业形成了巨大的冲击,某些生产效率低下、技术水平落后且产品质量低下的旧产业和旧产业部门将面临淘汰危机。三是技术进步推动了旧产业和旧产业部门的升级。部分传统产业并不是完全被消灭,而是用新技术对原有的产业进行改造，即用新的技术、工艺、装备改造原有产业，提高其装备水平，改变其生产环境，优化其生产手段，带动原有产业的产品更新换代或质量提升，甚至创造出全新的产品，这些改造过的传统产业将以新的面貌出现在新的产业结构之中。中国对发达及新兴市场国家的 OFDI 促进母国产业升级的传导路径如图 2-4 所示。

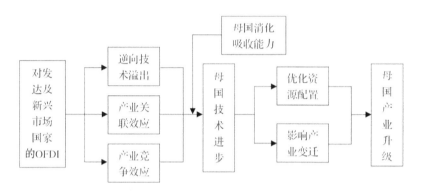

图 2-4　中国对发达及新兴市场国家的 OFDI 促进母国产业升级的传导路径

三、中国对发展中国家的 OFDI 与母国产业升级的传导路径

（一）理论基础

　　早期国际直接投资理论的重点在于解释发达国家的对外直接投资行为，主要关注产业水平较高的发达国家向产业水平较低的发展中国家资本输出的行为，以及由此带来的发达国家内部产业结构的变化情况，在此基础上衍生出来的关于 OFDI 与母国产业结构调整的探讨大多包含产业转移的意味。Lewis(1978)提出劳动密集型产业转移论，他考察了二战后以美国为代表的发达国家将国内劳动密集型产业转移至发展中国家的现象，认为由于发达国家人口增长率下降、劳动力成本上升等因素的影响，发达国家以 OFDI 的形式向发展中国家转移了大量劳动密集型产业，从而加快了发达国家内部产业结构调整的步伐。日本学者 Kojima(1978)提出的边际产业扩张理论从宏观层

面指出,一国开展 OFDI 应从本国已经或即将处于比较劣势的产业开始,这些产业在东道国仍具有比较优势,边际产业转移腾出的母国稀缺资源可以用于发展朝阳产业和其他新兴产业,推动母国产业升级。

国内学者关于中国对发展中国家的 OFDI 与母国产业升级之间作用机制的探讨常常以边际产业转移为切入点。我国学者把中国对发展中国家的 OFDI 定义为顺梯度 OFDI(隋月红,2010),认为中国对发展中国家的 OFDI 往往包含着效率寻求动机(Cheung & Qian,2009;阎大颖,2013;刘海云和聂飞,2015),通过将比较劣势产业转移至落后的发展中国家为国内具有潜力的比较优势产业提供发展空间。国内外的理论研究均显示,基于边际产业转移路径,中国对发展中国家的 OFDI 可以促进母国产业升级。此外,国内学者也从研发成本分摊路径解释中国对发展中国家的 OFDI 与母国产业升级之间的作用机制(赵伟等,2006;陈昊和吴雯,2016),认为中国对发展中国家的 OFDI 存在着资源寻求和市场寻求两类动机,这两类 OFDI 行为具有母国研发成本分摊效应,能够增加母国研发投入,促进母国技术进步,并最终推动母国产业升级。

(二)基于边际产业转移路径的机制分析

基于边际产业转移路径,中国 OFDI 将边际产业和过剩产能向落后的发展中国家转移,释放了国内的沉淀生产要素,使这些要素流向新兴产业,进而促进母国产业升级,即存在"中国对发展中国家的 OFDI—母国生产要素流动—母国产业升级"的逻辑链条。

1.中国对发展中国家的 OFDI 促进母国生产要素流动机制

第一,随着中国经济的持续发展,人口红利日渐式微,劳动力结构转变宣告过往以低端生产和加工制造为核心的产业结构与生产方式难以维系(肖文和周君芝,2014)。而东南亚和拉美等地区的广大发展中国家劳动力禀赋丰裕,劳动力成本和原材料价格低廉,这也使之成为发达国家加工装配和初级制造等劳动密集型产业的重要输出地。我国开始将一些具有传统优势的劳动密集型产业,如加工装配、服装、纺织等,向落后的发展中国家迁移。

第二,随着我国"一带一路"倡议的稳步推进,"一带一路"沿线的众多发展中国家成为我国过剩产能输出的重要阵地。一方面，从我国内部来说，我国在基础设施建设方面已经形成了成熟、庞大且技术先进的工程队伍，修路、建桥和建水电站的能力均属于世界一流，而我国钢铁、水泥、玻璃等产业存在严重的产能过剩，急需相应的市场加以消化；另一方面，沿线各国大多为发展中国家，它们对公路、铁路和桥梁等交通基础设施建设的需求庞大，据预测，今后五年亚洲地区的基础设施建设大概需要 5 万亿～8 万亿元的巨大投资（龙永图，2016）。这为我国钢铁和水泥等产业的过剩产能走出去提供了可能。

第三，边际产业转移和过剩产能输出释放了原本由传统制造业占用的国内稀缺生产要素，促进了这些生产要素向国内具有比较优势的新兴产业流动。具体来说，首先，服装加工业等劳动密集型产业的转移释放了一大批低技能劳动力，由于自身知识、技能的缺乏，这些低技能劳动力可以流向生活性服务业，如餐饮和住宿业、批发和零售业等，也可通过职业培训提高其技能水平，流向交通运输业、房地产业等生产性服务业。其次，伴随着劳动密集型产业和钢铁、水泥等过剩产能产业的转移，大量的资本要素被释放，包括企业的生产设备、厂房车间、仓库存货等，这些资产在折价变现后可以投向收益更高且更具发展潜力的新兴产业。最后，边际产业和过剩产能的转移释放了土地这一稀缺自然资源要素，可以用来培育高新技术科技园区、科技创新孵化器等新兴产业基地。

进一步的研究表明，中国 OFDI 更多地体现为宏观国家利益，中国 OFDI 直接受到母国制度和政策因素的主导与影响，这一机制会很明显地体现在中国资源寻求型 OFDI 上（裴长洪和樊瑛，2010）。新常态下我国经济发展不断提质增效，通过效率寻求型 OFDI 实现边际产业转移和过剩产能输出已成为我国政府工作议程的重要内容。2013 年，《国务院关于化解产能严重过剩矛盾的指导意见》政策出台，其中明确指出，要把对外直接投资作为边际产业转移和过剩产能输出的重要手段。2014 年，各级地方政府相继出台通过对外直接投资转移边际产业和过剩产能的相关政策，部分地区关于过剩产能输出的政策如表 2-2 所示。可以看到，不仅仅是资源寻求型 OFDI，我国效率寻求型 OFDI 也逐渐受到母国制度和政策因素的影响。基于边际产业转移路径，我国对发展中国家的 OFDI 促使母国生产要素从传统产业向新兴产业流动，这一作用机制受到母国制度因素的影响,即母国政策制度的推动力度越强,我国对发展中国家的效率寻求型 OFDI 就越能促进生产要素向新兴产业流动。

表 2-2　部分地区关于过剩产能输出的政策一览

省份	政策名称	政策相关内容	年份
浙江	《浙江省化解产能过剩矛盾实施方案》	把支持企业"走出去"作为化解产能过剩的重要途径;加强对企业"走出去"的指导与服务,引导企业抱团行动	2014
湖北	《省人民政府关于化解产能过剩矛盾的实施意见》	鼓励产能过剩行业优势企业"走出去",通过对外贸易、对外投资、建设境外生产基地向外转移产能	2014
湖南	《湖南省人民政府关于化解产能严重过剩矛盾的实施意见》	鼓励优势企业以多种方式"走出去",优化制造产地分布,消化省内产能	2014
天津	《天津市贯彻落实国家化解产能严重过剩矛盾指导意见的实施方案》	鼓励优势企业以多种方式"走出去",优化制造产地分布,转移过剩产能	2014
河北	《化解产能严重过剩矛盾实施方案》	鼓励和引导省内优势企业到省外、国外投资办厂,建立基地,转移产能	2014
山东	《山东省人民政府关于贯彻国发〔2013〕41 号文件化解过剩产能的实施意见》	依托我国与东盟、南美、南非等区域以及与俄罗斯、澳大利亚等国家间的双边机制,积极参与丝绸之路经济带经贸活动,鼓励钢铁、水泥、电解铝、炼油、轮胎等行业优势企业以多种方式"走出去"	2014

2.生产要素流动促进产业升级机制

生产要素在不同产业部门之间的流动导致了产业结构的变化(干春晖和郑若谷,2009)。第一,服务业劳动力要素增加。边际产业转移和过剩产能输出释放了一大批低技能劳动力,这些劳动力可以直接流向住宿和餐饮业、批发和零售业等生活性服务业,也可通过职业技能培训流向交通运输业、邮政业、商务服务业和房地产业等生产性服务业。总之,基于边际产业转移路径,我国对发展中国家的 OFDI 促进了传统产业的劳动力要素向服务业转移,推动我国产业结构向"三二一"转型。第二,新兴产业资本要素增加。边际产业转移和过剩产能输出释放了大量的资本要素,在收益最大化原则下,这些资本会流向成长性高、发展潜力大的高技术产业、科技型中小企业和生产性服务业等新兴产业部门,推动我国产业高级化的进程。第三,传统产业技术革新(江东,2010)。边际产业转移和过剩产能输出并不是把国内的夕阳产业全部向外迁移,产业转移释放的资本要素会重新流向国内留存的传统产业并对其加以技术改造,实现传统产业内部的转型升级。

(三)基于研发成本分摊路径的机制分析

基于研发成本分摊路径,中国 OFDI 通过市场寻求和资源寻求将利润带回母国,促使母国研发投入增加,进而推动母国技术进步,最终促进母国产业升级,即存在"中国对发展中国家的 OFDI—母国研发投入增加—母国技术进步—母国产业升级"的逻辑链条。

第一,中国对发展中国家的市场寻求型 OFDI 和资源寻求型 OFDI 投资的主体不一定是边际产业。以市场寻求型 OFDI 为例,我国跨国公司华为在土耳其和南非等地设立营销网络,TCL 在越南建立生产基地,这些企业不但不是边际产业,反而是我国某一行业的龙头企业;以资源寻求型 OFDI 为例,这类 OFDI 往往由大型的国有企业承担,并且肩负着维护国家资源安全、保障资源供应等政治使命(裴长洪和樊瑛,2010),比如中海油投资印尼东固天然气项目,这类跨国企业关系着我国经济发展和居民生活的基石,因此通常是国民经济的支柱产业。

第二,基于母国研发成本分摊路径,研究中国对发展中国家的 OFDI 促进母国产业升级的影响机制的关键在于厘清"中国对发展中国家的 OFDI—母国研发投入增加"这一环节的传导过程。一是在资源寻求型 OFDI 情况下,中国跨国公司在发展中国家的 OFDI 能够以更加低廉的价格获取生产所必需的要素资源,有效地降低生产成本,从而可以将这一部分节约的资金用于跨国公司的研发投入。二是在市场寻求型 OFDI 情况下,中国跨国公司对发展中国家的 OFDI 可以扩大国际市场份额，形成规模经济效应，从而降低企业生产成本并提高企业经营利润，利润也将反馈给母公司用于研发、创新等，产生研发成本分摊效应（赵伟等，2006）。中国对发展中国家的 OFDI 促进母国产业升级的传导路径如图 2-5 所示。

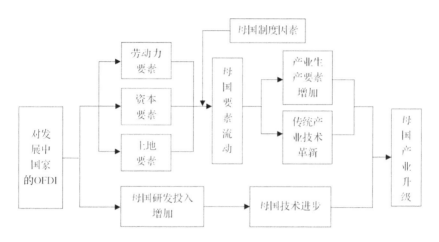

图 2-5　中国对发展中国家的 OFDI 促进母国产业升级的传导路径

第三节　中国 OFDI 与产业升级的理论模型

一、假设条件与基本模型

按劳动生产率水平的高低进行区分，假定全国存在两个生产部门：新兴产业部门 N 和传统产业部门 T。这两个部门均使用资本和劳动进行生产，在封闭经济条件下可将全国的生产函数设为如式（2-1）所示的柯布-道格拉斯生产函数形式。

$$Y = A_N K_N^\alpha L_N^{1-\alpha} + A_T K_T^\alpha L_T^{1-\alpha} \tag{2-1}$$

其中，Y 表示总产出，A_N、K_N 和 L_N 分别表示新兴产业部门的技术水平、资本和劳动力，A_T、K_T 和 L_T 分别表示传统产业部门的技术水平、资本和劳动力。现考虑开放经济条件下，我国向发达及新兴市场国家、发展中国家进行对外直接投资时的产出变化情况。

二、投资东道国为发达及新兴市场国家

我国对发达及新兴市场国家的 OFDI 以技术寻求为主导，假定这一部分对外直接投资由新兴产业部门完成。在资本总量既定的情况下，对外直接投资会挤占一部分国内资本，因此全国的生产函数将变为如下形式。

$$Y_{OFDI1} = A_N (K_N - K_{OFDI1})^a L_N^{1-a} + A_T K_T^a L_T^{1-a} \qquad (2\text{-}2)$$

其中，Y_{OFDI1} 表示向发达及新兴市场国家进行对外直接投资情况下的总产出，K_{OFDI1} 表示新兴产业部门向发达及新兴市场国家的对外直接投资。由于逆向技术溢出效应的存在，即通过向发达国家进行对外直接投资，能够获得发达国家的技术扩散，进而推动母国技术进步（Lall，1983；Braconier et al.，2001），因此本书假定 $\frac{\partial A_N}{\partial K_{OFDI1}} > 0$。为考察 K_{OFDI1} 对 Y_{OFDI1} 的影响，对式（2-2）求偏导可得：

$$\frac{\partial Y_{OFDI1}}{\partial K_{OFDI1}} = L_N^{1-a} \left[\frac{\partial A_N}{\partial K_{OFDI1}} (K_N - K_{OFDI1})^a - \alpha A_N (K_N - K_{OFDI1})^{a-1} \right] \quad (2\text{-}3)$$

令式（2-3）等于 0，可得：

$$\frac{1}{A_N} d A_N = \frac{\alpha}{K_N - K_{OFDI1}} d K_{OFDI1} \qquad (2\text{-}4)$$

对式（2-4）求常微分，可得：

$$A_N = (K_N - K_{OFDI1})^{-\alpha} \qquad (2\text{-}5)$$

由此可以发现：当式（2-5）成立时，$\frac{\partial Y_{OFDI1}}{\partial K_{OFDI1}} = 0$；当 $A_N > (K_N - K_{OFDI1})^{-\alpha}$ 时，$\frac{\partial Y_{OFDI1}}{\partial K_{OFDI1}} > 0$，即当逆向技术溢出效应引致的国内新兴产业部门技术进步达到一定的门槛值时，会增加新兴产业部门的产出，进而提高全国总产出水平。该结论包含以下经济含义：我国对发达及新兴市场国家的 OFDI 会通过跟随模仿、资源共享和人员交流等方式不断汲取东道国的研发要素，并将所获得的知识、技术和研发成果反馈给母国，从而获得逆向技术溢出效应，

推动母国技术进步;当逆向技术溢出所带来的母国技术进步积累到一定程度时必然会引发质变,即技术革新带动产业生产效率提高和产业格局演变,最终推动母国产业升级。

三、投资东道国为发展中国家

我国对发展中国家的 OFDI 主要出于效率寻求、资源寻求和市场寻求等动机,根据上文论述的机制,我国对发展中国家的资源寻求型 OFDI 和市场寻求型 OFDI 均是通过研发成本分摊路径促进母国产业升级的,本质上影响的还是母国的技术进步水平,而且这两类 OFDI 的投资主体往往包含高技术企业和大型国有企业,可以将这些企业认定为新兴产业部门,因此上文论述的模型对这两类 OFDI 也适用。本节仅仅考虑效率寻求型 OFDI 的情况,假定这一部分对外直接投资由传统产业部门完成。随着我国经济的持续发展,人口红利日渐式微,我国开始将一些具有传统优势的劳动密集型产业,如加工装配、服装、纺织等,向落后的发展中国家迁移,这类边际产业的转移释放了原本由传统制造业占用的国内稀缺生产要素(劳动力、资本、土地等),并将这些生产要素转移到高技术产业和服务业等新兴产业上来,因此,传统产业部门资本减少,新兴产业部门投资增加,全国的生产函数变为如下形式。

$$Y_{\text{OFDI2}} = A_N \left[K_N + F(K_{\text{OFDI2}}) \right]^{\alpha} L_N^{1-\alpha} + A_T (K_T - K_{\text{OFDI2}})^{\alpha} L_T^{1-\alpha} \qquad (2\text{-}6)$$

其中,Y_{OFDI2} 表示向发展中国家进行对外直接投资情况下的总产出,K_{OFDI2} 表示传统产业部门向发展中国家的对外直接投资,$F(K_{\text{OFDI2}})$ 表示边际产业转移后新兴产业部门的新增投资,它是关于 K_{OFDI2} 的隐函数,其中,$F>0$,$F'>0$。随着边际产业的转移,为适应市场需求和提高企业竞争,国内留存的传统产业会加速改造并转型升级,进而推动国内传统产业技术进步,例如,传统彩电业的转移加速了国内液晶电视的兴起,服装加工业的转移加速了国内自主服装品牌的创立,因此本书假定 $\dfrac{\partial A_T}{\partial K_{\text{OFDI2}}} > 0$。为考察 K_{OFDI2} 对 Y_{OFDI2} 的影响,对式(2-6)求偏导可得:

$$\frac{\partial Y_{\text{OFDI2}}}{\partial K_{\text{OFDI2}}} = \alpha A_N L_N^{1-\alpha} \left[K_N + F(K_{\text{OFDI2}}) \right]^{\alpha-1} \frac{\partial F(K_{\text{OFDI2}})}{\partial K_{\text{OFDI2}}} +$$

$$(K_T - K_{OFDI2})^{\alpha} L_T^{1-\alpha} \frac{\partial A_T}{\partial K_{OFDI2}} - \alpha A_T L_T^{1-\alpha} (K_T - K_{OFDI2})^{\alpha-1} \qquad (2\text{-}7)$$

令式(2-7)等于 0，可得：

$$\frac{A_N}{A_T} \left(\frac{L_N}{L_T} \right)^{1-\alpha} \left[\frac{K_N + F(K_{OFDI2})}{K_T - K_{OFDI2}} \right]^{\alpha-1} \frac{dF(K_{OFDI2})}{dK_{OFDI2}} + \frac{K_T - K_{OFDI2}}{\alpha A_T} \frac{dA_T}{dK_{OFDI2}} = 1$$

$$(2\text{-}8)$$

令式(2-8)的第二项为 x，x 为任意常数，可得：

$$\frac{K_T - K_{OFDI2}}{\alpha A_T} \frac{dA_T}{dK_{OFDI2}} = x \qquad (2\text{-}9)$$

对式(2-9)求常微分，可得：

$$A_T = (K_T - K_{OFDI2})^{-\alpha x} \qquad (2\text{-}10)$$

把式(2-10)代入式(2-8)，可得：

$$A_N \left(\frac{L_N}{L_T} \right)^{1-\alpha} (K_T - K_{OFDI2})^{\alpha x - \alpha + 1} \left[K_N + F(K_{OFDI2}) \right]^{\alpha-1} \frac{dF(K_{OFDI2})}{dK_{OFDI2}} = 1 - x$$

$$(2\text{-}11)$$

对式(2-11)求常微分，可得：

$$F(K_{OFDI2}) = \frac{(K_T - K_{OFDI2})^{1-x}}{A_N^{\frac{1}{\alpha}} \left(\frac{L_N}{L_T} \right)^{\frac{1-\alpha}{\alpha}}} - K_N \qquad (2\text{-}12)$$

由此可以发现：当式（2-10）和式（2-12）成立时，$\frac{\partial Y_{OFDI2}}{\partial K_{OFDI2}} = 0$；当 $A_T >$

$(K_T - K_{OFDI2})^{-\alpha x}$，$F(K_{OFDI2}) > \dfrac{(K_T - K_{OFDI2})^{1-x}}{A_N^{\frac{1}{\alpha}} \left(\dfrac{L_N}{L_T} \right)^{\frac{1-\alpha}{\alpha}}} - K_N$ 时，$\frac{\partial Y_{OFDI2}}{\partial K_{OFDI2}} > 0$，即当边

际产业转移效应引致的国内传统产业部门技术进步和新兴产业部门新增投资高于一定的门槛值时，会加速传统产业技术改造并增加新兴产业部门产出，进而提高全国总产出水平。该结论包含以下经济含义：我国对发展中国家的 OFDI 会将国内生产效率日益低下的传统产业向外转移，这会加速国内留存传统产业的技术改造和技术革新过程，当这种技术改造积累到一定程度时将推动母国传统产业的转型升级；此外，边际产业转移释放了原本由传统制造业占用的国内稀缺生产要素（劳动力、资本、土地等），并带动这些生产要素向高技术产业和服务业等新兴产业转移，推动产业结构不断往高级化方向发展。

第四节　中国 OFDI 对绿色 TFP 的影响机理

一、绿色技术溢出机制

科学技术的发展是不平衡的,不同的国家在不同的领域存在不同的技术情况,故应与各国不断进行技术交流,取长补短。欧美发达国家在经济活动中凭借其拥有的先进生产技术、设备和较高的排污标准,能够实现低污染、低能耗和低排放(Montero,2002)。中国通过 OFDI 获取绿色技术溢出以推动绿色技术升级,从而促进绿色 TFP 提升,主要包括技术进步效应、产业关联效应、人才流动效应等方面。第一,技术进步效应。企业主要通过跨国并购和绿地投资等方式将东道国核心清洁技术与专利借助企业内部回流机制反馈给母国企业,对其进行吸收、学习并不断创新以提高企业自身的绿色生产技术水平。同时也可将研发机构设立在技术发达的国家,利用国外优良的技术研发氛围和人才优势,与东道国企业一起研究和开发绿色技术,将技术研究成果反馈给母国企业,不断优化绿色清洁技术,提升母国绿色技术创新能力,实现绿色经济的持续发展。第二,产业关联效应。企业的发展与其相关产业息息相关,在发展过程中需要与相关产业进行合作交流,若上游产业产生了技术革新,本产业的技术也会及时进行调整、更新。进行 OFDI 时,母国企业会加入东道国生产链,通过东道国上游、下游关联产业的前向关联和后向关联促进母国企业技术创新。第三,人才流动效应。各个国家的各个企业之间会互相合作与竞争,为了最优化配置企业的生产要素,会将产品的不同生产环节分配到不同的地区,由此带来人力资源的跨国流动。相关人员在东道国学习其管理经验和生产、销售、研发等能力,并将这些反馈给母国企业,对母国企业人员进行培训,提高其综合能力,增强企业的管理水平和整体技术创新水平。综上所述,绿色技术溢出机制如图 2-6 所示。

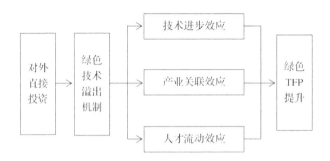

图 2-6　绿色技术溢出机制

二、环境制度倒逼机制

欧美发达国家具有较高的市场准入和排放标准，环境管制政策较为严格，提高了母国企业 OFDI 时进入当地市场的生存门槛。东道国的制度环境在一定程度上影响着企业 OFDI 的竞争方式与产业结构，母国企业现有的生产技术和排污设备若不足以使其在当地政府的环境政策中生存，则需要通过竞争效应和产业结构效应提高母国企业的治污技术和绿色产品的生产能力。第一，竞争效应。母国企业为了在东道国合法经营，企业子公司产品的生产、管理、经营和销售等环节必须严格遵循东道国的法规政策。东道国严格的环境制度倒逼子公司不断增强其自身的绿色清洁技术和及时调整其内部治理体系的标准，使之能够匹配东道国的制度环境。在发达国家进行 OFDI 时，发达国家健全的政策环境促使母公司完善管理体系，从而提升其绿色清洁技术的创新。第二，产业结构效应。东道国环境政策较为严格时，将促使东道国子公司对绿色产品生产技术和排污设备进行创新改造，导致子公司产业结构向清洁型、高技术型倾斜，进而影响母国企业的绿色经济。在不同产业生产过程中，由于产品类型和生产技术不同，各个产业对环境污染和经济增长造成的影响也不同。为适应东道国环境制度，子公司不断优化其产业结构，同时技术密集型产品比重增加，从而推动绿色经济发展。环境制度倒逼机制如图 2-7 所示。

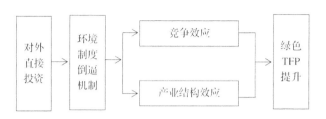

图 2-7　环境制度倒逼机制

三、绿色研发分摊机制

中国企业通过资源寻求型 OFDI 获取母国缺乏的自然资源,在东道国投资建厂,利用其优质的原材料和能源以及低廉的劳动力大幅度降低了生产成本,提高了企业的经营利润(朱平芳等,2011)。企业可以在经济效益良好的情况下对分工和资源进行更加细致的配置,充分利用有限的资源,在拥有充足的研发费用时将其运用到清洁技术和节能减排的设备研发中去,对绿色可持续发展做出贡献。企业可通过规模经济效应和联合开发效应得到充足的绿色研发费用。第一,规模经济效应。企业通过 OFDI 将母国处于比较劣势和国内市场趋于饱和的产业转移到具有较低劳动力成本和丰富自然资源的东道国,扩大该产业的市场份额,缩减生产成本,使产品经营利润增加,形成规模经济效应。企业生产经营利润用于其他产品的研发,以促进母国绿色 TFP 的提升。第二,联合开发效应。由于部分高新技术的研发难度较高,同时企业无法单独承担高额的研发费用,母国企业只能通过 OFDI 在东道国设立子公司,与东道国企业共同研发绿色前沿技术,共享研发成果。双方企业共同交流学习,共享资源和信息,减轻企业研发负担,形成绿色研发费用分摊机制。同时,在不同思想、不同文化的碰撞与交流中,更容易产生新想法,形成新思路,绿色前沿技术研发也更容易成功。绿色研发分摊机制如图 2-8 所示。

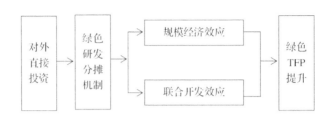

图 2-8　绿色研发分摊机制

第五节　中国 OFDI 对绿色 TFP 的调节机制

中国不同区域经济发展存在差异，OFDI 对绿色 TFP 的影响也存在差别，众多学者提出吸收能力这个概念，认为母国消化吸收能力对获取 OFDI 逆向技术溢出至关重要。人力资本和研发投入又是影响母国消化吸收水平的重要因素。

一、人力资本调节机制

跨国企业通过 OFDI 并购东道国企业或对东道国企业进行投资以获取当地绿色前沿技术和管理经验，一方面，人才流动是 OFDI 获取东道国绿色前沿技术较为有效的方式，人员之间的学习交流是技术流动、转移的前提，进行技术寻求型 OFDI 的企业通过与东道国企业进行人员培养、交流、合作等，学习对方的技术和管理经验，通过在企业内部流动培养母国研发人才和管理人才来提升母国企业技术创新效率。另一方面，可通过技术转移效应将绿色前沿技术回流到母国企业，对先进生产技术进行模仿、学习，对相关技术进行研发、创新以获取新的领先技术。无论是对技术进行模仿、学习还是创新，都与母国企业人力资本水平息息相关，人力资本对于企业技术创新和消化、吸收国外优良技术而言至关重要，不同人力资本水平的企业会在不同程度上影响企业绿色前沿技术的研发创新效率。精英人才能够更好地掌握 OFDI 逆向技术溢出带来的先进技术和管理经验，提高绿色前沿技术的研发效率，在很大程度上降低研发成本,提高企业的绿色技术水平,既增加了企业生产经营利润,也更大限度地减少了污染物的排放,进而提高了企业的绿色 TFP。

二、研发投入调节机制

科技是第一生产力,企业要发展就要提高自身的技术创新能力,提高核心技术的竞争力。对于 OFDI 带来的逆向技术溢出,在学习、吸收的同时还要对其进行创新,实现在某一领域取得技术领先地位。对于技术创新和研发,需要研发费用的支持,充裕的资金将支持技术转化为先进的生产要素,创造出专利成果,丰富的物质基础为研发基础设施建设更新换代提供了保障,促使母国企业对 OFDI 逆向技术溢出带来的前沿技术进行研究并再次创新,突破企业自身的技术短板。一方面,充足的研发费用会在背后支持研发人员,从而加快国际领先技术的产生,提高企业的国际竞争力。另一方面,随着新产品投入市场,市场规模会不断扩大,在巩固本地市场的同时会对同一领域企业造成压力,激励同类型企业展开竞争,引领同类型企业学习、交流,促进整个行业的技术进步,实现企业间的合作共赢,提高整个行业的技术创新水平。

第六节　小　结

本章从投资动机入手,将 OFDI 东道国划分为非洲国家、欧美国家,以及东南亚和拉美国家三类,分析了对不同东道国的 OFDI 促进母国产业升级的一般机制。研究表明:对非洲国家的 OFDI 通过打破母国资源瓶颈推动关联产业发展,发挥出口拉动效应带动上游、下游产业联动,降低资源使用成本并增加母国研发投入三条路径促进母国产业升级;对欧美国家的 OFDI 通过逆向技术溢出促进母国技术进步,以及提升品牌知名度以提高母国产业国际竞争力两条路径来促进母国产业升级;对东南亚和拉美国家的 OFDI 通过转移低效环节以提升母国产业效率,以及转移边际产业以培育母国新兴产业两条路径来促进母国产业升级。

本章研究发现，中国 OFDI 存在明显的国别差异，研究表明：第一，中国对发达及新兴市场国家的 OFDI 会促进母国技术进步，并进一步推动母国产业升级，其中，OFDI 促进母国技术进步的程度会受到母国消化吸收能力的调节作用的影响，母国消化吸收能力越强，OFDI 对促进母国技术进步的积极作用也会越强。第二，中国对发展中国家的 OFDI 促进母国产业升级存在两条路径。一是边际产业转移路径，即中国 OFDI 通过边际产业转移促进母国生产要素流动，然后进一步推动母国产业升级，其中，OFDI 对母国生产要素流动的影响会受到母国制度因素的调节作用的影响。二是母国研发成本分摊路径，即中国 OFDI 会提高母国研发投入，促进母国技术进步，最终推动母国产业升级。

本章从绿色技术溢出机制、环境制度倒逼机制、绿色研发分摊机制出发，探究中国 OFDI 对母国绿色 TFP 的影响机理，其中，绿色技术溢出机制通过技术进步效应、产业关联效应和人才流动效应促进母国绿色 TFP 提升，环境制度倒逼机制通过竞争效应和产业结构效应促进母国绿色 TFP 提升，绿色研发分摊机制通过规模经济效应和联合开发效应促进母国绿色 TFP 提升。本章从消化、吸收视角出发，分析了中国 OFDI 对绿色 TFP 的调节机制：人力资本越丰裕，中国 OFDI 对母国绿色 TFP 提升的作用就越强；研发投入越密集，中国 OFDI 对母国绿色 TFP 提升的作用就越强。

第三章 中国 OFDI、产业升级与绿色 TFP 的现状分析

第一节 中国 OFDI 的特征事实

一、发展概况

自 2002 年实施"走出去"战略以来,中国 OFDI 以年均 25.2% 的增长速度实现"井喷式"扩张,2020 年中国 OFDI 流量是 2002 年的 57 倍。[①] 中国综合国力不断增强,"一带一路"建设和国际产能合作加快推进,以及对外投资政策体系逐步完善等因素共同推进中国企业 OFDI 进程,中国 OFDI 进入高速发展的快车道。2014 年,中国对外投资首超吸引外资,步入资本净输出阶段。2020 年,中国 OFDI 流量达 1537.1 亿美元,年末存量达 25806.6 亿美元,分别占全球当年流量、存量的 20.2% 和 6.6%,其中,流量排名第一,存量位居第三,中国已成为名副其实的 OFDI 大国。

自 1978 年改革开放以来,随着我国综合国力日益增强,我国 OFDI 从无到有,从有到多,从多到优,OFDI 规模与质量显著提高,形成量质齐升的良好局面。从 1979 年到 2020 年,中国 OFDI 大致可分为以下四个阶段。

---

① 数据来源于商务部、国家统计局和国家外汇管理局联合发布的《2020 年度中国对外直接投资统计公报》。

第一阶段:1979—1991 年为初始起步阶段。这一阶段处于改革开放初期,此时已初步确立改革开放的基本国策,中国经济实力较为薄弱,国内储蓄和外汇处于"双缺口"状态,我国 OFDI 起步较晚,规模较小且管制较为严格,因此 OFDI 存量处于较低的水平。

第二阶段:1992—2001 年为调整发展阶段。在这一阶段,中国 OFDI 上升到国家发展战略层面,政府大力推广对外开放政策,对外投资政策逐步完善。我国 OFDI 存量由 1992 年的 93.68 亿美元增长至 2000 年的 277.68 亿美元,OFDI 存量增长了近两倍。

第三阶段:2002—2016 年为高速增长阶段。这一阶段是中国 OFDI 发展最为快速的时期,这一时期的主题是坚持"引进来"和"走出去"相结合,全面提高对外开放水平。

第四阶段:2017 年至今为高质量增长阶段。党的十九大以来,我国的 OFDI 更加趋于成熟与理性,虽然我国的 OFDI 活动增长速度正在放慢,但是质量效益与投资结构显著完善,我国 OFDI 依靠国家制度和政策上的优势,发挥全行业和各驱动因素的比较优势,实现了逆势上扬。

图 3-1 显示,中国 OFDI 流量自 2003 年以来整体呈现快速、大幅上涨的态势,2016 年后略有回落。2020 年,受新冠疫情影响,世界经济萎缩 3.3%,是自 2009 年以来的首次负增长,全球货物贸易萎缩 5.3%,外国直接投资较上年减少近四成,在如此恶劣的外部环境下,中国 OFDI 逆势上扬,OFDI 流量达 1537.1 亿美元,同比增长 12.3%。[①] 图 3-2 显示,中国 OFDI 存量自 2003 年以来始终呈现快速上涨的态势,除 2018 年(年均增速为 9.58%)外,其余年份的年均增速均超过 10%。中国 OFDI 在改革开放发展进程中不断扩张,随着中国经济实力和国际竞争力的不断增强,目前中国已在更大范围与更高层次上参与全球经济合作和竞争。

---

① 数据来源于商务部、国家统计局和国家外汇管理局联合发布的《2020 年度中国对外直接投资统计公报》。

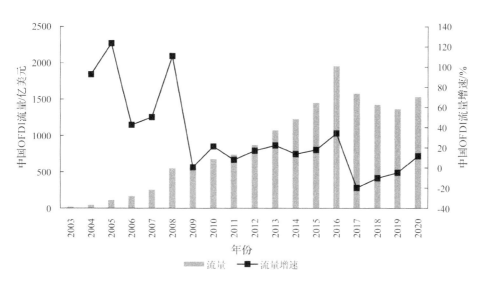

图 3-1　2003—2020 年中国 OFDI 流量及增速

数据来源：2003—2020 年各年度中国对外直接投资统计公报。

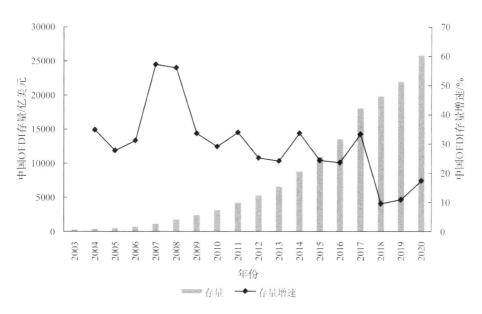

图 3-2　2003—2020 年中国 OFDI 存量及增速

数据来源：2003—2020 年各年度中国对外直接投资统计公报。

二、投资区位分布

截至 2020 年底，中国 2.8 万家境内投资者在国（境）外共设立对外直接投资企业 4.5 万家，分布在全球 189 个国家或地区。中国投资的世界主要经济体包括中国香港、东盟、欧盟、美国、澳大利亚、俄罗斯联邦，其中，对于中国香港地区的投资是最多的，占据一半以上，其次是对东盟的投资。2020 年中国对世界主要经济体的投资情况如表 3-1 所示。

表 3-1　2020 年中国对世界主要经济体投资情况

经济体	流量		存量	
	金额/亿美元	比重/%	金额/亿美元	比重/%
中国香港	891.46	58.0	14385.31	55.7
东盟	160.63	10.4	1276.13	4.9
欧盟	100.99	6.6	830.16	3.2
美国	60.19	3.9	800.48	3.1
澳大利亚	11.99	0.8	344.39	1.3
俄罗斯联邦	5.70	0.4	120.71	0.5
合计	1230.96	80.1	17757.18	68.7

数据来源：商务部、国家统计局和国家外汇管理局联合发布的《2020 年度中国对外直接投资统计公报》。

2020 年底，内地在中国香港地区直接投资的企业超 1.4 万家，年底的投资存量为 14385.31 亿美元，占内地对境外直接投资存量的一半以上，占对亚洲投资存量的 87.5%。从存量的主要行业构成来看，排名前三的依次为租赁和商务服务业（占比为 45.0%）、批发和零售业（占比为 15.7%）、金融业（占比为 11.8%）。

2020 年底，中国对东盟地区 OFDI 存量达 1276.1 亿美元，其中：对新加坡的 OFDI 居首位,达 598.58 亿美元(占比为 46.9%),主要投向租赁和商务服务业、批发和零售业、制造业、金融业等;其次为印度尼西亚,达 179.39 亿美元(占比为 14.1%),主要投向制造业、建筑业、电力、热力、燃气及水的生产和供应业、采矿业等;马来西亚位列第三,为 102.12 亿美元(占比为 8.0%),主要投向制造业、建筑业、电力、热力、燃气及水的生产和供应业、批发和零售业等。

2020 年底,中国对欧盟地区的 OFDI 存量达 830.16 亿美元,OFDI 存量超过百亿美元的国家为荷兰、卢森堡、德国、瑞典,其中:对荷兰的直接投资额居首位,达 260.41 亿美元(占比为 31.4%),主要投向采矿业、制造业、信息传输、软件和信息技术服务业、批发和零售业、租赁和商务服务业等;其次为卢森堡,达 159.95 亿美元(占比为 19.3%),主要投向金融业、租赁和商务服务业、制造业等;德国位列第三,为 145.5 亿美元(占比为 17.5%),主要投向制造业、金融业、租赁和商务服务业、交通运输、仓储和邮政业、批发和零售业等。

2020 年底,中国对美国的 OFDI 存量为 800.5 亿美元,其中,制造业 234.18 亿美元(占比为 29.3%),金融业 116.79 亿美元(占比为 14.6%),信息传输、软件和信息技术服务业 93.08 亿美元(占比为 11.6%)。2020 年底,中国对澳大利亚的 OFDI 存量为 344.39 亿美元,其中,采矿业 161.12 亿美元(占比 46.8%),租赁和商务服务业 47.66 亿美元(占比 13.8%),金融业 34.87 亿美元(占比 10.1%)。2020 年底,中国对俄罗斯联邦的 OFDI 存量为 120.71 亿元,其中,采矿业 49.95 亿美元(占比为 41.4%),农、林、牧、渔业 27.72 亿美元(占比为 23.0%),制造业 15.69 亿美元(占比为 13.0%)。

三、投资行业分布

改革开放以来,中国 OFDI 表现出多样化的发展趋向,涵盖了国民经济 18 个行业大类,其中,有六个行业的 OFDI 存量规模达到上千亿美元,表 3-2 显示了 2012—2020 年中国 OFDI 流量行业分布情况,可以看出中国 OFDI 主要集中在租赁和商务服务业、制造业、金融业、批发和零售业。2020 年,这四个行业的投资额均超过百亿美元,接近七成的投资涌入租赁和商务服务业、制造业、金融业、批发和零售业领域。2020 年,流入租赁和商务服务业的资本要素保持第一，投资有 387.2 亿美元，占当年流量总额的 25.2%，其中包括以投资控股为主的对外投资活动，主要分布在中国香港、开曼群岛、英属维尔京群岛、新加坡、澳大利亚、德国、卢森堡等国家或地区。对制造业的投资为 258.4 亿美元，占当年流量总额的 16.8%，其中，流向装备制造业的投资为 119 亿美元，占制造业投资的 46.1%。对金融业的投资为 196.6 亿美元，占当年流量总额的 12.8%，其中：2020 年中国金融业境内投资者对境外金融类企业的直接投资为 163.5 亿美元，占 83.2%；中国非金融业境内投资者对境外金融类企业的直接投资为 33.1 亿美元，占 16.8%。对批发和零售业的投资为 230 亿美元，占 15.0%。这四个行业的总投资为 1072.2 亿美元，占 OFDI 流量总额的 69.8%。总体来看，近年来，中国 OFDI 流向的大部分行业的分布已逐渐稳定，租赁和商务服务业虽有下滑趋势但始终位于投资流向第一。从表 3-2 可以看出：2012—2019 年，中国对第一产业的 OFDI 始终维持在 1.7% 左右的水平；对第二产业的 OFDI 呈现平缓增长的趋势；而第三产业毫无疑问在中国 OFDI 中占据主导地位。

表 3-2　2012—2020 年中国 OFDI 流量行业分布

单位：%

行业	2012 年	2013 年	2014 年	2015 年	2016 年	2017 年	2018 年	2019 年	2020 年
农、林、牧、渔业	1.7	1.7	1.7	1.8	1.7	1.6	1.8	1.8	0.7
采矿业	15.4	23.0	13.4	7.7	1.0	—	3.2	3.7	4.0
制造业	9.9	6.7	7.8	13.7	14.8	18.6	13.4	14.8	16.8
电力、热力、燃气及水的生产和供应业	2.2	0.6	1.4	1.5	1.8	1.5	3.3	2.8	3.7
建筑业	3.7	4.1	2.8	2.6	2.2	4.1	2.5	2.8	5.3
批发和零售业	14.8	13.6	14.9	13.2	10.7	16.6	8.6	14.2	15.0
交通运输、仓储和邮政业	3.4	3.1	3.4	1.9	0.9	3.4	3.6	2.8	4.0

续表

行业	2012 年	2013 年	2014 年	2015 年	2016 年	2017 年	2018 年	2019 年	2020 年
住宿和餐饮业	0.2	0.1	0.2	0.5	0.8	—	0.9	0.4	0.1
信息传输、软件和信息技术服务业	1.4	1.3	2.6	4.7	9.5	2.8	3.9	4.0	6.0
金融业	11.5	14.3	12.9	16.6	7.6	11.9	15.2	14.6	12.8
房地产业	2.3	3.7	5.4	5.3	7.8	4.3	2.1	2.5	3.4
租赁和商务服务业	30.4	25.1	29.9	24.9	33.3	34.3	35.5	30.6	25.2
科学研究和技术服务业	1.7	1.7	1.4	2.3	2.2	1.5	2.7	2.5	2.4
水利、环境和公共设施管理业	—	—	0.4	0.9	0.4	0.1	0.1	0.2	0.1
居民服务、修理和其他服务业	1.0	1.0	1.3	1.1	2.8	1.2	1.6	1.2	1.4
文化、体育和娱乐业	0.2	0.3	0.4	1.2	2.0	0.2	0.8	0.4	-1.4
教育	—	—	—	—	0.1	0.1	0.4	0.5	0.1
卫生和社会工作	—	—	—	—	0.2	0.2	0.4	0.2	0.4

数据来源:2012—2020 年各年度中国对外直接投资统计公报。

表 3-3 显示了中国 OFDI 东道国的行业分布情况,可以看出,各洲都呈现出了投资的行业差异,各洲投资中处于第一位的行业所占总投资额的比重较高,具有明显的行业优势。2017—2020 年,亚洲、非洲、欧洲和拉丁美洲优势行业保持不变,北美洲和大洋洲优势产业增加。总体而言,中国 OFDI 涉及的行业范围较广,覆盖了国民经济的各个层面,呈现多元化发展趋势。对第一产业、第二产业和第三产业的投资总体没有较大的波动,说明我国 OFDI 处于高质量调整阶段,产业结构调整处于稳定发展状态。

表 3-3　2017—2020 年中国对各洲的 OFDI 存量前三位行业对比

单位：%

地区	2017 年		2018 年		2019 年		2020 年	
	行业	比重	行业	比重	行业	比重	行业	比重
亚洲	租赁和商务服务业	44.8	租赁和商务服务业	43.7	租赁和商务服务业	41.5	租赁和商务服务业	40.7
	批发和零售业	13.5	批发和零售业	12.4	批发和零售业	15.0	批发和零售业	15.2
	金融业	12.3	金融业	12.0	金融业	12.8	金融业	11.7
非洲	建筑业	29.8	建筑业	32.0	建筑业	30.6	建筑业	34.9
	采矿业	22.5	采矿业	22.7	采矿业	24.8	采矿业	20.6
	金融业	14.0	制造业	13.0	制造业	12.6	制造业	14.1
欧洲	制造业	30.8	制造业	29.6	制造业	33.1	制造业	33.1
	采矿业	20.3	采矿业	20.2	采矿业	18.5	采矿业	17.5
	金融业	16.0	金融业	15.6	金融业	15.1	金融业	14.8
拉丁美洲	信息传输、软件和信息技术服务业	48.2	信息传输、软件和信息技术服务业	38.3	信息传输、软件和信息技术服务业	35.8	信息传输、软件和信息技术服务业	37.6
	租赁和商务服务业	19.8	租赁和商务服务业	21.8	租赁和商务服务业	22.7	租赁和商务服务业	21.3
	批发和零售业	15.4	批发和零售业	14.6	批发和零售业	13.9	批发和零售业	12.5
北美洲	制造业	22.4	制造业	21.1	制造业	21.4	制造业	26.6
	采矿业	16.9	采矿业	17.7	采矿业	18.5	采矿业	15.0
	租赁和商务服务业	14.7	金融业	13.7	金融业	14.2	金融业	14.0

续表

地区	2017 年		2018 年		2019 年		2020 年	
	行业	比重	行业	比重	行业	比重	行业	比重
大洋洲	采矿业	53.6	采矿业	48.2	采矿业	48.0	采矿业	43.6
	房地产业	10.6	房地产业	9.9	金融业	10.7	租赁和商务服务业	12.6
	租赁和商务服务业	7.5	租赁和商务服务业	9.2	租赁和商务服务业	9.6	金融业	10.3

数据来源:2017—2020 年各年度中国对外直接投资统计公报。

第二节 中国产业升级动态演进

一、测算方法

产业升级理论的研究对象是中观产业,它是介于宏观经济和微观企业之间的中观分析。英国学者 Fisher(1935)最早提出了三次产业的概念。随后,另一名英国学者 Clark(1940)在前人的基础上提出了配第-克拉克定理,该定理明确了国民经济的三大部门,即第一产业(农业)、第二产业(工业)和第三产业(服务业),并得出结论:随着经济发展和人均国民收入水平的提高,劳动力表现出首先由第一产业向第二产业转移,然后再向第三产业转移的演进趋势。[①] 在这样的产业划分和演进规律背景下,众多学者将一国产业升级定义为三次产业的比重沿着第一产业、第二产业、第三产业的顺序不断上升。由此所衍生出来的关于产业升级测算的方法包括以下几类:用服

---

① Clark C. The Conditions of Economic Progress[M]. London: Macmillan Press Ltd., 1940.

务业占国内生产总值比重（陈静和叶文振，2003），第三产业与第二产业产值之比（干春晖等，2011），赋予三产不同权重再分别乘以三产占国内生产总值的比重（徐德云，2008）等。

上述一系列关于产业升级的测度方法从本质上来说均是在考察一国产业的结构调整，即产业结构从低级化向高级化发展的过程。除了结构层面的考察，产业升级更多地体现在产业效率的提升上。关于产业效率提升的研究，周昌林和魏建良（2007）、李逢春（2012）等用各产业劳动生产率的提高来衡量产业效率，黄亮雄等（2013）则用产业内生产率和技术复杂度来测算。

综上所述，本书将产业升级变量分解为两个指标：产业结构优化和产业效率提升，前者反映的是产业结构层面比例关系的变化，后者考察的是产业内部劳动生产率的变化。其中，在产业结构优化的指标测算方面，本书借鉴徐德云（2008）、徐敏和姜勇（2015）等的方法，将三次产业从高层次到低层次进行排序，其中，第三产业作为最高层次被赋予的权重最大（权重为 3），第二产业次之（权重为 2），第一产业属于最低层次（权重为 1），以此构造产业结构优化指数 W，具体公式如式（3-1）所示。

$$W = \sum_{i=1}^{3} X_i \times i = X_1 \times 1 + X_2 \times 2 + X_3 \times 3 \tag{3-1}$$

其中，X_i 表示第 $i(i=1,2,3)$ 产业占总产值的比重。在产业效率提升的指标测算方面，本书借鉴周昌林和魏建良（2007）、李逢春（2012）等的方法，测算三次产业的劳动生产率并进行加权求和，以此构造产业效率提升指数 R，具体公式如式（3-2）所示。

$$R = \sum_{i=1}^{3} X_i \times \sqrt{\frac{Y_i}{L_i}} = X_1 \times \sqrt{\frac{Y_1}{L_1}} + X_2 \times \sqrt{\frac{Y_2}{L_2}} + X_3 \times \sqrt{\frac{Y_3}{L_3}} \tag{3-2}$$

其中，X_i 表示第 $i(i=1,2,3)$ 产业占总产值的比重，Y_i 表示第 i 产业的产值，L_i 表示第 i 产业的就业人口，$\frac{Y_i}{L_i}$ 表示劳动生产率，对劳动生产率进行开方处理是为了避免产业内高低生产率的差异所带来的误差。产业升级的指标测算方法、数据来源等如表 3-4 所示。

表 3-4　产业升级指标的测度方法与数据来源

指标名称	测算方法	数据来源	文献支撑
产业结构优化指数 W	$W = \sum_{i=1}^{3} X_i \times i$	地区三次产业数据源于《中国统计年鉴》	徐德云(2008)、徐敏和姜勇(2015)、汪伟等(2015)
产业效率提升指数 R	$R = \sum_{i=1}^{3} X_i \times \sqrt{\dfrac{Y_i}{L_i}}$	地区三产就业人员数据源于万德数据库	周昌林和魏建良(2007)、李逢春(2012)、王丽和张岩(2016)

二、测算结果

根据表 3-4 的测算方法,本书测算了 2003—2020 年中国 30 个省区市(不包含西藏和港澳台地区,下同)的产业结构优化指数 W 和产业效率提升指数 R,并通过面板求平均的方式计算全国层面的产业升级指标。全国层面的产业结构优化指数和产业效率提升指数如表 3-5 所示。

表 3-5　全国层面的产业升级情况(2003—2020 年)

年份	产业结构优化指数	产业效率提升指数
2003	2.2784	173.235
2004	2.2656	183.066
2005	2.2734	193.474
2006	2.2874	208.185
2007	2.2968	225.470
2008	2.2994	243.349
2009	2.3198	248.941
2010	2.3192	270.947

续表

年份	产业结构优化指数	产业效率提升指数
2011	2.3233	292.934
2012	2.3337	307.268
2013	2.3497	316.450
2014	2.3629	322.112
2015	2.3887	326.323
2016	2.4098	336.632
2017	2.4274	352.862
2018	2.4429	368.856
2019	2.4484	381.279
2020	2.4426	384.746
平均值	2.3483	285.340

在表 3-5 中,从产业结构优化指数来看,2003—2020 年,除 2010 年出现轻微下滑外,我国产业结构总体上呈现出不断优化的态势,说明我国产业结构正不断向"三二一"结构演进,服务业加速占据主导地位。从产业效率提升指数来看,2003—2020 年,我国产业效率一直处在上升通道,2020 年的产业效率提升指数相较于 2003 年来说,增长了 1.2 倍,说明在技术进步、创新驱动以及供给侧结构性改革等一系列因素的推动下,我国各产业的劳动生产率得到了极大提升。基于表 3-5 的测算结果,本书绘制了全国层面的产业升级趋势图,如图 3-3 所示。

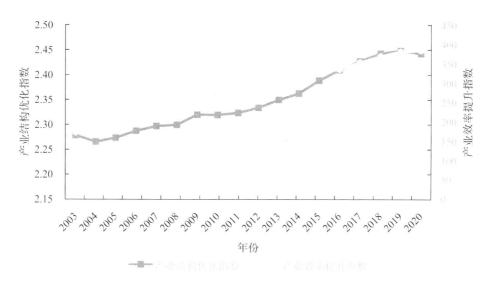

图 3-3 全国层面的产业升级情况趋势(2003—2020 年)

从图 3-3 的两条趋势线可以更加直观地看到,我国产业结构优化指数虽略有波动但总体呈稳步上升态势,而产业效率提升指数一直处在迅速上升的通道,两条曲线反映出我国产业升级状况态势向好。在分析了全国层面的产业升级情况后,本书进一步从地区层面入手,剖析我国 30 个省份的产业结构优化指数和产业效率提升指数,具体结果如表 3-6 所示。

表 3-6 我国 30 个省份的产业结构优化指数和产业效率提升指数年平均值

省份	产业结构优化指数	产业效率提升指数
北京	2.7756	409.775
天津	2.5094	328.777
河北	2.2904	244.436
山西	2.3510	278.879
内蒙古	2.3219	320.620
辽宁	2.3428	285.752
吉林	2.3231	262.274
黑龙江	2.1873	246.123

续表

省份	产业结构优化指数	产业效率提升指数
上海	2.6118	424.428
江苏	2.3718	340.477
浙江	2.4096	311.228
安徽	2.3233	227.229
福建	2.2917	302.342
江西	2.1980	241.369
山东	2.2723	290.581
河南	2.1682	255.557
湖北	2.2534	283.101
湖南	2.2466	256.130
广东	2.4341	320.354
广西	2.2438	234.894
海南	2.2359	249.530
重庆	2.3839	294.033
四川	2.2826	241.512
贵州	2.3049	262.029
云南	2.3094	252.509
陕西	2.3190	316.748
甘肃	2.3302	245.482
青海	2.3905	242.884
宁夏	2.3568	283.598
新疆	2.2604	306.980

　　表 3-6 显示了 2003—2020 年我国各省份产业结构优化指数和产业效率提升指数变化的年平均值,从中可以发现两大特征:第一,总体而言,产业结构优化指数和产业效率提升指数较高的省份主要集中在我国东部沿海地区,如北京、上海、江苏和天津等,而中、西部地区的产业升级水平明显弱于东部地区。第二,除了北京、上海、天津和江苏等少数省份,各省份的产业结构优化指数和产业效率提升指数并不完全匹配。有的地区产业结构优化指数较高且排名靠前,但产业效率提升指数较低且排名靠后,比如安徽、浙江等省份,这反映出这些省份重视产业结构的高级化进程,积极推动产业结构向"三二一"转型,但过程中可能忽视了产业内生产效率的提高;有的省份虽然产业结构优化指数较低且排名靠后,但产业效率提升指数较高且排名靠前,比如内蒙古、新疆等,这反映出这些省份虽然第二产业占主导地位,但重视产业内部劳动生产率的提高。

　　本书将我国各省份按所处区域划分为东、中、西部地区①,绘制了东、中、西部地区产业结构优化指数和产业效率提升指数趋势图(见图 3-4 和图 3-5),可以发现,从产业结构优化指数来看,东部地区的趋势线远远高于中、西部地区,西部地区的趋势线在 2015 年之前高于中部地区,但在 2015 年之后逐渐被中部地区追赶上。东部地区服务业产值在总产值中的比重不断扩大,产业结构不断往高级化方向发展,中、西部地区的产业结构尚未完成向"三二一"结构过渡,第二产业仍然占据重要地位。从产业效率提升指数来看,东部地区依然保持领先地位,中、西部地区差距较小,且西部地区保持着微弱的优势。

---

　　① 东部地区包括北京、天津、河北、辽宁、山东、江苏、上海、浙江、福建、广东、海南等 11 个省份;中部地区包括黑龙江、吉林、山西、河南、安徽、江西、湖北、湖南等 8 个省份;西部地区包括四川、重庆、云南、贵州、广西、内蒙古、陕西、甘肃、青海、宁夏、新疆等 11 个省份。

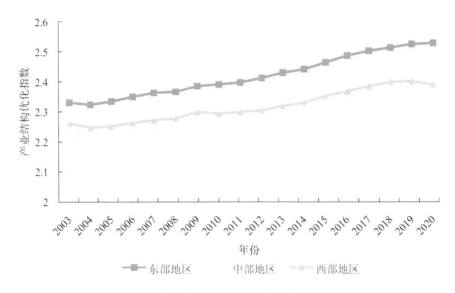

图 3-4 东、中、西部地区产业结构优化指数

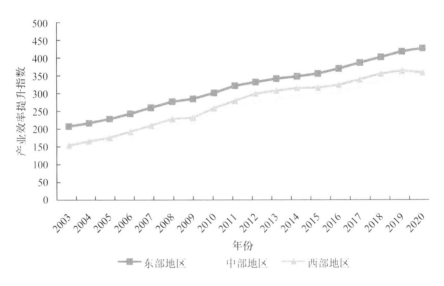

图 3-5 东、中、西部地区产业效率提升指数

第三节　中国绿色 TFP 现状刻画

目前主要使用数据包络分析法、随机前沿分析法和索罗余值法测算绿色 TFP(吴蔚,2020)。Charnes 等(1978)最早提出 DEA 方法,DEA 方法的使用较为简单,同时考虑了期望产出与非期望产出,并且能够构建生产的可能性边界,不需设立函数的具体形式。在 DEA 方法中,SBM 方向性距离函数处理了效率评价中期望产出增加和非期望产出减少是严格按照等比例的松弛问题。因此,本书基于非径向、非角度的 SBM 方向距离函数与 ML 生产率指数,利用 MaxDEA 软件测算了 2003—2019 年中国 30 个省份的绿色 TFP。

一、SBM 函数与 ML 指数

(一)环境技术函数

本书将每个省份看作一个决策单元,假设每个决策单元由投入、产出指标构成,其中包括:N 种投入要素,投入向量 $x=(x_1,x_2,\cdots,x_n)\in \mathbf{R}_N^+$;M 种期望产出,期望产出向量 $y=(y_1,y_2,\cdots,y_m)\in \mathbf{R}_M^+$;I 种非期望产出,非期望产出向量 $b=(b_1,b_2,\cdots,b_I)\in \mathbf{R}_I^+$。将 x,y,b 构成的可能性集合记为 $F(x)$,用式(3-3)表示。

$$F(x)=\{(y,b):x\rightarrow(y,b)\},x\in \mathbf{R}_N^+,y\in \mathbf{R}_M^+,b\in \mathbf{R}_I^+ \tag{3-3}$$

假设每个时期 $t(t=1,2,\cdots,T)$,第 $k(k=1,2,\cdots,K)$ 个决策单元的生产可能性集为 $(x_{k,t},y_{k,t},b_{k,t})$,投入、产出要素均满足弱处置性和产出零交集特征,运用 DEA 方法将可能性集模型化处理,可得:

$$F(x_t)=\Big\{(b_t):\sum_{k=1}^{K}\lambda_{k,t}y_{k,m,t}\geqslant y_{k,t},\sum_{k=1}^{K}\lambda_{k,t}b_{k,i,t}\leqslant b_{k,t},$$
$$\sum_{k=1}^{K}\lambda_{k,t}x_{k,n,t}\leqslant x_{k,t},\sum_{k=1}^{K}\lambda_{k,t}=1,\lambda_{k,t}\geqslant 0\Big\} \tag{3-4}$$

式(3-4)中的 $\sum_{k=1}^{K}\lambda_{k,t}=1,\lambda_{k,t}\geqslant 0$ 代表决策单元为可变规模报酬,若去掉

这一条件则代表规模报酬不变。

(二)SBM 方向距离函数

根据 Tone(2003)的方法，考虑环境因素的 SBM 函数为：

$$S_{v,t}(x_{k,t}, y_{k,t}, b_{k,t}, g_x, g_y, g_b) = \max\left[\frac{1}{N}\sum_{n=1}^{N}\frac{s_{x,n}}{g_{x,n}}\right.$$

$$\left. + \frac{1}{M+I}\left(\sum_{m=1}^{M}\frac{s_{y,m}}{g_{y,m}} + \sum_{i=1}^{I}\frac{s_{b,i}}{g_{b,i}}\right)\right]/2 \tag{3-5}$$

$$\text{s. t.}\begin{cases} \sum_{k=1}^{K} x_{k,n}\lambda_k + s_{x,n} = x_{k,n}, & n=1,\cdots,N \\ \sum_{k=1}^{K} y_{k,m}\lambda_k - s_{y,m} = y_{k,m}, & m=1,\cdots,M \\ \sum_{k=1}^{K} b_{k,i}\lambda_k + s_{b,i} = b_{k,i}, & i=1,\cdots,I \\ \lambda_k, s_{x,n}, s_{y,m}, s_{b,i} \geqslant 0, & k=1,\cdots,K \end{cases}$$

在式(3-5)中：$S_{v,t}$ 表示规模报酬可变情况下的方向距离函数，$x_{k,t}$、$y_{k,t}$、$b_{k,t}$ 表示决策单元 K 在 t 时期的投入、产出向量；g_x、g_y、g_b 是方向向量，表示期望产出扩张以及投入和非期望产出缩减的方向；$s_{x,n}$、$s_{y,m}$、$s_{b,i}$ 是松弛向量，表示投入、产出要素可以扩张和减少的比例。

(三)ML 生产率指数

Chung 和 Fare(1997)将非期望产出纳入生产率指数的计算框架，提出了 Malmquist-Luenberger 生产率指数(简称 ML 指数)，将第 t 期到第 $t+1$ 期的 ML 指数定义为如下形式。

$$ML\mid_t^{t+1} = \left[\frac{1+\overrightarrow{D_t}(x_t, y_t, b_t; g_t)}{1+\overrightarrow{D_t}(x_{t+1}, y_{t+1}, b_{t+1}; g_{t+1})}\right.$$

$$\left. \times \frac{1+\overrightarrow{D_{t+1}}(x_t, y_t, b_t; g_t)}{1+\overrightarrow{D_{t+1}}(x_{t+1}, y_{t+1}, b_{t+1}; g_{t+1})}\right]^{\frac{1}{2}} \tag{3-6}$$

ML 指数可进一步分解为绿色技术进步 GTC 和绿色技术效率 GEC 两者的乘积，如式(3-7)所示。

$$ML\vert_t^{t+1}=\mathrm{GTC}\vert_t^{t+1}\times\mathrm{GEC}\vert_t^{t+1} \tag{3-7}$$

其中,绿色技术进步指数可用式(3-8)进行计算。

$$\mathrm{GTC}\vert_t^{t+1}=\Bigg[\frac{1+\overrightarrow{D_{t+1}}(x_t,y_t,b_t;g_t)}{1+\overrightarrow{D_t}(x_{t+1},y_{t+1},b_{t+1};g_{t+1})}$$

$$\times\frac{1+\overrightarrow{D_{t+1}}(x_t,y_t,b_t;g_t)}{1+\overrightarrow{D_t}(x_{t+1},y_{t+1},b_{t+1};g_{t+1})}\Bigg]^{\frac{1}{2}} \tag{3-8}$$

绿色技术效率指数可用式(3-9)进行计算。

$$\mathrm{GEC}\vert_t^{t+1}=\frac{1+\overrightarrow{D_t}(x_t,y_t,b_t;g_t)}{1+\overrightarrow{D_{t+1}}(x_{t+1},y_{t+1},b_{t+1};g_{t+1})} \tag{3-9}$$

其中:$ML>1$ 代表从 t 时期到 $t+1$ 时期决策单元的绿色 TFP 有所提高;$ML<1$ 代表从 t 时期到 $t+1$ 时期决策单元的绿色 TFP 有所降低。GTC 是绿色技术进步指数,GTC>1 表示绿色技术进步程度提高,GTC<1 表示绿色技术进步程度降低。GEC 是绿色技术效率变化指数,GEC>1 表示绿色技术效率提高,GEC<1 表示绿色技术效率降低。

二、变量选取与数据说明

按照理论方法分析,本书选取我国 2003—2019 年 30 个省份的投入、产出数据(囿于数据的可得性,将除香港、澳门、台湾与西藏外的其余 30 个省份作为决策单元)。选取的指标数据来自历年的《中国统计年鉴》《中国劳动统计年鉴》和《中国能源统计年鉴》。选取的各项指标说明如下所示。

1.劳动投入

劳动投入是经济增长中重要的要素投入,指在生产过程中实际投入的劳动量,一般用标准劳动强度的劳动时间来衡量,但由于在我国关于劳动时间的统计数据不易获得,本书将借鉴宁婧(2017)的做法,选取三次产业就业人员数量来衡量。

2.能源投入

选择各地区的能源消费总量,并将其按等价值折算为标准煤来衡量。

3.资本投入

选择资本存量用来衡量资本投入，按照 Goldsmith(1951)的永续盘存法进行测算，根据单豪杰(2008)的估算方法计算，具体公式如式(3-10)所示。

$$K_{i,t} = I_{i,t} + (1 - \delta_{i,t}) K_{i,t-1} \tag{3-10}$$

其中：i 表示省份；t 为年份；$I_{i,t}$ 为实际固定资产投资额；δ 为固定资产折旧率。实际固定资产投资额是根据 2003—2019 年的固定资产价格指数对固定资产投资额进行平减得到的；基期的资本存量是借鉴 Young(2003)的做法，是用 2003 年的实际固定资产投资额除以 10% 得到的。

4.期望产出

现有文献大多采用地区生产总值(简称 GDP)作为期望产出指标(李江龙和徐斌,2018)，本书选用 2003—2019 年 30 个省份的地区生产总值数据进行研究，为消除通货膨胀的影响，运用平减指数法将 GDP 折算成以 2003 年为基期的不变价。

5.非期望产出

经济增长会受到环境污染的影响。因为二氧化硫是大气主要污染物之一，所以本书借鉴刘赢时等(2018)的做法，用二氧化硫指标来衡量非期望产出。

三、结果分析

根据上文所介绍的测算方法与选取的指标，运用 MaxDEA 测算了我国 30 个省份 2003—2019 年的绿色 TFP，并且将其分解成绿色技术进步指数 GTC 和绿色技术效率指数 GEC。由于测算得出的 ML 指数为年度环比数据，因此将其作为分析绿色 TFP 的一个动态过程。下面将对我国绿色 TFP 的整体变化趋向和区域分布特征进行分析。

(一)中国绿色 TFP 的整体变化趋势

表 3-7 显示了中国 2003—2019 年绿色 ML 指数及其分解项的动态变化过程。在这期间，中国绿色 ML 指数的均值为 0.9616，增长率为 −3.84%，说明中国绿色 TFP 总体呈下降的趋势。2003—2007 年，中国绿色 ML 指数均小于 1，但在逐渐增加，说明在这期间中国绿色 TFP 整体呈现下降的趋势，

但下降的幅度在不断缩小。21 世纪以来,中国大力推动工业发展,工业的迅速发展使能源消耗相对增加,钢铁、汽车、机械、煤炭、建材和有色金属等行业成为拉动经济增长的主要力量,但随之而来的矿物资源的破坏和环境污染也导致中国绿色 TFP 降低。2007—2015 年,中国绿色 ML 指数变化波动幅度较大,中国绿色 TFP 发展处于不稳定阶段。此时国家处于经济转型阶段,产业结构正在进行调整,政府开始重视资源消耗和环境污染等问题,其中三个年份的绿色 ML 指数大于 1,说明发展绿色经济已取得初步成效,但并不彻底。2015—2019 年,绿色 ML 指数均大于 1,表明我国绿色 TFP 处于增长状态,说明我国经济过度追求速度的时期已经结束,现阶段以和谐、高效率和可持续的绿色经济作为发展目标,增强了对资源的合理配置,并努力实现经济的绿色与可持续发展。在新常态背景下,我国的绿色 TFP 得到了提升。

表 3-7　中国 ML、GTC、GEC 均值测算结果(2003—2019 年)

时间区间	ML 均值	GTC 均值	GEC 均值	时间区间	ML 均值	GTC 均值	GEC 均值
2003—2004 年	0.5994	0.6077	0.9863	2011—2012 年	0.9685	1.0124	0.9561
2004—2005 年	0.7499	0.7812	0.9579	2012—2013 年	0.9876	1.0419	0.9478
2005—2006 年	0.8974	0.9529	0.9429	2013—2014 年	0.9734	1.0192	0.9550
2006—2007 年	0.9843	1.0429	0.9445	2014—2015 年	0.9794	1.0189	0.9611
2007—2008 年	1.0047	1.0195	0.9856	2015—2016 年	1.0797	1.1253	0.9580
2008—2009 年	0.9288	0.9811	0.9467	2016—2017 年	1.0813	1.0936	0.9888
2009—2010 年	1.0087	1.0269	0.9823	2017—2018 年	1.0619	1.0844	0.9790
2010—2011 年	1.0317	1.0553	0.9777	2018—2019 年	1.0493	1.0460	1.0033

进一步将绿色 ML 指数分解为绿色技术进步指数 GTC 和绿色技术效率指数 GEC,图 3-6 呈现了绿色 ML 指数及其分解项的历年变化趋势。绿色 ML 指数变化的趋势与绿色技术进步指数的趋势曲线基本吻合,说明我国绿色 TFP 增长的主要动力是绿色技术进步。绿色技术进步指数均值为

0.9943,增长率为－0.57％,绿色技术效率指数均值为 0.9671,增长率为－3.29％,两者在总体上都呈现出下降的趋势。2018—2019 年,绿色技术进步指数均值大于绿色 ML 指数均值,这是因为绿色技术效率小于1,这也表明我国的绿色技术效率急需提高。在我国经济转型时期,应注重技术创新与先进技术的引进,并对现有资源和技术进行有效利用,提高企业的技术效率,进而促进我国绿色 TFP 提升。

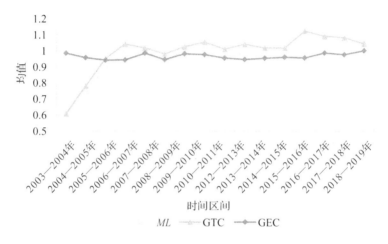

图 3-6　2003—2019 年绿色 ML 指数及其分解项走势

(二)中国绿色 TFP 的区域分析

表 3-8 显示了中国 30 个省份在 2003—2019 年绿色 ML 指数及其分解项的均值。可以看到,我国各省份绿色 TFP 之间的差异较大,我国绿色 TFP 排名前四位的分别是北京、上海、天津和浙江,这些省份的绿色 ML 指数均大于1,说明这些省份的绿色 TFP 呈现出增长的趋势。造成这种现象的主要原因是这些省份地理位置优越,经济水平和开放程度较高,教育发达,人们具有良好的文化素养,保护环境的意识较强,且善于运用清洁能源,在拥有先进技术的同时,不断发展绿色产业,有力地推进了产业结构的升级,并促进了绿色 TFP 的提升。其余省份的绿色 ML 指数均小于1,排名较为靠后的省份为河北、河南、广西、甘肃、云南等,这些省份的产业结构较为单一,工业企业生产技术水平落后,对具有高污染的能源不能将其向清洁能源转化,因此对环境造成了较

大的破坏。

将这些省份按地区划分为东、中、西部地区来看,在样本期内,绿色 ML 指数均为负数,东部地区下降幅度最小,西部地区次之,中部地区下降幅度最大,分别下降了 1.22%、4.27%、6.00%。中、西部地区的绿色 TFP 远远低于东部地区,造成这种现象的主要原因是东部沿海地区经济与科技发展水平较高,通过大力加强传统工艺与现有产业的技术改造可以获得先进的环保技术,从而进入创新型工业化阶段。中、西部地区创新水平低下,仍保持着粗放型发展方式,工业污染和生产水平低下使推动生态环境保护与建设的各项措施难以落实,进而抑制了绿色 TFP 的提升。

表 3-8 中国 30 个省份 2003—2019 年绿色 ML 指数及其分解项均值

地区	省份	ML 均值	GTC 均值	GEC 均值
东部地区	北京	1.0995	1.0995	1.0000
	天津	1.0251	1.0643	0.9635
	河北	0.9210	0.9659	0.9537
	辽宁	0.9376	0.9815	0.9505
	上海	1.0441	1.0441	1.0000
	江苏	0.9928	1.0123	0.9812
	浙江	1.0049	1.0304	0.9760
	福建	0.9431	0.9944	0.9460
	山东	0.9673	0.9959	0.9724
	广东	0.9403	0.9814	0.9593
	海南	0.9903	1.0703	0.9296
	平均值	0.9878	1.0218	0.9666

续表

地区	省份	ML 均值	GTC 均值	GEC 均值
中部地区	山西	0.9249	0.9531	0.9717
	吉林	0.9562	0.9925	0.9637
	黑龙江	0.8941	0.9571	0.9337
	安徽	0.9504	0.9865	0.9618
	江西	0.9701	0.9982	0.9722
	河南	0.9236	0.9577	0.9635
	湖北	0.9538	0.9777	0.9753
	湖南	0.9467	0.9741	0.9702
	平均值	0.9400	0.9746	0.9640
西部地区	内蒙古	0.9575	0.9863	0.9699
	广西	0.9331	0.9740	0.9582
	重庆	0.9834	0.9983	0.9829
	四川	0.9709	0.9877	0.9836
	贵州	0.9624	0.9650	0.9996
	云南	0.9370	0.9655	0.9690
	陕西	0.9645	0.9898	0.9764
	甘肃	0.9372	0.9724	0.9667
	青海	0.9596	0.9917	0.9671
	宁夏	0.9757	0.9885	0.9873
	新疆	0.9495	0.9833	0.9654
	平均值	0.9573	0.9820	0.9751

第四节 小 结

本章通过描述性统计、指标测算等方法,对中国 OFDI、产业升级动态演进和绿色 TFP 展开现状分析,并得出以下结论。

第一,中国 OFDI 不管是流量还是存量,在 2003—2020 年,整体上呈现出稳步上涨的态势,近几年虽增速有所放缓,但中国已是名副其实的 OFDI 大国。中国 OFDI 区位分布主要在中国香港、东盟、欧盟、美国、澳大利亚、俄罗斯联邦,其中,对中国香港地区的投资占据一半以上。中国 OFDI 投资的行业分布主要集中在租赁和商务服务业、制造业、金融业、批发和零售业。

第二,本书从产业结构优化和产业效率提升两个维度对产业升级指标进行分解,并分析了 2003—2020 年全国和地区两个层面的产业升级情况。从全国层面来看,我国产业结构总体上呈不断优化的态势,服务业加速占据主导地位,并不断向"三二一"结构演进;而在技术进步、创新驱动以及供给侧结构性改革等一系列因素的推动下,我国产业效率也得到了极大的提升。从地区层面来看,我国东部地区的产业结构优化和产业效率提升水平显著高于中、西部地区,特别是北京、上海、浙江和广东等沿海省份。

第三,本书基于 SBM 模型和 *ML* 生产率指数,测算了中国 2003—2019 年 30 个省份的绿色 TFP,结果显示,中国绿色 TFP 均值为 0.9616,增长率为 -3.84% ,说明中国绿色 TFP 总体呈下降的趋势。从地区差异来看,东部地区的绿色 TFP 表现要明显优于中、西部地区。

第四章　中国 OFDI 与产业升级的实证检验

理论框架部分详细地梳理了中国 OFDI 国别差异对母国产业升级的影响机理。在国别差异视角下,中国 OFDI 通过技术进步、边际产业转移和母国研发成本分摊等路径促进母国产业升级。本章的核心目的包括以下两个:一是实证检验中国 OFDI 的母国产业升级效应是否存在;二是考虑在存在国别差异的情况下,实证检验中国对不同国家进行 OFDI 所带来的母国产业升级效应是否存在显著差异。

第一节　中国 OFDI 的国别差异

本书所要阐释的问题之一是:国别差异视角下中国 OFDI 对母国产业升级的影响。本节将以国别差异为切入口,深入剖析中国 OFDI 的现实演化特征。在第二章的理论框架中,本书将中国 OFDI 的国别差异分解为中国对发达及新兴市场国家的 OFDI 和中国对发展中国家的 OFDI 两类,基于此,本节将从这两类国家入手,分析中国 OFDI 国别差异的现实特征。本书绘制了2003—2015 年我国 OFDI 存量累积曲线(见图 4-1)。

在开展数据分析和计量回归工作之前,我们先对数据的时间区间进行说明:本书后续实证研究需要用到中国各省份对发达及新兴市场国家和发展中国家的 OFDI 数据,但因为各省份对不同国家的 OFDI 数据无法获得,所以本

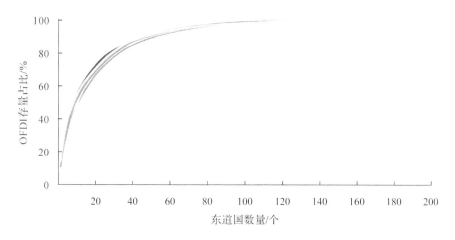

图 4-1　中国 OFDI 存量累积曲线

书将采用陈昊和吴雯(2016)的方法,基于商务部公布的境外投资企业(机构)
名录数据库,利用各省份对不同国家的投资企业数目进行估算。囿于包含完
整信息(如投资省份、投资东道国、投资时间、投资经营范围等)的境外投资企
业(机构)名录数据库只更新至 2015 年,因此,本章实证研究的样本区间选定
为 2003—2015 年。

在综合调整 OFDI 各年流向差异的基础上,本书最终筛选出 58 个东道国
样本,并按照《世界投资报告 2015》及 Amann 和 Virmani(2014)对发达国家、
新兴市场国家与发展中国家的分类标准,将这 58 个国家划分为发达及新兴市
场国家和发展中国家两类,其中:发达及新兴市场国家样本包括美国、日本、
英国、澳大利亚、加拿大、荷兰、德国、卢森堡、法国、挪威、新西兰、意大利、瑞
典、西班牙、匈牙利、新加坡、韩国、俄罗斯,共 18 国;发展中国家样本包括印度
尼西亚、印度、泰国、老挝、哈萨克斯坦、南非、阿联酋、缅甸、巴基斯坦、蒙古、
阿尔及利亚、柬埔寨、越南、刚果(金)、伊朗、委内瑞拉、巴西、沙特阿拉伯、马
来西亚、苏丹、尼日利亚、赞比亚、阿根廷、津巴布韦、秘鲁、埃塞俄比亚、土
耳其、毛里求斯、加纳、安哥拉、坦桑尼亚、肯尼亚、墨西哥、巴布亚新几内
亚、刚果(布)、吉尔吉斯斯坦、厄瓜多尔、菲律宾、塔吉克斯坦、乌兹别克斯
坦,共 40 国。

　　基于上述东道国样本选择及国别分类,本书通过整理 2003—2015 年中国对外直接投资统计公报中的国别数据,从全国层面测算了 2003—2015 年我国对发达及新兴市场国家(18 国)和发展中国家(40 国)的 OFDI 存量与流量。为了便于表示,本书用 OFDI1 表示我国对发达及新兴市场国家的 OFDI,用 OFDI2 表示我国对发展中国家的 OFDI,具体结果如表 4-1 所示。

表 4-1　中国对发达及新兴市场国家和发展中国家的 OFDI 流量与存量(2003—2015 年)

单位:亿美元

年份	OFDI1 流量	OFDI2 流量	OFDI1 存量	OFDI2 存量
2003	3.14	2.33	18.71	12.93
2004	5.03	4.79	27.38	21.20
2005	14.64	7.29	43.82	42.91
2006	10.91	10.66	61.05	63.02
2007	37.50	40.61	120.30	113.74
2008	48.54	76.74	169.49	177.56
2009	89.93	37.56	263.98	221.21
2010	114.74	72.35	385.59	330.35
2011	160.48	88.64	612.09	425.21
2012	163.70	149.15	893.68	598.41
2013	166.71	127.76	1162.28	746.87
2014	265.69	124.88	1597.34	840.38
2015	318.20	75.13	1938.36	921.76

　　表 4-1 显示了中国对发达及新兴市场国家和对发展中国家的 OFDI 的存量与流量情况。从流量层面来看,2003—2015 年,我国对发达及新兴市场国家的 OFDI 从 3.14 亿美元激增到 318.20 亿美元,增长幅度超过 100 倍;我国对发展中国家的 OFDI 从 2.33 亿美元增长到 75.13 亿美元,增长幅度超过 35

倍。以 2008 年为分水岭,在此之前我国对发达及新兴市场国家的 OFDI 流量
和对发展中国家的 OFDI 流量平分秋色,而 2008 年以后我国对发达及新兴市
场国家的 OFDI 流量迅速超过对发展中国家的 OFDI 流量。从存量层面来
看,2003—2015 年,我国对发达及新兴市场国家的 OFDI 从 18.71 亿美元迅
速增长到 1938.36 亿美元,增长幅度超过 100 倍;我国对发展中国家的 OFDI
从 12.93 亿美元增长到 921.76 亿美元,增长幅度达 70 多倍。以 2010 年为分
水岭,在此之前我国对发达及新兴市场国家的 OFDI 存量和对发展中国家的
OFDI 存量较为接近,而 2010 年以后差距迅速拉大,特别是近年来我国对发
达及新兴市场国家的 OFDI 存量已远远领先于对发展中国家的 OFDI 存量。
综上所述,可以得出两个方面的结论:一方面,不管是流量层面还是存量层
面,我国对发达及新兴市场国家的 OFDI 和对发展中国家的 OFDI 均呈现出
指数爆炸型增长态势;另一方面,以 2008 年金融危机为界,在此之前我国对两
类国家的 OFDI 规模分布相对均衡,而 2008 年以后,特别是 2010 年以后,我
国对发达及新兴市场国家的 OFDI 规模迅速增长,已远远超过对发展中国家
的 OFDI 规模,发达国家是全球技术创新的发源地和重要引擎,这一统计结果
也从侧面说明了在金融危机发生以后,我国更加重视对发达及新兴市场国家
的技术寻求型 OFDI 的发展。

　　本书试图从省级层面考察中国 OFDI 国别差异的现实特征。由于我国
的对外直接投资统计公报中没有省级层面的国别 OFDI 数据,本书基于商
务部公布的境外投资企业(机构)名录数据库,手动整理了截至 2015 年我国
各省份对发达及新兴市场国家(18 国)和发展中国家(40 国)的境外投资企
业数目,作为考察各省份 OFDI 国别差异的近似指标。① 为了便于表示,将
各省份对发达及新兴市场国家的境外投资企业数目记为 NOFDI1,并将各
省份对发展中国家的境外投资企业数目记为 NOFDI2,各省份 OFDI 境外投
资企业数目如表 4-2 所示。

----

　　①　该数据库只更新至 2015 年。

表 4-2　各省份 OFDI 境外投资企业数目

单位：家

省份	NOFDI1	NOFDI2
北京	1207	465
天津	322	165
河北	279	242
山西	74	88
内蒙古	185	170
辽宁	645	228
吉林	274	82
黑龙江	679	66
上海	942	304
江苏	1625	855
浙江	2263	1378
安徽	204	174
福建	317	234
江西	122	183
山东	1533	980
河南	198	234
湖北	198	136
湖南	249	566
广东	988	591
广西	66	255

省份	NOFDI1	NOFDI2
海南	53	32
重庆	136	102
四川	259	267
贵州	27	19
云南	82	488
陕西	133	121
甘肃	64	66
青海	19	20
宁夏	36	28
新疆	43	365

　　表 4-2 显示了截至 2015 年底我国分省份 OFDI 境外投资企业数目情况,从中可以总结出两大特征:第一,从境外投资企业数目来看,不管是对发达及新兴市场国家还是对发展中国家进行投资的企业,总体而言,东部沿海地区的跨国企业数目均远远高于中、西部地区,特别是北京、上海、江苏、浙江和广东等东部地区的省份,这些省份较早获得我国改革开放的政策红利,对外投资水平处于全国前列。第二,从对两类国家进行投资的投资企业数目对比来看,东部地区跨国企业更多地投向发达及新兴市场国家,比如北京投向发达国家的跨国企业数目是投向发展中国家的近三倍;中、西部地区投向两类国家的跨国企业数目相对均衡,如湖南、四川等少数中、西部地区投向发展中国家的企业数目比投向发达国家的企业数目多。

第二节　模型设定与变量选取

一、基于钱纳里标准结构模型的修正

钱纳里曾基于 101 个国家 1950—1970 年的数据，提出了一个适用于不同经济发展水平的标准结构，用以解释各国经济增长过程中出现的产业结构变动情况，是目前衡量一国经济增长质量的重要参照标准。基本模型如式(4-1)所示。

$$X = \alpha + \beta_1 \ln \text{PGDP} + \beta_2 \ln^2 \text{PGDP} + \gamma_1 \ln N + \gamma_2 \ln^2 N$$
$$+ \sum \delta_i T_i + \varepsilon F \tag{4-1}$$

其中：X 表示一国经济结构的某一方面；PGDP 表示一国人均国内生产总值；N 表示一国人口数量；T 表示时间趋势；F 表示一国资源和生产要素的流动，如投资、储蓄和进出口等。本书重点研究 OFDI 对产业升级的影响，根据上文论述的机制，对钱纳里标准结构模型进行如下修正。

第一，引入核心解释变量 OFDI。原模型中的 F 变量反映了资本流动对产业结构的影响，本书将 F 变量用变量 ROFDI 替换。将东道国划分为发达及新兴市场国家和发展中国家两类，其中，向发达及新兴市场国家的对外直接投资用变量 ROFDI1 表示，向发展中国家的对外直接投资用变量 ROFDI2 表示。

第二，控制变量选取。本书借鉴傅元海等(2014)、汪伟等(2015)、李东坤和邓敏(2016)的研究，将技术进步 TECH、对外开放程度 OPEN、外资依存度 RFDI、政府财政支持力度 RFSCL 等变量引入原模型，用以考察这些因素对我国产业升级的影响。

第三，被解释变量 X 用产业升级变量表示。这里使用本书第三章第二节中由产业升级指标分解而得到的变量，即产业结构优化指数 W 和产业效率提升指数 R 来表示。由于人口数量在统计年份中变化较小，同时，考虑到中国对外直接投资的统计年份不长，故将 N 和 T 予以删除（赵伟和江东，2010）。此外，保留人均地区生产总值 PGDP，用以捕捉经济发展水平对产业升级的影响。综上所述，本书的回归模型设定为如下形式。

模型 1：

$$W_{i,t} = \beta_0 + \beta_1 \text{ROFDI}_{i,t} + \beta_2 \text{TECH}_{i,t} + \beta_3 \text{OPEN}_{i,t} + \beta_4 \text{RFDI}_{i,t} + \beta_5 \text{RFSCL}_{i,t} + \beta_6 \ln\text{PGDP}_{i,t} + \varepsilon_{i,t} \qquad (4\text{-}2)$$

模型 2：

$$\ln R_{i,t} = \beta_0 + \beta_1 \text{ROFDI}_{i,t} + \beta_2 \text{TECH}_{i,t} + \beta_3 \text{OPEN}_{i,t} + \beta_4 \text{RFDI}_{i,t} + \beta_5 \text{RFSCL}_{i,t} + \beta_6 \ln\text{PGDP}_{i,t} + \varepsilon_{i,t} \qquad (4\text{-}3)$$

模型 3：

$$W_{i,t} = \beta_0 + \beta_1 \text{ROFDI1}_{i,t} + \beta_2 \text{ROFDI2}_{i,t} + \beta_3 \text{TECH}_{i,t} + \beta_4 \text{OPEN}_{i,t} + \beta_5 \text{RFDI}_{i,t} + \beta_6 \text{RFSCL}_{i,t} + \beta_7 \ln\text{PGDP}_{i,t} + \varepsilon_{i,t} \qquad (4\text{-}4)$$

模型 4：

$$\ln R_{i,t} = \beta_0 + \beta_1 \text{ROFDI1}_{i,t} + \beta_2 \text{ROFDI2}_{i,t} + \beta_3 \text{TECH}_{i,t} + \beta_4 \text{OPEN}_{i,t} + \beta_5 \text{RFDI}_{i,t} + \beta_6 \text{RFSCL}_{i,t} + \beta_7 \ln\text{PGDP}_{i,t} + \varepsilon_{i,t} \qquad (4\text{-}5)$$

其中，式（4-2）和式（4-3）考察的是在不区分国别差异的情况下中国 OFDI 整体对母国产业升级的总体影响效应，式（4-4）和式（4-5）探讨的是在区分国别差异的情况下中国对发达及新兴市场国家的 OFDI 和对发展中国家的 OFDI 对母国产业升级的不同影响。

二、变量选取及数据说明

我国省级对外直接投资数据统计始于 2003 年，故本书选取 2003—2015 年我国 30 个省份的面板数据进行实证检验。在东道国样本选取方面，根据上文对 OFDI 国别差异的特征分析，并基于《世界投资报告 2015》以及 Amann 和 Virmani（2014）对发达国家、新兴市场国家与发展中国家的分类标准，本书选的发达及新兴市场国家样本共有 18 个，选取的发展中国家样本共有 40 个，具体的东道国名单可见本章第一节。

$W_{i,t}$ 和 $R_{i,t}$ 分别表示 i 省在 t 时期的产业结构优化指数和产业效率提升指数,分别考察产业结构层面和产业效率层面的升级情况。$W_{i,t} = \sum_{j=1}^{3} X_{j,i,t} \times j$,

其中,$X_{j,i,t}$ 表示 i 省在 t 时期第 j 产业占地区总产值的比重;$R_{i,t} = \sum_{j=1}^{3} X_{j,i,t} \times$

$\sqrt{\dfrac{Y_{j,i,t}}{L_{j,i,t}}}$,其中,$Y_{j,i,t}$ 表示 i 省在 t 时期第 j 产业的产值,$L_{j,i,t}$ 表示 i 省在 t 时期

第 j 产业的就业人数。地区生产总值和分产业生产总值数据来源于《中国统计

年鉴》,地区分产业就业人员数据来源于万德数据库。关于产业升级指标更加

细化的解释可见第三章第二节。

　　$ROFDI_{i,t}$ 表示 i 省在 t 时期 OFDI 存量占 GDP 的比重,$ROFDI_{i,t} =$

$\dfrac{OFDI_{i,t}}{GDP_{i,t}}$,存量数据比流量数据更加稳定,而且产业升级并不是一个一蹴而

就的过程,因此用存量数据作为解释变量也更为合理(邱立成和王凤丽,

2008)。此外,使用比例数据是为了消除宏观经济变量时间序列数据的内生

性问题(韩沈超,2016)。$ROFDI1_{i,t}$ 表示 i 省在 t 时期对发达及新兴市场国

家的 OFDI 占 GDP 的比重。由于各省份对世界各国的 OFDI 数据无法直接

获得,本书借鉴陈昊和吴雯(2016)的方法,计算截至 2015 年底 i 省在发达

及新兴市场国家的境外投资企业数目占 i 省境外投资企业数目总和的比重

φ_i,得到 $ROFDI1_{i,t} \approx \dfrac{OFDI_{i,t} \times \varphi_i}{GDP_{i,t}}$。$ROFDI2_{i,t}$ 表示 i 省在 t 时期对发展中国家

的 OFDI 占 GDP 的比重。同时,运用陈昊和吴雯(2016)的测算方法计算截

至 2015 年底 i 省在发展中国家的境外投资企业数目占 i 省境外投资企业数

目总和的比重 ω_i,得到 $ROFDI2_{i,t} \approx \dfrac{OFDI_{i,t} \times \omega_i}{GDP_{i,t}}$。我国各省份对外直接投资

数据来源于我国对外直接投资统计公报,境外投资企业数据来源于商务部

境外投资企业(机构)名录数据库。

　　$TECH_{i,t}$ 表示 i 省在 t 时期的技术进步水平。根据傅元海等(2014)、Li

等(2016)等学者的研究,专利反映了拥有自主知识产权的科技和设计成果

情况,充分体现了一个地区的技术创新能力。本书使用每千人拥有的申请

专利授权数作为各省份技术进步水平的代理变量,$TECH_{i,t} = \dfrac{Patent_{i,t}}{Population_{i,t}}$,

各省份专利和人口数据来源于《中国统计年鉴》。$OPEN_{i,t}$ 表示 i 省在 t 时期的对外开放程度,用各省份进出口总额占 GDP 的比重来衡量,进出口数据来源于《中国统计年鉴》。$RFDI_{i,t}$ 表示 i 省在 t 时期的外资依存度,用各省份实际利用外商直接投资额占 GDP 的比重来衡量,FDI 数据来源于万德数据库。$RFSCL_{i,t}$ 表示 i 省在 t 时期的政府财政支持力度,用各省份政府财政支出占 GDP 比重来衡量,政府财政支出数据来源于《中国统计年鉴》。$PGDP_{i,t}$ 表示 i 省在 t 时期的人均地区生产总值,用以捕捉地区经济发展水平对产业升级的影响,为消除异方差,对该变量取自然对数,数据来源于《中国统计年鉴》。我们用表 4-3 更加清晰地呈现各变量的测算方法和数据说明,并使用 Stata 15.0 软件进行各变量的描述性统计,模型变量的描述性统计结果如表 4-4 所示。

表 4-3　模型变量的测算方法及数据说明

	变量名称	测算方法	数据来源	文献支撑
W	产业结构优化指数	$W_{i,t} = \sum_{j=1}^{3} X_{j,i,t} \times j$	《中国统计年鉴》	徐德云(2008)、徐敏和姜勇(2015)、汪伟等(2015)
R	产业效率提升指数	$R_{i,t} = \sum_{j=1}^{3} X_{j,i,t} \times \sqrt{\dfrac{Y_{j,i,t}}{L_{j,i,t}}}$	《中国统计年鉴》和万德数据库	周昌林和魏建良(2007)、李逢春(2012)、王丽和张岩(2016)
ROFDI	OFDI 存量水平	$ROFDI_{i,t} = \dfrac{OFDI_{i,t}}{GDP_{i,t}}$	对外直接投资统计公报和《中国统计年鉴》	邱立成和王凤丽(2008)、韩沈超(2016)
ROFDI1	对发达及新兴市场国家的 OFDI 存量水平	$ROFDI1_{i,t} \approx \dfrac{OFDI_{i,t} \times \varphi_i}{GDP_{i,t}}$	境外投资企业(机构)名录数据库	陈昊和吴雯(2016)
ROFDI2	对发展中国家的 OFDI 存量水平	$ROFDI2_{i,t} \approx \dfrac{OFDI_{i,t} \times \omega_i}{GDP_{i,t}}$	境外投资企业(机构)名录数据库	陈昊和吴雯(2016)

续表

	变量名称	测算方法	数据来源	文献支撑
TECH	技术进步	$TECH_{i,t}=\dfrac{Patent_{i,t}}{Population_{i,t}}$	《中国统计年鉴》	Li 等（2016）
OPEN	对外开放程度	$OPEN_{i,t}=\dfrac{(EX+IM)_{i,t}}{GDP_{i,t}}$	《中国统计年鉴》	傅元海等（2014）
RFDI	外资依存度	$RFDI_{i,t}=\dfrac{FDI_{i,t}}{GDP_{i,t}}$	《中国统计年鉴》和万德数据库	傅元海等（2014）、汪伟等（2015）
RFSCL	政府财政支持力度	$RFSCL_{i,t}=\dfrac{FSCL_{i,t}}{GDP_{i,t}}$	《中国统计年鉴》	李东坤和邓敏（2016）
lnPGDP	人均 GDP	取自然对数	《中国统计年鉴》	赵伟和江东（2010）

表 4-4　模型变量的描述性统计结果

变量	样本量	均值	标准差	最小值	最大值
W	390	2.2862	0.1238	2.0276	2.7904
$\ln R$	390	5.5270	0.3019	4.7778	6.1602
ROFDI	390	0.9219	1.4685	0.0026	14.4685
ROFDI1	390	0.3266	0.5536	0.0010	5.6647
ROFDI2	390	0.2379	0.3321	0.0008	2.0723
TECH	390	0.4497	0.7104	0.0130	4.3312
OPEN	390	0.3391	0.4240	0.0357	1.8429
RFDI	390	0.0262	0.0209	0.0070	0.1050
RFSCL	390	0.2029	0.0902	0.0768	0.6269
lnPGDP	390	8.8835	0.9733	5.9541	10.8574

在进行实证分析之前,本书使用皮尔逊和斯皮尔曼相关系数对产业升级与对外直接投资之间的相关关系展开初步考察,结果如表 4-5 所示。可以看到,皮尔逊和斯皮尔曼检验结果均显示产业升级与对外直接投资之间存在较强的相关关系,特别是对发达及新兴市场国家的 OFDI,它与我国产业升级之间的相关关系更为强烈。

表 4-5 产业升级与对外直接投资相关系数检验结果

皮尔逊检验	相关系数	斯皮尔曼检验	相关系数
W 和 ROFDI	0.5478	W 和 ROFDI	0.5663
W 和 ROFD1	0.5629	W 和 ROFD1	0.5892
W 和 ROFD2	0.2931	W 和 ROFD2	0.4085
$\ln R$ 和 ROFDI	0.4754	$\ln R$ 和 ROFDI	0.7361
$\ln R$ 和 ROFDI1	0.4762	$\ln R$ 和 ROFDI1	0.7457
$\ln R$ 和 ROFDI2	0.4032	$\ln R$ 和 ROFDI2	0.6768

第三节 结果分析及稳健性检验

一、实证结果分析

在进行实证分析之前,本书首先通过方差膨胀因子 VIF 检验与判断各变量之间是否存在多重共线性,检验结果如表 4-6 所示。可以看到,各变量的方差膨胀因子分布在 $1.46 \sim 2.43$,远低于 10,因此可以排除变量之间的多重共线性。

表 4-6　模型变量的方差膨胀因子检验结果

变量	VIF	1/VIF
ROFDI1	2.43	0.4118
ROFDI2	2.10	0.4753
TECH	2.41	0.4151
OPEN	1.98	0.5058
RFDI	1.70	0.5869
RFSCL	1.46	0.6838
lnPGDP	2.12	0.4707

第一，本书通过混合 OLS 方法，初步检验了核心解释变量 OFDI 与被解释变量 W 和 lnR 之间的关系；第二，基于豪斯曼检验结果，本书选择固定效应作为核心回归方法。模型回归结果如表 4-7 和表 4-8 所示，其中，表 4-7 表示中国 OFDI 整体对母国产业升级的影响，表 4-8 表示中国 OFDI 国别差异对母国产业升级的影响。

表 4-7　中国 OFDI 对母国产业升级影响的回归结果（整体层面）

变量	模型一			模型二		
	混合 OLS	固定效应	固定效应	混合 OLS	固定效应	固定效应
_CONS	2.2436*** (0.0062)	1.8054*** (0.0435)	1.9608*** (0.1291)	5.4369*** (0.0159)	0.9539*** (0.0897)	0.7537*** (0.2512)
ROFDI	0.0462*** (0.0036)	0.0113*** (0.0017)	0.0099*** (0.0017)	0.0977*** (0.0092)	−0.0057** (0.0025)	−0.0051* (0.0027)
TECH	—	0.0048 (0.0047)	0.0110** (0.0045)		0.0157 (0.0096)	0.0167* (0.0091)
OPEN	—	−0.0229 (0.0175)	0.0585*** (0.0154)		−0.0036 (0.0310)	−0.0814*** (0.0278)

续表

变量	模型一			模型二		
	混合 OLS	固定效应	固定效应	混合 OLS	固定效应	固定效应
RFDI	—	−0.3124* (0.1707)	−0.3075* (0.1585)	—	0.3500 (0.3298)	−0.0131 (0.3277)
RFSCL		−0.0510 (0.0582)	−0.1363** (0.0554)		−0.2678*** (0.1033)	0.1352 (0.0999)
lnPGDP		0.0488*** (0.0435)	0.0308** (0.0141)		0.4562*** (0.0105)	0.4740*** (0.0267)
年份效应	否	否	是	否	否	是
地区效应	否	否	是	否	否	是
R^2	0.3001	0.6404	0.7206	0.2260	0.7752	0.7279
F/Wald 统计量	166.34***	46.59***	868.51***	113.29***	42.79***	6217.61***
豪斯曼检验	—	73.36***	—	38.07***	—	—

注：***、**、* 分别表示在 1%、5%、10% 的显著性水平下显著,括号内的数值为标准误。

表 4-8　中国 OFDI 对母国产业升级影响的回归结果(区分国别)

变量	模型三			模型四		
	混合 OLS	固定效应	固定效应	混合 OLS	固定效应	固定效应
_CONS	2.2500*** (0.0064)	1.8483*** (0.0446)	1.9570*** (0.1309)	5.4254*** (0.0166)	0.8594*** (0.0686)	−0.2155 (0.2622)
ROFDI1	0.1429*** (0.0122)	0.0100* (0.0060)	0.0152*** (0.0056)	0.2018*** (0.0315)	0.0123 (0.0093)	0.0189** (0.0092)

续表

变量	模型三			模型四		
	混合 OLS	固定效应	固定效应	混合 OLS	固定效应	固定效应
ROFDI2	−0.0442***	0.0415***	0.0194**	0.1500***	−0.0537***	−0.0358**
	(0.0203)	(0.0103)	(0.0100)	(0.0526)	(0.0159)	(0.0160)
TECH	—	0.0045	0.0117**	—	0.0068	0.0193**
		(0.0047)	(0.0046)		(0.0073)	(0.0079)
OPEN	—	−0.0355**	0.0517***	—	−0.0273	−0.0484*
		(0.0172)	(0.0155)		(0.0265)	(0.0279)
RFDI	—	−0.4284**	−0.3655**	—	0.3227	0.2553
		(0.1710)	(0.1610)		(0.2630)	(0.2597)
RFSCL	—	−0.0915	−0.1448**	—	−0.2338**	−0.1674*
		(0.0596)	(0.0570)		(0.0917)	(0.0972)
lnPGDP	—	0.0459***	0.0318**	—	0.4664***	0.5601***
		(0.0051)	(0.0143)		(0.0079)	(0.0258)
年份效应	否	否	是	否	否	是
地区效应	否	否	是	否	否	是
R^2	0.3251	0.6462	0.7180	0.2427	0.6781	0.7436
F/Wald 统计量	93.20***	44.58***	845.08***	62.01***	42.95***	9778.75***
豪斯曼检验	—	126.77***	—	30.27***	—	—

注：***、**、* 分别表示在 1%、5%、10% 的显著性水平下显著，括号内的数值为标准误。

从我国 OFDI 整体对我国产业升级的影响来看，模型一的回归结果显示，不管是混合 OLS 估计方法还是固定效应估计方法，这两种估计方法下的变量 ROFDI 的系数均为正，且在 1% 的显著性水平下显著，表明我国

OFDI 对我国产业结构优化指数 W 存在显著正向影响。本书以控制年份效应和地区效应之后的固定效应作为基准回归结果展开讨论,可以看到,核心解释变量对外直接投资 ROFDI 显著为正,说明我国 OFDI 显著地促进了母国产业结构优化,即推动母国产业结构向"三二一"结构演进,我国 OFDI 通过逆向技术溢出、边际产业转移等途径加快了产业结构高级化进程。从其他控制变量来看,技术进步 TECH 的系数为正,且在 5% 的显著性水平下显著,说明技术进步在我国产业结构优化的过程中扮演着正向激励的角色,技术进步在高技术产业和生产性服务业的发展过程中起到了至关重要的作用。对外开放程度 OPEN 的系数为正,且在 1% 的显著性水平下显著,说明对外贸易显著地促进了我国产业结构优化,对外贸易一直是我国经济增长的重要动力,虽然我国的贸易地位长期处于全球价值链的低端环节,但对外贸易,特别是服务贸易的迅速发展有效地推动了我国制造业和服务业的崛起。外资依存度 RFDI 和政府财政支持力度 RFSCL 对我国产业结构优化的影响显著为负,说明外商直接投资和政府财政支出不利于产业结构优化,但人均地区生产总值 lnPGDP 对产业结构优化存在显著的正向促进作用。

　　模型二的回归结果显示,核心解释变量对外直接投资 ROFDI 在混合 OLS 估计方法下显著为正,而在固定效应估计方法下显著为负,可能的原因在于混合 OLS 估计方法忽略了个体差异,且遗漏了其他控制变量。本书以控制了年份效应和地区效应之后的固定效应作为基准回归结果展开讨论,可以看到,核心解释变量对外直接投资 ROFDI 的系数为负,且在 10% 的显著性水平下显著(若不控制年份效应和地区效应则在 5% 的显著性水平下显著),说明我国 OFDI 对母国产业效率提升存在显著的负向影响。这一结果产生的原因可能在于:一方面,我国 OFDI 的逆向技术溢出效应尚不明显,无法对我国产业形成技术反哺;另一方面,OFDI 作为一种资本输出,在某种程度上降低了国内研发的资本投入,进而阻碍了产业效率提升。当然,这一结果考察的是我国 OFDI 整体层面对产业效率提升的影响,而对于对不同国别的 OFDI,即对发达及新兴市场国家的 OFDI 和对发展中国家的 OFDI 来说,这一结果是否会有所改变,本书在模型四中进一步展开了相关讨论。对于其他控制变量而言：技术进步 TECH 和人均地区生产总值 lnPGDP 的系数显著为正，说明对产业效率提升存在显著的正向影响；政府财政支持力度 RFSCL 的系数为正，但不显著；外资依存度变量 RFDI 的系数为负，但不显著；对外开放程度 OPEN 的系数为负，且在 1% 的显著性水平下显著，说明对外贸易阻碍了我国产业效率的提升，这一结果与模型一的结果截然相反，可能的原因在于虽然我国对外贸易极大地促进了制造业和服务业的发展，提高了制造业和服务业在三产中的比重，推动了我国产业结构优化，但我国贸易地位长期处于价值链低端环节，以加工制造为特点的出口贸易不利于我国产业技术效率的提升。

从中国 OFDI 的国别差异对我国产业升级的影响来看，本书以模型三中控制了年份效应和地区效应之后的固定效应作为基准回归方法展开讨论，可以看到，核心解释变量对发达及新兴市场国家的对外直接投资 ROFDI1 和对发展中国家的对外直接投资 ROFDI2 的系数均为正，分别在 1% 和 5% 的显著性水平下显著，说明我国对发达及新兴市场国家的 OFDI 和对发展中国家的 OFDI 均能促进母国产业结构优化，这一结果也和模型一的回归结果相一致。进一步观察可以发现，ROFDI2 的系数（0.0194）显著大于 ROFDI1 的系数（0.0152），说明相较于对发达及新兴市场国家的 OFDI，我国对发展中国家的 OFDI 更能促进母国产业结构优化。我国对发达及新兴市场国家的 OFDI 通过逆向技术溢出效应能够显著地促进母国技术进步，从而推动我国高新技术产业和知识型服务业的快速发展，最终加快我国产业结构高级化进程。我国对发展中国家的 OFDI 通过边际产业转移和产能输出等方式，有效地释放了国内稀缺生产要素并将这些生产要素转移至高技术产业、生产性服务业等新兴产业，推动母国产业结构转型升级。从其他控制变量的回归结果来看，大多与模型一的回归结果保持一致，可以发现，技术进步 TECH、对外开放程度 OPEN 和人均地区生产总值 lnPGDP 的系数为正，分别在 5%、1% 和 5% 的显著性水平下显著，说明这三个变量对我国产业结构优化存在正向激励作用，而外资依存度 RFDI 和政府财政支持力度 RFSCL 对我国产业结构优化存在负向影响。

此外，本书对模型四中控制了年份效应和地区效应之后的固定效应回归结果展开分析,可以看到,核心解释变量 ROFDI1 的系数为 0.0189,ROFDI2 的系数为 -0.0358,且均在 5% 的显著性水平下显著,说明我国对发达及新兴市场国家的 OFDI 显著地推动了母国产业效率提升,而对发展中国家的 OFDI 则不利于母国产业效率提升。进一步观察可以发现,ROFDI2 系数的绝对值显著大于 ROFDI1 系数的绝对值,说明我国对发达及新兴市场国家的 OFDI 所带来的母国产业效率提升效应被对发展中国家的 OFDI 所产生的母国产业效率阻碍效应所抵消,且这一负向阻碍效应显著大于正向提升效应,这也是模型二的回归结果中变量 ROFDI 的系数为负的原因所在。我国对发达及新兴市场国家的 OFDI 通过嵌入其高新技术集群网络,不断汲取东道国的研发要素并将研发成果反馈给母国,促进母国技术进步,并最终推动母国产业技术效率的提升。我国对发展中国家的 OFDI 产生母国产业效率阻碍效应可能的原因在于:一方面,本书通过劳动生产率(产值与就业人数的比值)测算产业效率提升指数,而我国向发展中国家进行 OFDI 主要出于边际产业转换和产能输出的目的,大量边际产业转移将引起国内廉价且低技能的劳动力的大量释放,这些劳动力将进一步转向其他边际产业或某些生活性服务业,导致以劳动生产率来衡量的产业效率提升指数下降;另一方面,我国向发展中国家的 OFDI 并不能像发达国家 OFDI 那样获得逆向技术溢出,因而不能获得技术反哺效应,此外,OFDI 作为一种资本输出,降低了国内产业的研发资本投入,这也是产业技术效率下降的重要因素。从其他控制变量来看:技术进步 TECH 和人均地区生产总值 lnPGDP 的系数均为正,分别在 5% 和 1% 的显著性水平下显著;对外开放程度 OPEN 和政府财政支持力度 RFSCL 的系数均为负,且在 10% 的显著性水平下显著;外资依存度 RFDI 的系数为正,但未通过显著性检验。

二、稳健性检验

为进一步验证上文的实证结果,本书通过替换核心解释变量和引入被解释变量的滞后一阶两种方法进行稳健性检验。第一,替换核心解释变量。使用对外直接投资流量数据替换存量数据,用 ROFDI1L 和 ROFDI2L 分别表示对发达及新兴市场国家与对发展中国家的 OFDI，变量的测算方法不变。第二，引入被解释变量的滞后一阶。产业升级不是一蹴而就的，而是一个长期的、渐进的过程，前期的产业升级情况会对当期的产业升级产生影响（王丽等，2016），因此将产业结构优化指数 W 和产业效率提升指数 R 的滞后一阶引入回归模型。

从表 4-9 中可以看到，核心解释变量用 OFDI 流量替换后，实证结果在总体上与表 4-8 保持一致。模型三的回归结果显示，在控制了年份效应和地区效应之后，虽然 ROFDI1L 和 ROFDI2L 的系数均不显著，但符号为正，这与上文一致。在未控制年份效应和地区效应的回归结果中，ROFDI2L 的系数为正，且在 10% 的显著性水平下显著，说明对发展中国家的 OFDI 促进了母国产业结构优化。模型四的回归结果显示，ROFDI1L 和 ROFDI2L 的系数分别在 5% 与 10% 的显著性水平下显著，且系数符号与上文高度一致，说明我国对发达及新兴市场国家的 OFDI 显著地促进了母国产业效率的提升，而对发展中国家的 OFDI 对母国产业效率提升存在负向影响。

表 4-9 以 OFDI 流量为解释变量的稳健性检验结果

变量	模型三		模型四	
	固定效应	固定效应	固定效应	固定效应
_CONS	1.8110*** (0.0464)	2.0293*** (0.1328)	0.8894*** (0.0690)	−0.2338 (0.2560)
ROFDI1L	0.0144 (0.0201)	0.0274 (0.0185)	0.0468 (0.0299)	0.0624** (0.0291)
ROFDI2L	0.0621* (0.0366)	0.0150 (0.0339)	−0.1070** (0.0545)	−0.0986* (0.0529)
TECH	0.0095** (0.0049)	0.0140*** (0.0047)	0.0031 (0.0072)	0.0195** (0.0079)
OPEN	−0.0439** (0.0180)	0.0533*** (0.0159)	−0.0202 (0.0268)	−0.0458* (0.0280)

变量	模型三		模型四	
	固定效应	固定效应	固定效应	固定效应
RFDI	−0.3499** (0.1781)	−0.3202** (0.1647)	0.2310 (0.2649)	0.2149 (0.2590)
RFSCL	−0.0131 (0.0607)	−0.1190** (0.0580)	−0.3085*** (0.0903)	−0.1891** (0.0962)
lnPGDP	0.0486*** (0.0054)	0.0234* (0.0145)	0.4645*** (0.0080)	0.5620*** (0.0253)
年份效应	否	是	否	是
地区效应	否	是	否	是
R^2	0.6115	0.7043	0.9682	0.9716
F/Wald 统计量	40.07***	783.37***	41.75***	9714.47***
豪斯曼 检验	105.12***	41.77***	—	—

注：***、**、* 分别表示在 1%、5%、10% 的显著性水平下显著，括号内的数值为标准误。

在回归模型中引入被解释变量的滞后一阶，由于动态面板的内生性问题，本书在使用固定效应估计方法的同时，运用能消除模型内生性问题的差分 GMM 进行估计。从表 4-10 中可以发现：第一，产业结构优化指标和产业效率提升指标均显示，产业升级变量的滞后一期对当期产业升级的影响显著为正，上期的产业升级水平越高，对当期产业升级的促进力度就越大，说明产业升级不是一蹴而就的，而是一个动态的、渐进的过程。第二，模型三的检验结果中，固定效应和差分 GMM 的结果均显示 ROFDI2 的系数显著为正，ROFDI1 的系数虽未通过显著性检验，但符号为正，说明我国对发展中国家的 OFDI 对母国产业结构优化存在显著的正向影响。第三，模型四的检验结果中，固定效应和差分 GMM 的结果均显示 ROFDI2 的系数显著为负，说明我国对发展中国家的 OFDI 对母国产业效率提升存在显著的负向影响，差分 GMM 结果显示 ROFDI1 的系数显著为正，说明我国对发达及新兴市场国家的 OFDI 能够促进母国产业生产效率的提升。这一结果与上文的实证结果一致。

表 4-10　引入被解释变量滞后一阶的稳健性检验结果

变量	模型三		模型四	
	固定效应	差分 GMM	固定效应	差分 GMM
_CONS	0.7244*** (0.0963)	—	0.5435*** (0.0658)	—
W_{t-1}	0.5913*** (0.0468)	0.2301*** (0.0726)	—	—
$\ln R_{t-1}$	—	—	0.5530*** (0.0392)	0.2977*** (0.0592)
ROFDI1	0.0016 (0.0050)	0.0019 (0.0133)	0.0027 (0.0074)	0.0268* (0.0154)
ROFDI2	0.0200** (0.0089)	0.0433* (0.0253)	−0.0355*** (0.0130)	−0.0900** (0.0389)
TECH	0.0002 (0.0040)	0.0026 (0.0055)	0.0007 (0.0059)	0.0084 (0.0077)
OPEN	−0.0317** (0.0145)	−0.0615*** (0.0055)	−0.0193 (0.0214)	0.0156 (0.0273)
RFDI	−0.1567 (0.1645)	−0.3106 (0.4876)	0.0296 (0.2413)	−0.1978 (0.5239)
RFSCL	−0.0155 (0.0521)	−0.1247 (0.1355)	−0.1735** (0.0766)	−0.2740* (0.1711)

续表

变量	模型三		模型四	
	固定效应	差分 GMM	固定效应	差分 GMM
lnPGDP	0.0226*** (0.0052)	0.0377*** (0.0122)	0.1984*** (0.0203)	0.3296*** (0.0339)
R^2	0.7609	—	0.9782	—
F/Wald 统计量	2.67***	319.88***	5.42***	2343.41***
豪斯曼 检验	71.14***	—	110.85***	—
AR(1)	—	−2.32***	—	−1.97**
AR(2)	—	0.37	—	1.13

注:***、**、*分别表示在 1%、5%、10%的显著性水平下显著,括号内的数值为标准误。

第四节　小　结

本章从指标测算、现实特征提炼和计量回归分析等途径入手,对中国 OFDI 的母国产业升级效应展开探讨,并得出以下结论。

第一,本书在区分发达及新兴市场国家和发展中国家两类投资东道国的基础上,对中国 OFDI 国别差异的现实特征进行了提炼。在删除中国香港、中国澳门、开曼群岛等返程投资和避税投资样本后,本书统计了 2003—2015 年中国对不同国别的 OFDI 规模,数据显示,不管是流量还是存量,中国对发达及新兴市场国家和对发展中国家的 OFDI 都呈现出了爆炸型增长的态势,但从增长速度来看,对发达及新兴市场国家的 OFDI 增速要明显快于对发展中国家的 OFDI。

第二,本书基于修正的钱纳里标准结构模型,实证检验了中国 OFDI 宏观整体和国别差异对母国产业升级的影响。结果显示：从宏观整体来看，中国 OFDI 可以促进母国产业结构优化，但不利于母国产业效率提升；从国别差异来看，中国对不同国家的 OFDI 均能促进母国产业结构优化，中国对发达及新兴市场国家的 OFDI 可以促进母国产业效率提升，但对发展中国家的 OFDI 对母国产业效率提升存在抑制作用。基于核心解释变量替换和引入被解释变量滞后一期的稳健性检验也得到了同样的结果。

第五章　中国 OFDI 对产业升级的
影响机制检验：发达国家

第四章的实证结果显示，不管是从产业结构优化还是从产业效率提升的角度来看，中国对发达及新兴市场国家的 OFDI 均对母国产业升级存在显著的正向影响。在证实了 OFDI 之母国产业升级效应存在后，随之而来的问题就是：这种正向促进作用是通过何种渠道、何种路径实现的呢？在理论框架部分，本书从机制层面给出了答案，认为我国向发达及新兴市场国家进行 OFDI，第一步是通过 OFDI 逆向技术溢出、产业关联等效应促进母国技术进步，第二步是在技术进步的推动下促进母国产业升级，即存在"对发达及新兴市场国家的 OFDI—母国技术进步—母国产业升级"的链条传导机制。基于此，本章的核心目的是通过实证检验中国对发达及新兴市场国家的 OFDI 与母国产业升级之间是否存在上述影响机制。

第一节　技术进步测度

外生增长理论的代表索罗提出用全要素生产率 TFP 来衡量经济增长的效率，并称之为技术进步（赵文哲，2008）。基于增长理论的分析框架以及苏治和徐淑丹（2015）等的研究，本书以全要素生产率作为技术进步的衡量，并将技术进步进一步分解为技术效率和技术创新。在第四章的实证研究中，本书根据 Li 等（2016）等学者的研究，使用申请专利授权数来衡量地区技术进步水平，为了更加全面和系统地测度我国技术进步情况，本书进一步使用 DEA 和 SFA 两种方法对我国技术进步展开探讨。

一、基于 DEA 的技术进步测度

（一）分析方法

数据包络分析法适用于多投入和多产出的边界生产函数分析，近年来被广泛应用于全要素生产率研究当中。根据 Fare 等（1994）的研究，该分析方法的基本思路是将每一个被评价的经济单位作为单独的生产决策单元，通过数学规划模型对该决策单元的投入、产出指标进行估计与评价，从而得到各决策单元的潜在最小投入或最大产出的技术前沿水平，在此基础上测算相对效率。基于 DEA 方法的 Malmquist 指数被大量用于全要素生产率测算，根据一个包含多个决策单元（截面）的平衡面板数据，使用距离函数来构造一个生产最佳前沿面，然后将每个决策单元的实际生产情况与最佳前沿面进行比较，由此来测算技术进步和技术效率，根据 Caves 等（1982）的方法，计算公式如式（5-1）所示。

$$M_i(x_{t+1},y_{t+1},x_t,y_t)=\left[\frac{d_{i,t}(x_t,y_t)}{d_{i,t}(x_{t+1},y_{t+1})}\times\frac{d_{i,t+1}(x_t,y_t)}{d_{i,t+1}(x_{t+1},y_{t+1})}\right]^{\frac{1}{2}} \quad (5\text{-}1)$$

式（5-1）所反映的是生产点(x_t,y_t)到生产点(x_{t+1},y_{t+1})的全要素生产率变化情况，若该值大于 1，则表示从时期 t 到时期 $t+1$，全要素生产率呈现出正向增长的态势。在规模报酬不变的假定下，上述公式可以进一步分解为两部分，一是技术效率变化 EFF，二是技术创新变化 TC，分解过程如式（5-2）所示。

$$M_i(x_{t+1},y_{t+1},x_t,y_t)=\frac{d_{i,t}(x_t,y_t)}{d_{i,t+1}(x_{t+1},y_{t+1})}\times\left[\frac{d_{i,t+1}(x_{t+1},y_{t+1})}{d_{i,t}(x_{t+1},y_{t+1})}\times\frac{d_{i,t+1}(x_t,y_t)}{d_{i,t}(x_t,y_t)}\right]^{\frac{1}{2}}$$

$$(5\text{-}2)$$

式(5-2)中,前半部分表示技术效率 EFF 对全要素生产率的贡献,后半部分表示技术创新 TC 对全要素生产率的贡献。因此,我们也可以将技术进步定义为技术效率和技术创新共同作用的结果,即技术进步＝TFP＝技术效率×技术创新。Malmquist 指数大于 1 表示从 t 时期到 $t+1$ 时期技术进步增加,等于 1 表示从 t 时期到 $t+1$ 时期技术进步不变,小于 1 表示从 t 时期到 $t+1$ 时期技术进步减少。

(二)数据说明

本书采用 2003—2015 年我国省级面板数据测算各省份全要素生产率,包括产出要素和投入要素。产出要素 Y 用各省份地区生产总值来衡量,投入要素包含资本 K 和劳动 L 两部分,其中,资本用各省份全社会固定资产投资总额表示,劳动用各省份就业人员总数表示。由于测算 2003 年全要素生产率需要 2002 年的数据,因此在实际计算中我们将时间跨度延伸至 2002 年,并使用国内生产总值平减指数和固定资产投资价格指数,分别对各省份地区生产总值和全社会固定资产投资总额进行平减,换算成以 2002 年为基期的不变价格,以消除时间趋势和通货膨胀对结果的影响。DEA-Malmquist 指数测算数据来自《中国统计年鉴》和万德数据库。

(三)测算结果

本书通过 DEAP 2.1 软件,测算了 2003—2015 年我国各省份 Malmquist 指数,并将其分解为技术效率 EFF、技术创新 TC 和全要素生产率 TFP(即技术进步)三部分,具体结果如表 5-1 所示。

表 5-1　各省份 Malmquist 指数均值（2003—2015 年）

区域	省份	EFF	TC	TFP	区域	省份	EFF	TC	TFP
东部地区	北京	1.010	1.028	1.038	中部地区	河南	0.912	1.008	0.920
	天津	1.000	1.029	1.029		湖北	0.957	1.008	0.964
	河北	0.938	1.020	0.957		湖南	0.938	1.005	0.943
	辽宁	0.966	1.024	0.989		平均值	0.936	1.012	0.946
	上海	1.000	1.037	1.037	西部地区	内蒙古	0.985	1.027	1.011
	江苏	0.989	1.023	1.012		广西	0.918	1.005	0.923
	浙江	0.986	1.028	1.014		重庆	0.980	1.023	1.002
	福建	0.946	1.022	0.966		四川	0.944	1.008	0.952
	山东	0.960	1.024	0.984		贵州	0.950	1.007	0.956
	广东	0.965	1.016	0.981		云南	0.916	1.006	0.921
	海南	0.939	1.009	0.948		陕西	0.980	1.018	0.998
	平均值	0.973	1.024	0.996		甘肃	0.923	1.005	0.928
中部地区	山西	0.939	1.021	0.959		青海	0.994	1.018	1.012
	吉林	0.964	1.021	0.983		宁夏	0.991	1.024	1.015
	黑龙江	0.929	1.012	0.941		新疆	0.968	1.028	0.996
	安徽	0.909	1.007	0.916		平均值	0.959	1.015	0.974
	江西	0.937	1.010	0.945	全国		0.956	1.017	0.972

　　从表 5-1 所显示的测度结果可以看到，从地区对比来看，东部地区在技术效率、技术创新和全要素生产率三个指标上的表现最好，西部地区次之，中部地区最差，这一结果也与李梅和柳士昌（2012）的研究结果一致。东、中、西部地区的测算结果均显示，仅技术创新呈正向增长，增长率分别为 2.4%、1.2% 和 1.5%，技术效率和全要素生产率均出现下滑。从全国层面来看，2003—2015 年，我国技术创新为正向增长，增长率为 1.7%，技术效率和全要素生产率均下滑，分别

下降 4.4% 和 2.8%,这说明现阶段我国全要素生产率水平下降的主要原因在于技术效率的降低。全国整体技术效率低下说明中国目前的经济发展有待进一步提高资源利用率,加快经济转型的步伐(李梅和柳士昌,2012)。

二、基于 SFA 的技术效率测度

(一)分析方法

随机前沿分析法最早由 Meeusen 和 Broeck(1977)、Aigner 等(1977)提出,该分析方法的基本思想是将实际生产单元与前沿面的偏离分解为随机误差和技术无效率两项,并使用计量的方法对前沿生产函数进行估计(韩晶,2010)。具体来说,在经济学中常常需要估计生产函数或者成本函数,对于生产函数最常见的定义是在给定投入 x 情况下的最大产出,但现实中的厂商可能达不到这个最大产出的前沿,因此,我们假设厂商 i 的产量为:

$$y_i = f(x_i, \beta) \xi_i \tag{5-3}$$

其中,x_i 为生产投入,β 为待估参数,ξ_i 为厂商 i 的效率水平,且 $0 < \xi_i \leqslant 1$。当 $\xi_i = 1$ 时,厂商 i 正好位于效率前沿,即能够获得最大产出。令 $\xi_i = e^{-\mu_i}$,可将式(5-3)变换为如式(5-4)所示的形式。

$$y_i = f(x_i, \beta) e^{-\mu_i} \tag{5-4}$$

我们把 $TE = e^{-\mu_i}$ 称为厂商 i 的技术效率,当 $\mu_i = 0$,即 $TE = 1$ 时,厂商 i 正好位于效率前沿,处于技术效率状态。当 $\mu_i > 0$,即 $TE < 1$ 时,厂商 i 位于效率前沿下方,处于非技术效率状态。考虑到生产函数还会受到随机冲击,因此进一步将式(5-4)改写为如式(5-5)所示的形式。

$$y_i = f(x_i, \beta) e^{-\mu_i} e^{v_i} = f(x_i, \beta) e^{v_i - \mu_i} \tag{5-5}$$

其中,e^{v_i} 表示随机冲击,意味着生产函数的前沿 $y_i = f(x_i, \beta) e^{v_i}$ 是随机的,我们称该模型为随机前沿模型。根据 Battese 和 Coelli(1995)的方法,本书使用柯布-道格拉斯生产函数,并对方程两边取对数,将式(5-5)变为式(5-6)。

$$\ln Y_i = \beta_0 + \beta_1 \ln K_i + \beta_2 \ln L_i + v_i - \mu_i \tag{5-6}$$

与 DEA 方法相比,SFA 方法具有以下两大优势:一是 SFA 方法具有显著的统计特性，从而可以对模型参数（T检验）和模型本身（LR检验）进行检验；二是 SFA 模型引入了随机前沿变量，使得前沿面本身是随机的，从而令研究结果更加符合现实（朱承亮等，2009）。

（二）数据说明

SFA 测算数据与 DEA 测算数据基本相同，因此同样使用国内生产总值平减指数和固定资产投资价格指数分别对地区生产总值与全社会固定资产投资总额进行平减，换算成以 2003 年为基期的不变价，以消除通货膨胀的影响。SFA 测算数据来自《中国统计年鉴》和万德数据库。

（三）测算结果

根据上述研究方法和面板数据，本书使用 Frontier 4.1 软件对 2003—2015 年我国各省份技术效率进行测算，具体结果如表 5-2 所示。

表 5-2　各省份技术效率均值（2003—2015 年）

区域	省份	TE	区域	省份	TE	区域	省份	TE
东部地区	北京	0.846	东部地区	平均值	0.606	西部地区	广西	0.348
	天津	0.663	中部地区	山西	0.424		重庆	0.376
	河北	0.426		吉林	0.429		四川	0.350
	辽宁	0.473		黑龙江	0.484		贵州	0.270
	上海	0.978		安徽	0.308		云南	0.308
	江苏	0.587		江西	0.333		陕西	0.381
	浙江	0.566		河南	0.370		甘肃	0.304
	福建	0.516		湖北	0.400		青海	0.329
	山东	0.476		湖南	0.399		宁夏	0.332
	广东	0.731		平均值	0.393		新疆	0.422
	海南	0.404	西部地区	内蒙古	0.471		平均值	0.354

　　由表 5-2 可以看出，从地区对比来看，我国东部地区的技术效率优于中、西部地区，中部地区次之，西部最差，其中，东部地区技术效率均值为 0.606，说明东部地区达到了生产最大前沿面的 60%，中部地区和西部地区技术效率均值分别为 0.393 与 0.354，说明这两个地区连生产最大前沿面的 40% 都达不到。从全国整体来看，对东、中、西部地区技术效率求均值，得到全国的技术效率均值为 0.451，可以看到，我国整体技术效率还是处于较低水平。

第二节　模型设定与变量选取

一、基于技术进步中介效应的模型设定

　　基于第三章的理论框架，中国对发达及新兴市场国家的 OFDI 可以通过技术进步路径实现母国产业升级。具体而言，先通过逆向技术溢出等效应促进母国技术进步，在母国技术进步的推动下进一步促进母国产业升级，即存在"对发达及新兴市场国家 OFDI—母国技术进步—母国产业升级"的逻辑链条。因此，对发达及新兴市场国家的 OFDI 和母国产业升级之间存在一个以技术进步为中介的传导路径，我们称技术进步为中介变量，把技术进步所产生的影响称为中介效应。

　　为了识别中国对发达及新兴市场国家的 OFDI 是不是通过技术进步路径促进母国产业升级的，本书将对技术进步的中介效应进行实证检验。本书借鉴 Judd 和 Kenny（1981）、Baron 和 Kenny（1986）以及温忠麟等（2004）的方法，构建以下递归方程进行中介效应检验。

$$Y_{i,t} = \alpha_0 + \alpha_1 \text{ROFDI1}_{i,t} + \alpha_2 \text{CONTROL}_{i,t} + \varepsilon_{i,t} \tag{5-7}$$

$$Z_{i,t} = \beta_0 + \beta_1 \text{ROFDI1}_{i,t} + \beta_2 \text{CONTROL}_{i,t} + \varepsilon_{i,t} \tag{5-8}$$

$$Y_{i,t} = \gamma_0 + \gamma_1 \text{ROFDI1}_{i,t} + \gamma_2 Z_{i,t} + \gamma_3 \text{CONTROL}_{i,t} + \varepsilon_{i,t} \tag{5-9}$$

　　其中，$Y_{i,t}$ 表示被解释变量产业升级；$\text{ROFDI1}_{i,t}$ 表示核心解释变量对发达及新兴市场国家的 OFDI；$Z_{i,t}$ 表示中介变量技术进步；$\text{CONTROL}_{i,t}$ 表示一系

列控制变量，与第四章实证模型中选取的变量一致，包括对外开放程度 OPEN、外资依存度 RFDI、政府财政支持力度 RFSCL 和人均地区生产总值 PGDP。中介效应的具体检验步骤如下：第一步，对式(5-7)进行回归并检验系数 α_1。若 α_1 显著为正，说明对发达及新兴市场国家的 OFDI 对母国产业升级存在正向促进作用，然后转到第二步；若 α_1 不显著则终止分析。第二步，对式(5-8)和式(5-9)进行回归并检验系数 β_1 与 γ_2。若均显著，则说明我国对发达及新兴市场国家的 OFDI 对母国产业升级的促进作用至少有一部分是通过中介变量技术进步实现的，然后转到第三步；若至少有一个不显著则转到第四步。第三步，检验系数 γ_1。若 γ_1 显著，则说明是部分中介效应，即我国对发达及新兴市场国家的 OFDI 对母国产业升级的促进作用只有一部分是通过中介变量技术进步实现的；若 γ_1 不显著，则说明是完全中介效应，即我国对发达及新兴市场国家的 OFDI 对母国产业升级的促进作用完全是通过中介变量技术进步实现的。第四步，Sobel 检验。若统计量显著，则说明技术进步的中介效应显著；若统计量不显著，则检验结束。其中，α_1 是对发达及新兴市场国家的 OFDI 对母国产业升级的总效应，$\beta_1 \times \gamma_2$ 是技术进步的中介效应，γ_1 是直接效应。

二、基于吸收能力调节效应的模型设定

理论框架部分论证了"中国对发达及新兴市场国家的 OFDI—母国技术进步—母国产业升级"这一传导机制，技术进步在两者之间发挥着重要的中介作用。进一步的理论机制研究表明，技术进步这一中介效应的发挥依赖母国消化吸收能力，即母国消化吸收能力越强，我国对发达及新兴市场国家的 OFDI 对母国技术进步的促进作用就越明显(Cohen & Levinthal,1990；茹玉骢,2004)。因此，我国对发达及新兴市场国家的 OFDI 对母国技术进步的促进作用会受到母国消化吸收能力的影响，我们把这种影响称为调节效应。

为了进一步验证母国消化吸收能力的调节作用，本书引入核心解释变量与母国消化吸收能力变量的交叉项，根据陈菲琼等(2013)等学者的研究，本书分别用国内研发资本存量和人力资本存量作为母国消化吸收能力的代理变量，得到如下回归模型。

$$Z_{i,t} = \alpha_0 + \alpha_1 \text{ROFDI1}_{i,t} + \alpha_2 \ln SD_{i,t} + \alpha_3 \text{ROFDI1}_{i,t}$$
$$\times \ln SD_{i,t} + \alpha_4 \text{CONTROL}_{i,t} + \varepsilon_{i,t} \tag{5-10}$$

$$Z_{i,t} = \beta_0 + \beta_1 \text{ROFDI1}_{i,t} + \beta_2 \ln H_{i,t} + \beta_3 \text{ROFDI1}_{i,t}$$
$$\times \ln H_{i,t} + \beta_4 \text{CONTROL}_{i,t} + \varepsilon_{i,t} \tag{5-11}$$

在式(5-10)中，$SD_{i,t}$ 表示地区研发资本存量；在式(5-11)中，$H_{i,t}$ 表示地区人力资本存量。两式中的其他变量与式(5-7)、式(5-8)和式(5-9)一致。

三、变量选取及数据说明

数据样本与第四章所选取的数据样本一致，选取的发达及新兴市场国家样本共 18 个，具体可见第四章第一节。

$Y_{i,t}$ 表示 i 省在 t 时期的产业升级水平，分别用产业结构优化指数 W 和产业效率提升指数 R 来衡量；$\text{ROFDI1}_{i,t}$ 表示 i 省在 t 时期对发达及新兴市场国家的 OFDI 占 GDP 的比重；$\text{CONTROL}_{i,t}$ 表示一系列控制变量，包括四个变量，分别是对外开放程度 OPEN、外资依存度 RFDI、政府财政支持力度 RFSCL 和人均地区生产总值 PGDP。以上所有变量的测算方法和数据说明可见第四章第二节。

$Z_{i,t}$ 表示 i 省在 t 时期的技术进步水平。本书通过以下三种方法对地区技术进步水平进行测度：第一，与第四章一样，采用每千人拥有的申请专利授权数作为地区技术进步水平的代理变量，这里记为 PAT；第二，基于 DEA-Malmquist 指数进行测算，将地区技术效率 EFF、技术创新 TC 和全要素生产率 TFP 三个指标作为 Z 的代理变量；第三，基于 SFA 方法进行测算，将技术效率 TE 作为 Z 的代理变量。DEA 方法和 SFA 方法的测算说明可见上一节。

$SD_{i,t}$ 表示 i 省在 t 时期的地区研发资本存量。根据 Griliches(1992) 提出的两步法，第一步确定基期的研发资本存量，第二步以基期为基础按永续盘存法测算各年的研发资本存量。第一，基期 $SD_{i,2003}$ 测算。$SD_{i,2003} = R\&D_{i,2003}/(\delta + g_i)$，其中，$R\&D_{i,2003}$ 表示 2003 年 i 省的 R&D 经费，δ 表示研发资本折旧率，假定为 5%，g_i 表示 2003—2015 年 i 省 R&D 经费取对数后的增长率平均值。第二，后续各年 $SD_{i,t}$ 测算。$SD_{i,t} = R\&D_{i,t} + (1-\delta)SD_{i,t-1}$，其中，$R\&D_{i,t}$ 为 t 时期 i 省的 R&D 投入。为消除通货膨胀的影响，本书对各年的 R&D 投入均按消费者价格指数进行平减。以上数据均通过《中国科技统计年鉴》整理而得。

$H_{i,t}$ 表示 i 省在 t 时期的地区人力资本存量。本书基于 Barro 和 Lee（1993）的方法测算地区人力资本存量，具体公式为 $H = D_1 \times 6 + D_2 \times 9 + D_3 \times 12 + D_4 \times 16$，其中，$D_1$ 表示小学学历人员所占比重，D_2 表示初中学历人员所占比重，D_3 表示高中学历人员所占比重，D_4 表示大专及以上学历人员所占比重。各地区就业人员受教育程度比重通过历年《中国劳动统计年鉴》整理而得。各变量的描述性统计如表 5-3 所示。

表 5-3　模型变量的描述性统计结果

变量	样本量	均值	标准差	最小值	最大值
W	390	2.2862	0.1238	2.0276	2.7904
$\ln R$	390	5.5270	0.3019	4.7778	6.1602
ROFDI1	390	0.3266	0.5536	0.0010	5.6647
PAT	390	0.4497	0.7104	0.0130	4.3312
EFF	390	0.7358	0.2226	0.2907	1.2503
TC	390	1.1178	0.1639	0.8783	1.6743
TFP	390	0.8193	0.2735	0.3159	1.6743
TE	390	0.4567	0.1620	0.2513	0.9791
$\ln SD$	390	6.2336	1.5115	1.0375	8.9882
$\ln H$	390	6.7982	0.1351	6.4258	7.1995
OPEN	390	0.3391	0.4240	0.0357	1.8429
RFDI	390	0.0262	0.0209	0.0070	0.1050

续表

变量	样本量	均值	标准差	最小值	最大值
RFSCL	390	0.2029	0.0902	0.0768	0.6269
lnPGDP	390	8.8835	0.9733	5.9541	10.8574

第三节　OFDI 与产业升级的全样本回归结果

一、中介效应回归结果

根据式(5-7)、式(5-8)和式(5-9)，本书对发达及新兴市场国家的 OFDI 与母国产业升级之间的技术进步影响路径进行实证检验，分别采用以下五个指标对技术进步进行衡量：申请专利授权数 PAT，用 DEA 方法测算的技术效率 EFF，技术创新指数 TC，全要素生产率 TFP，用 SFA 方法测算的技术效率 TE。在回归方法选取上，本书根据豪斯曼检验结果，选择固定效应估计方法作为核心回归方法。具体的回归结果见表 5-4 至表 5-8。

表 5-4　以 PAT 衡量的技术进步中介效应回归结果

变量	产业结构优化			产业效率提升		
	W (不含 PAT)	PAT	W (含 PAT)	$\ln R$ (不含 PAT)	PAT	$\ln R$ (含 PAT)
CONS_	1.7934*** (0.0427)	−2.2641*** (0.4719)	1.9078*** (0.0569)	−8.3730*** (0.2243)	−2.2641*** (0.4719)	−8.2084*** (0.2291)
ROFDI1	0.0277*** (0.0043)	0.3113*** (0.0471)	0.0230*** (0.0043)	0.0364* (0.0224)	0.3113*** (0.0471)	0.0137 (0.0235)

续表

变量	产业结构优化			产业效率提升		
	W（不含 PAT）	PAT	W（含 PAT）	$\ln R$（不含 PAT）	PAT	$\ln R$（含 PAT）
PAT	—	—	0.0100* (0.0055)	—	—	0.0727*** (0.0251)
OPEN	−0.0379** (0.0162)	−1.4248*** (0.1785)	−0.0147 (0.0192)	−0.5190*** (0.0849)	−1.4248*** (0.1785)	−0.4154*** (0.0913)
RFDI	−0.3827** (0.1686)	−8.3235*** (1.8628)	−0.3171 (0.2106)	−0.8851 (0.8856)	−8.3235*** (1.8628)	−0.2797 (0.9009)
RFSCL	−0.0354 (0.0574)	−2.2949*** (0.6345)	0.0630 (0.0653)	−1.6438*** (0.3016)	−2.2949*** (0.6345)	−1.4769*** (0.3040)
lnPGDP	0.0508*** (0.0048)	0.3737*** (0.0536)	0.0365*** (0.0066)	1.1382*** (0.0255)	0.3737*** (0.0536)	1.1110*** (0.0269)
R^2	0.6290	0.5794	0.5773	0.7668	0.5794	0.7765
F 统计量	48.80***	14.17***	45.70***	31.98***	14.17***	32.94***
豪斯曼检验	382.94***	126.71***	46.35***	49.00***	126.71***	17.05***
Sobel	1.74*	2.66***	—	—	—	—

注：***、**、* 分别表示在 1%、5%、10% 的显著性水平下显著,括号内的数值为标准误。

表 5-4 反映了以申请专利授权数 PAT 衡量的技术进步中介效应回归结果。从以产业结构优化指数 W 为被解释变量的回归结果来看:第一,回归系数 α_1 和 γ_1 显著为正(分别为 0.0277 和 0.0230),说明我国对发达及新兴市场国家的 OFDI 对母国产业结构优化存在显著的正向作用,这一结果与第四章的结论一致。第二,回归系数 β_1 和 γ_2 显著为正(分别为 0.3113 和 0.0100),说明

我国对发达及新兴市场国家的 OFDI 对母国产业结构优化的促进作用是通过技术进步这一路径实现的,中介效应显著存在。第三,技术进步的中介效应为部分中介效应,中介效应/总效应$=\dfrac{\beta_1 \times \gamma_2}{\alpha_1}=0.1124$,说明在我国对发达及新兴市场国家的 OFDI 对母国产业结构优化的促进作用中,技术进步这一影响路径所贡献的份额为 11.24%。从以产业效率提升指数 R 为被解释变量的回归结果来看:第一,回归系数α_1显著为正(为 0.0364),说明我国对发达及新兴市场国家的 OFDI 对母国产业效率提升存在显著的正向作用,这一结果也与第四章的结论一致。γ_1 为正但不显著(为 0.0137)。第二,回归系数β_1和γ_2显著为正(分别为 0.3113 和 0.0727),说明我国对发达及新兴市场国家的 OFDI 对母国产业效率提升的促进作用是通过技术进步这一路径实现的,中介效应显著存在。第三,技术进步的中介效应为完全中介效应,即我国对发达及新兴市场国家的 OFDI 对母国产业效率提升的促进作用完全是通过技术进步这一路径实现的。

表 5-5　以 EFF 衡量的技术进步中介效应回归结果

变量	产业结构优化			产业效率提升		
	W（不含 EFF）	EFF	W（含 EFF）	$\ln R$（不含 EFF）	EFF	$\ln R$（含 EFF）
CONS_	1.7934*** (0.0427)	2.8461*** (0.1428)	1.6931*** (0.0751)	−8.3730*** (0.2243)	2.8461*** (0.1428)	−10.6500*** (0.2822)
ROFDI1	0.0277*** (0.0043)	0.0211 (0.0143)	0.0249*** (0.0043)	0.0364* (0.0224)	0.0211 (0.0143)	0.0195 (0.0194)
EFF			0.0226 (0.0199)			0.7998*** (0.0722)
OPEN	−0.0379** (0.0162)	−0.1541*** (0.0540)	−0.0335** (0.0168)	−0.5190*** (0.0849)	−0.1541*** (0.0540)	−0.3957*** (0.0740)

续表

变量	产业结构优化			产业效率提升		
	W (不含 EFF)	EFF	W (含 EFF)	$\ln R$ (不含 EFF)	EFF	$\ln R$ (含 EFF)
RFDI	−0.3827** (0.1686)	−0.7500 (0.5635)	−0.3889** (0.1981)	−0.8851 (0.8856)	−0.7500 (0.5635)	−0.2851 (0.7653)
RFSCL	−0.0354 (0.0574)	−1.3654*** (0.1919)	−0.0089 (0.0676)	−1.6438*** (0.3016)	−1.3654*** (0.1919)	−0.5517** (0.2781)
lnPGDP	0.0508*** (0.0048)	−0.1746*** (0.0162)	0.0584*** (0.0065)	1.1382*** (0.0255)	−0.1746*** (0.0162)	1.2779*** (0.0253)
R^2	0.6290	0.6786	0.6209	0.7668	0.6786	0.7469
F 统计量	48.80***	30.85***	40.57***	31.98***	30.85***	34.48***
豪斯曼检验	382.94***	204.26***	57.49***	49.00***	204.26***	16.21**
Sobel	0.90	1.47	—	—	—	—

注：***、**、*分别表示在 1％、5％、10％的显著性水平下显著，括号内的数值为标准误。

表 5-5 反映了以技术效率 EFF 衡量的技术进步中介效应回归结果。从以产业结构优化指数 W 为被解释变量的回归结果来看：第一，回归系数 α_1 和 γ_1 显著为正（分别为 0.0277 和 0.0249），说明我国对发达及新兴市场国家的 OFDI 显著地促进了母国产业结构优化。第二，回归系数 β_1 和 γ_2 均不显著（分别为 0.0211 和 0.0226），通过计算 Sobel 统计量发现，统计量未通过显著性检验，说明以技术效率衡量的技术进步中介效应不存在。从以产业效率提升指数 R 为被解释变量的回归结果来看：第一，回归系数 α_1 显著为正（为 0.0364），说明我国对发达及新兴市场国家的 OFDI 对母国产业效率提升存在显著的正向作用，γ_1 为正但不显著（为 0.0195）。第二，回归系数 β_1 未通过显著性检验（为 0.0211），γ_2 显著为正（为 0.7998），通过计算 Sobel 统计量发现，统计量未

通过显著性检验,说明以技术效率衡量的技术进步中介效应不存在。

表 5-6　以 *TC* 衡量的技术进步中介效应回归结果

变量	产业结构优化			产业效率提升		
	W (不含 *TC*)	*TC*	W (含 *TC*)	$\ln R$ (不含 *TC*)	*TC*	$\ln R$ (含 *TC*)
CONS_	1.7934*** (0.0427)	−0.6418*** (0.1094)	2.6175*** (0.2960)	−8.3730*** (0.2243)	−0.6418*** (0.1094)	−7.8383*** (0.2151)
ROFDI1	0.0277*** (0.0043)	0.0322*** (0.0109)	0.0145* (0.0090)	0.0364* (0.0224)	0.0322*** (0.0109)	0.0095 (0.0207)
TC	—	—	0.6048*** (0.2249)	—	—	0.8333*** (0.1000)
OPEN	−0.0379** (0.0162)	−0.1328*** (0.0414)	0.0359 (0.0416)	−0.5190*** (0.0849)	−0.1328*** (0.0414)	−0.4084*** (0.0788)
RFDI	−0.3827** (0.1686)	−1.3262*** (0.4318)	0.3037 (0.4833)	−0.8851 (0.8856)	−1.3262*** (0.4318)	0.2200 (0.8211)
RFSCL	−0.0354 (0.0574)	−0.1916 (0.1471)	0.2469* (0.1482)	−1.6438*** (0.3016)	−0.1916 (0.1471)	−1.4841*** (0.2767)
lnPGDP	0.0508*** (0.0048)	0.1845*** (0.0124)	−0.1060* (0.0561)	1.1382*** (0.0255)	0.1845*** (0.0124)	0.9845*** (0.0297)
R^2	0.6290	0.7013	0.2177	0.7668	0.7013	0.6114
F 统计量	48.80***	5.49***	13.19***	31.98***	5.49***	31.21***
豪斯曼检验	382.94***	24.73***	14.06**	49.00***	24.73***	41.89***
Sobel	1.99**	2.78***	—	—	—	—

注:***、**、* 分别表示在 1%、5%、10% 的显著性水平下显著,括号内的数值为标准误。

表 5-6 反映了以技术创新指数 TC 衡量的技术进步中介效应回归结果。从以产业结构优化指数 W 为被解释变量的回归结果来看：第一，回归系数 β_1 和 γ_2 显著为正（分别为 0.0322 和 0.6048），说明我国对发达及新兴市场国家的 OFDI 对母国产业结构优化的促进作用是通过技术创新路径实现的，中介效应显著存在。第二，技术创新的中介效应为部分中介效应，中介效应/总效应 $= \dfrac{\beta_1 \times \gamma_2}{\alpha_1} = 0.7031$，说明在我国对发达及新兴市场国家的 OFDI 对母国产业结构优化的促进作用中，技术创新这一路径所贡献的比例为 70.31%。从以产业效率提升指数 R 为被解释变量的回归结果来看：第一，回归系数 β_1 和 γ_2 显著为正（分别为 0.0322 和 0.8333），说明我国对发达及新兴市场国家的 OFDI 对母国产业效率提升的促进作用是通过技术创新实现的，中介效应显著存在。第二，γ_1 不显著，说明技术创新的中介效应是完全中介效应，即我国对发达及新兴市场国家的 OFDI 对母国产业效率提升的正向影响完全是通过技术创新这一机制实现的。

表 5-7 以 TFP 衡量的技术进步中介效应回归结果

变量	产业结构优化			产业效率提升		
	W（不含 TFP）	TFP	W（含 TFP）	$\ln R$（不含 TFP）	TFP	$\ln R$（含 TFP）
CONS_	1.7934*** (0.0427)	1.8531*** (0.1897)	1.8532*** (0.0599)	−8.3730*** (0.2243)	1.8531*** (0.1897)	−10.016*** (0.2612)
ROFDI1	0.0277*** (0.0043)	0.0562*** (0.0189)	0.0248*** (0.0042)	0.0364* (0.0224)	0.0562*** (0.0189)	−0.0183 (0.0183)
TFP	—	—	0.0158 (0.0181)	—	—	0.6483*** (0.0791)
OPEN	−0.0379** (0.0162)	−0.3224*** (0.0718)	−0.0268 (0.0178)	−0.5190*** (0.0849)	−0.3224*** (0.0718)	−0.2488*** (0.0778)
RFDI	−0.3827** (0.1686)	−1.8569** (0.7490)	−0.3864* (0.2084)	−0.8851 (0.8856)	−1.8569** (0.7490)	0.0051 (0.9092)

续表

变量	产业结构优化			产业效率提升		
	W (不含 TFP)	TFP	W (含 TFP)	$\ln R$ (不含 TFP)	TFP	$\ln R$ (含 TFP)
RFSCL	−0.0354 (0.0574)	−1.5017*** (0.2551)	0.0613 (0.0712)	−1.6438*** (0.3016)	−1.5017*** (0.2551)	−0.5642* (0.3106)
lnPGDP	0.0508*** (0.0048)	−0.0581*** (0.0215)	0.0416*** (0.0061)	1.1382*** (0.0255)	−0.0581*** (0.0215)	1.2155*** (0.0265)
R^2	0.6290	0.3300	0.5677	0.7668	0.3300	0.7604
F 统计量	48.80***	27.46***	42.83***	31.98***	27.46***	39.24***
豪斯曼 检验	382.94***	194.67***	83.10***	49.00***	194.67***	21.77***
Sobel	0.84	2.79***	—	—	—	—

注:***、**、*分别表示在 1%、5%、10%的显著性水平下显著,括号内的数值为标准误。

表 5-7 反映了以全要素生产率 TFP 衡量的技术进步中介效应回归结果。从以产业结构优化指数 W 为被解释变量的回归结果来看,可以发现回归系数 β_1 显著为正(为 0.0562),而 γ_2 并不显著(为 0.0158),通过计算 Sobel 统计量发现,统计量未通过显著性检验,说明以全要素生产率衡量的技术进步中介效应不存在。从以产业效率提升指数 R 为被解释变量的回归结果来看:第一,回归系数 β_1 和 γ_2 显著为正(分别为 0.0562 和 0.6483),说明全要素生产率提高在我国对发达及新兴市场国家的 OFDI 与母国产业效率提升之间发挥着中介效应。第二,γ_1 不显著,说明全要素生产率的中介效应为完全中介效应,即我国对发达及新兴市场国家的 OFDI 对母国产业效率提升的正向作用完全是通过全要素生产率提高这一机制实现的。

表 5-8　以 TE 衡量的技术进步中介效应回归结果

变量	产业结构优化			产业效率提升		
	W（不含 TE）	TE	W（含 TE）	$\ln R$（不含 TE）	TE	$\ln R$（含 TE）
CONS_	1.7934*** (0.0427)	0.2527*** (0.0033)	1.0019*** (0.1752)	−8.3730*** (0.2243)	0.2527*** (0.0033)	−3.8852*** (0.9157)
ROFDI1	0.0277*** (0.0043)	0.0002 (0.0003)	0.0269*** (0.0041)	0.0364* (0.0224)	0.0002 (0.0003)	0.0407* (0.0217)
TE			3.1321*** (0.6736)			−17.7600*** (3.5205)
OPEN	−0.0379** (0.0162)	0.0039*** (0.0012)	−0.0501*** (0.0159)	−0.5190*** (0.0849)	0.0039*** (0.0012)	−0.4497*** (0.0832)
RFDI	−0.3827** (0.1686)	0.0054 (0.0130)	−0.3997** (0.1639)	−0.8851 (0.8856)	0.0054 (0.0130)	−0.7889 (0.8565)
RFSCL	−0.0354 (0.0574)	0.0227*** (0.0044)	−0.1065* (0.0579)	−1.6438*** (0.3016)	0.0227*** (0.0044)	−1.2408*** (0.3024)
lnPGDP	0.0508*** (0.0048)	0.0196*** (0.0004)	−0.0106 (0.0140)	1.1382*** (0.0255)	0.0196*** (0.0004)	1.4859*** (0.0732)
R^2	0.6290	0.8888	0.6505	0.7668	0.8888	0.5873
F 统计量	48.80***	5876.00***	49.21***	31.98***	5876.00***	26.73***
豪斯曼检验	382.94***	−4.32***	13.26**	49.00***	−4.32***	113.18***
Sobel	0.73	−0.74	—	—	—	—

注：***、**、* 分别表示在 1%、5%、10% 的显著性水平下显著，括号内的数值为标准误。

　　表 5-8 反映了以技术效率 TE 衡量的技术进步中介效应回归结果。从以

产业结构优化指数 W 为被解释变量的回归结果来看,可以发现回归系数 β_1 未通过显著性检验(为 0.0002), γ_2 显著为正(为 3.1321),通过计算 Sobel 统计量发现,统计量未通过显著性检验,说明以技术效率衡量的技术进步中介效应不存在。从以产业效率提升指数 R 为被解释变量的回归结果来看,可以发现回归系数 β_1 并不显著(为 0.0002), γ_2 显著为负(为 −17.7600),通过计算 Sobel 统计量发现,统计量未通过显著性检验,说明以技术效率衡量的技术进步中介效应不存在。

综上所述,可以发现技术进步的中介效应呈现出以下基本特征:第一,以申请专利授权数 PAT 和以 DEA 方法测算的技术创新指数 TC 衡量的技术进步存在中介效应,而以 DEA 方法测算的技术效率 EFF 和以 SFA 方法测算的技术效率 TE 衡量的技术进步则不存在中介效应。苏治和徐淑丹(2015)将技术进步分解为技术创新和技术效率,并对两者进行了定义,其中:技术创新是指对已有的知识和技术进行改进,或是利用已有的知识创造新的事物,并从中获得一定收益的行为,如新设备和新产品等的发明创造;技术效率则是指在生产过程中采取最优方式以减少技术使用和分配无效率,如实现规模效应和提高组织管理效率等。基于上述定义可以推断申请专利授权数 PAT 也是技术创新的一种表现。实证结果表明:第一,技术进步,特别是技术创新,在中国对发达及新兴市场国家的 OFDI 的母国产业升级效应中发挥着中介作用。第二,中国对发达及新兴市场国家的 OFDI 可以促进母国产业结构优化,技术进步在其中发挥着部分中介作用。在中国对发达及新兴市场国家的 OFDI 中,技术寻求动机占据较大比重,通过逆向技术溢出效应推动了母国先进制造业等高技术产业的发展,促进产业结构高级化。此外,我国对发达国家的 OFDI 中,诸如金融业、商务服务业等第三产业 OFDI 也占据了较大的比重,服务业 OFDI 的迅速发展也推动了母国产业结构优化,因此,技术进步在对发达及新兴市场国家的 OFDI 与母国产业结构优化之间承担着部分中介的作用。第三,中国对发达及新兴市场国家的 OFDI 可以促进母国产业效率提升,技术进步在其中发挥着完全中介作用。产业效率的提升从本质上来说是技术进步的结果,因此技术寻求型 OFDI 所产生的逆向技术溢出作用是母国产业效率提升的关键。

二、调节效应回归结果

根据式(5-10)和式(5-11)，本书对母国消化吸收能力的调节效应进行实证检验。从上文实证结果可知，我国对发达及新兴市场国家的 OFDI 通过促进母国技术创新，进而促进母国产业升级，因此，在调节效应检验中我们仅采用申请专利授权数 PAT 和由 DEA 方法测算的技术创新指数 TC 作为被解释变量。由于交叉项的引入，变量间可能存在多重共线性，为消除这一影响，本书对核心解释变量 ROFDI、消化吸收能力变量 SD 和 H 进行中心化处理。根据豪斯曼检验结果，本书选择固定效应作为核心回归方法，具体结果如表5-9所示。

表 5-9　母国消化吸收能力的调节效应回归结果

变量	研发资本存量 SD 的调节作用		人力资本存量 H 的调节作用	
	PAT	TC	PAT	TC
CONS_	0.5799 (0.8346)	0.2062 (0.2026)	−0.7058 (0.6185)	−0.3527** (0.1481)
ROFDI1	0.0488 (0.0543)	−0.0071 (0.0132)	0.0351 (0.0998)	0.0103 (0.0239)
lnSD	0.4545*** (0.0980)	0.1213*** (0.0238)	—	—
ROFDI1×lnSD	0.1681*** (0.0212)	0.0189*** (0.0051)	—	—
ln$H$	—	—	2.2816*** (0.3856)	0.3405*** (0.0923)
ROFDI1×ln$H$	—	—	0.8064*** (0.3061)	0.0528 (0.0733)

续表

变量	研发资本存量 SD 的调节作用		人力资本存量 H 的调节作用	
	PAT	TC	PAT	TC
OPEN	−0.9082***	−0.0748*	−1.2913***	−0.1253***
	(0.1767)	(0.0429)	(0.1791)	(0.0429)
RFDI	−9.1045***	−1.1946***	−7.6856***	−1.1780***
	(1.7444)	(0.4234)	(1.7989)	(0.4306)
RFSCL	−2.0508***	−0.2637*	−2.6544***	−0.2647*
	(0.6007)	(0.1458)	(0.6166)	(0.1476)
lnPGDP	0.0781	0.1005***	0.2275***	0.1576***
	(0.0852)	(0.0207)	(0.0639)	(0.0153)
R^2	0.6464	0.7247	0.6247	0.7125
F 统计量	13.93***	5.42***	14.49***	5.51***

注:***、**、* 分别表示在 1%、5%、10% 的显著性水平下显著,括号内的数值为标准误。

根据表 5-9 的回归结果,从研发资本存量 SD 的调节效应来看,不管是以申请专利授权数 PAT 还是以技术创新指数 TC 作为被解释变量,交互项的系数均显著为正,ROFDI1×lnSD 的系数分别为 0.1681 和 0.0189,证明研发资本存量的调节效应显著存在。其经济含义可以解释为:我国对发达及新兴市场国家的 OFDI 对母国技术进步的促进作用受到母国研发资本存量的影响,母国研发资本存量越密集,这种促进作用就会越明显。从人力资本存量 H 的调节效应来看,在以申请专利授权数 PAT 为被解释变量的回归结果中,交互项的系数显著为正,ROFDI1×lnH 的系数为 0.8064,证明人力资本存量的调节效应显著存在。其经济含义可以解释为:我国对发达及新兴市场国家的 OFDI 对母国技术进步的促进作用受到母国人力资本存量的影响,母国人力资本存量越丰裕,这种促进作用就会越明显。在以技术创新指数 TC 为被解释变量的回归结果中,交互项的系数为正,但不显著。

第四节　OFDI 与产业升级的分地区回归结果

一、中介效应回归结果

本书将我国 30 个省份样本划分为东部、中部和西部地区，对技术进步的中介效应进行实证检验。同样，本书选择申请专利授权数 PAT 和技术创新指数 TC 作为技术进步的代理变量。根据豪斯曼检验结果，本书选择固定效应作为核心回归方法进行分析。具体回归结果如表 5-10 至表 5-13 所示。

表 5-10 和表 5-11 反映了东部地区技术进步中介效应回归结果。从以申请专利授权数 PAT 为中介变量的回归结果来看：一是在对产业结构优化指数 W 的回归中，回归系数 β_1 和 γ_2 显著为正（分别为 0.3008 和 0.0108），说明我国东部地区对发达及新兴市场国家的 OFDI 对母国产业结构优化的促进作用是通过技术进步路径实现的，中介效应显著存在，中介效应/总效应 = $\dfrac{\beta_1 \times \gamma_2}{\alpha_1}$ = 0.1657；二是在对产业效率提升指数 R 的回归中，回归系数 β_1 和 γ_2 显著为正（分别为 0.3008 和 0.1205），说明我国东部地区对发达及新兴市场国家 OFDI 对母国产业效率提升的促进作用是通过技术进步路径实现的，中介效应显著存在，中介效应/总效应 = $\dfrac{\beta_1 \times \gamma_2}{\alpha_1}$ = 0.4885。从以技术创新指数 TC 为中介变量的回归结果来看：一是在对产业结构优化指数 W 的回归中，回归系数 β_1 和 γ_2 显著为正（分别为 0.0293 和 0.3340），且 γ_1 不显著，说明我国东部地区对母国产业结构优化的促进作用完全是通过技术进步路径实现的，该中介效应为完全中介效应；二是在对产业效率提升指数 R 的回归中，回归系数 β_1 和 γ_2 显著为正（分别为 0.0293 和 0.8184），说明我国东部地区对发达及新兴市场国家的 OFDI 对母国产业效率提升的促进作用是通过技术进步路径实现的，中介效应显著存在，中介效应/总效应 = $\dfrac{\beta_1 \times \gamma_2}{\alpha_1}$ = 0.3232。综上所述，

可以得出以下结论:我国东部地区对发达及新兴市场国家的 OFDI 对母国产业升级的正向促进作用是通过技术进步路径实现的,即存在"中国东部地区对发达及新兴市场国家的 OFDI—东部地区技术进步—东部地区产业升级"的逻辑链条。

表 5-10　东部地区技术进步的中介效应回归结果(PAT)

变量	产业结构优化			产业效率提升		
	W（不含 PAT）	PAT	W（含 PAT）	$\ln R$（不含 PAT）	PAT	$\ln R$（含 PAT）
CONS_	2.0439*** (0.1009)	−4.9048** (2.0041)	2.0058*** (0.1168)	−9.1488*** (0.5166)	−4.9048** (2.0041)	−8.5577*** (0.4693)
ROFDI1	0.0196*** (0.0043)	0.3008*** (0.0860)	0.0112*** (0.0039)	0.0742*** (0.0222)	0.3008*** (0.0860)	0.0380* (0.0206)
PAT	—	—	0.0108** (0.0053)	—	—	0.1205*** (0.0204)
OPEN	−0.0469*** (0.0155)	−1.3117*** (0.3082)	−0.0130 (0.0169)	−0.4954*** (0.0794)	−1.3117*** (0.3082)	−0.3373*** (0.0754)
RFDI	−0.7504*** (0.1998)	−7.8133** (3.9700)	−0.2420 (0.2219)	2.3819** (1.0234)	−7.8133** (3.9700)	3.3235*** (0.9222)
RFSCL	0.3987*** (0.1352)	−5.4979** (2.6866)	0.6596*** (0.1471)	−2.7689*** (0.6926)	−5.4979** (2.6866)	−2.1063*** (0.6248)
lnPGDP	0.0302*** (0.0097)	0.7349*** (0.1923)	0.0254** (0.0119)	1.2006*** (0.0496)	0.7349*** (0.1923)	1.1120*** (0.0465)
R^2	0.7993	0.6321	0.8295	0.7871	0.6321	0.7009
F 统计量	88.28***	9.15***	101.58***	18.13***	9.15***	25.33***
Sobel	1.75 *	3.01***				

注:***、**、* 分别表示在 1%、5%、10% 的显著性水平下显著,括号内的数值为标准误。

表 5-11　东部地区技术进步的中介效应回归结果(TC)

变量	产业结构优化			产业效率提升		
	W（不含 TC）	TC	W（含 TC）	$\ln R$（不含 TC）	TC	$\ln R$（含 TC）
CONS_	2.0439*** (0.1009)	−2.0521*** (0.3169)	2.9310*** (0.5291)	−9.1488*** (0.5166)	−2.0521*** (0.3169)	−7.4694*** (0.5179)
ROFDI1	0.0196*** (0.0043)	0.0293** (0.0136)	0.0081 (0.0065)	0.0742*** (0.0222)	0.0293** (0.0136)	0.0503** (0.0196)
TC	—	—	0.3340** (0.1688)	—	—	0.8184*** (0.1261)
OPEN	−0.0469*** (0.0155)	−0.0485 (0.0487)	−0.0249 (0.0233)	−0.4954*** (0.0794)	−0.0485 (0.0487)	−0.4557*** (0.0693)
RFDI	−0.7504*** (0.1998)	0.4871 (0.6278)	−0.5637 (0.3495)	2.3819** (1.0234)	0.4871 (0.6278)	1.9832** (0.8908)
RFSCL	0.3987*** (0.1352)	−0.9304** (0.4248)	1.0008*** (0.3045)	−2.7689*** (0.6926)	−0.9304** (0.4248)	−2.0075*** (0.6127)
lnPGDP	0.0302*** (0.0097)	0.3191*** (0.4248)	−0.1008 (0.0705)	1.2006*** (0.0496)	0.3191*** (0.4248)	0.9394*** (0.0589)
R^2	0.7993	0.7784	0.5774	0.7871	0.7784	0.8048
F 统计量	88.28***	3.12***	40.30***	18.13***	3.12***	20.97***
Sobel	1.45	2.05***				

注：***、**、* 分别表示在 1%、5%、10% 的显著性水平下显著，括号内的数值为标准误。

表 5-12 反映了中部地区技术进步中介效应回归结果。可以看到，不管是以产业结构优化指数 W 还是以产业效率提升指数 R 为被解释变量，ROFDI1 的回归系数均不显著，说明 ROFDI1 对母国产业升级的总效应不存在，即在

我国中部地区对发达及新兴市场国家的 OFDI 对母国产业升级的促进作用中,技术进步的中介效应不存在,根据上文中介效应的判断方法,终止分析。相比东部地区,中部地区在技术创新能力、人力资本水平等方面都相对较弱,因而在 OFDI 过程中,对于逆向技术溢出的消化吸收能力较为不足,从而可能导致中部地区的技术进步中介效应在现阶段无法显现。

表 5-12　中部地区技术进步的中介效应回归结果

变量	W	lnR
CONS_	1.9912 (0.1059)	−8.6798*** (0.3257)
ROFDI1	0.0049 (0.0240)	−0.1259 (0.0737)
OPEN	−0.0789 (0.1186)	−1.3090*** (0.3649)
RFDI	0.3896 (0.5045)	−9.4634*** (1.5514)
RFSCL	0.6501*** (0.2349)	−3.6844*** (0.7223)
lnPGDP	0.0126*** (0.0137)	1.2151*** (0.0422)
R^2	0.5462	0.8154
F 统计量	18.99***	49.64***

注:***、**、*分别表示在 1%、5%、10%的显著性水平下显著,括号内的数值为标准误。

表 5-13 反映了西部地区技术进步中介效应回归结果。可以看到:第一,从以产业结构优化指数 W 为被解释变量的结果来看,以申请专利授权数 PAT 和以技术创新指数 TC 为中介变量的 Sobel 值均未通过显著性检验,说明西部地区技术进步的中介效应不存在;第二,从以产业效率提升指数 R 为

被解释变量的结果来看，ROFDI1 的回归系数不显著，根据中介效应的判断方法，终止分析。综上所述，我国西部地区对发达及新兴市场国家的 OFDI 与母国产业升级之间的技术进步的中介效应不存在。跟中部地区类似，西部地区整体科研能力与高技术创新人才积累都落后于东部地区，因此，西部地区在 OFDI 过程中能够消化、吸收的国际技术溢出则更为有限，无法推动地区技术进步，从而导致中介效应不存在。

表 5-13　西部地区技术进步的中介效应回归结果

变量	W（不含 PAT 和 TC）	PAT	TC	W（含 PAT，不含 TC）	W（不含 PAT，含 TC）	$\ln R$
CONS_	1.7216*** (0.0656)	−1.6752*** (0.2037)	−0.5088*** (0.1454)	1.7608*** (0.0814)	1.6655*** (0.0669)	−8.9052*** (0.3671)
ROFDI1	0.0360* (0.0185)	0.1447** (0.0575)	0.0088 (0.0411)	0.0326* (0.0190)	0.0370** (0.0180)	0.0571 (0.1037)
PAT	—	—	—	0.0234 (0.0287)	—	—
TC	—	—	—	—	−0.1102*** (0.0391)	—
OPEN	−0.0323 (0.0690)	1.3209*** (0.2143)	0.0248 (0.1529)	−0.0632 (0.0788)	−0.0296 (0.0672)	−0.8027** (0.3862)
RFDI	0.5557 (0.4797)	1.4472 (1.4900)	−1.7939 (1.0634)	0.5218 (0.4821)	0.3579 (0.4722)	−8.8635*** (2.6854)
RFSCL	−0.0915 (0.0809)	−0.1471 (0.2514)	0.0253* (0.1794)	−0.0881 (0.0811)	−0.0887 (0.0788)	−2.3286*** (0.4530)
lnPGDP	0.0550*** (0.0083)	0.1720*** (0.0258)	0.1643*** (0.0184)	0.0509*** (0.0097)	0.0731*** (0.0103)	1.2504*** (0.0465)
R^2	0.5377	0.6551	0.6973	0.5401	0.5653	0.5974

续表

变量	W (不含 PAT 和 TC)	PAT	TC	W (含 PAT, 不含 TC)	W (不含 PAT, 含 TC)	$\ln R$
F 统计量	16.01***	13.35***	5.34***	13.32***	17.68***	24.50
Sobel	—	0.78	−0.21	—	—	—

注:***、**、*分别表示在 1%、5%、10% 的显著性水平下显著,括号内的数值为标准误。

二、调节效应回归结果

上文分地区中介效应回归结果显示,在我国东部地区对发达及新兴市场国家的 OFDI 与母国产业升级之间,技术进步发挥着重要的中介作用,而中部和西部地区技术进步的中介效应不显著。因此,本书在这一节仅针对东部地区母国消化吸收能力的调节效应进行检验。本书首先对相关变量进行中心化处理以消除多重共线性的影响。根据豪斯曼检验结果,本书选择固定效应作为核心回归方法,具体回归结果如表 5-14 所示。

表 5-14　东部地区消化吸收能力的调节效应回归结果

变量	研发资本存量 SD 的调节作用		人力资本存量 H 的调节作用	
	PAT	TC	PAT	TC
CONS_	3.4765 (2.7858)	−1.3734*** (0.4851)	−1.6792 (2.1054)	−1.5802*** (0.3630)
ROFDI1	0.0300 (0.0877)	0.0055 (0.0153)	−0.2540 (0.1702)	−0.0142 (0.0293)
lnSD	1.2985*** (0.3075)	0.1061** (0.0535)	—	—

续表

变量	研发资本存量 SD 的调节作用		人力资本存量 H 的调节作用	
	PAT	TC	PAT	TC
ROFDI1×lnSD	0.2132*** (0.0368)	0.0190*** (0.0064)	—	—
ln$H$	—	—	6.9367*** (1.0742)	0.7626*** (0.0293)
ROFDI1×ln$H$	—	—	1.6216*** (0.5788)	0.1093 (0.0998)
OPEN	−0.6528** (0.2945)	0.0104 (0.0513)	−0.8845*** (0.2913)	−0.0147 (0.0502)
RFDI	−6.3627* (3.5640)	0.5935 (0.6206)	−2.3221 (3.5643)	1.1177* (0.6145)
RFSCL	−6.2686* (3.1942)	−0.9277* (0.5562)	−2.3668 (2.5200)	−0.6982 (0.4344)
ln$PGDP$	−0.0855 (0.2514)	0.2516*** (0.0438)	0.3402* (0.1959)	0.2672*** (0.0338)
R^2	0.7184	0.7944	0.7278	0.6934
F 统计量	12.66***	3.31***	15.29***	4.50***

注：***、**、* 分别表示在 1%、5%、10% 的显著性水平下显著，括号内的数值为标准误。

根据表 5-14 的回归结果，从研发资本存量 SD 的调节效应来看，不管是以申请专利授权数 PAT 还是以技术创新指数 TC 作为被解释变量，交互项的系数均显著为正，ROFDI1×lnSD 的系数分别为 0.2132 与 0.0190，证明研发资本存量的调节效应显著存在。其经济含义可以解释为：我国东部地区对发达及新兴市场国家的 OFDI 对母国技术进步的促进作用受到东部地区研发资本存量的影响，东部地区的研发资本存量越密集，这种促进作用将越明显。从人

力资本存量 H 的调节效应来看,以申请专利授权数 PAT 作为被解释变量的回归结果,交互项的系数显著为正,ROFDI1×ln$H$ 的系数为 1.6216,证明人力资本存量的调节效应显著存在。其经济含义可以解释为:我国东部地区对发达及新兴市场国家的 OFDI 对母国技术进步的促进作用受到东部地区人力资本存量的影响,东部地区人力资本存量越丰裕,这种促进作用就越明显。以技术创新指数 TC 为被解释变量的回归结果中,ROFDI1×ln$H$ 的系数为正,但不显著。

第五节　小　结

本章通过技术进步测度,以及中介效应和调节效应计量回归等方法,实证检验了中国对发达及新兴市场国家的 OFDI 促进母国产业升级的影响机制,得出以下结论。

第一,本书基于中介效应回归模型,实证检验了中国对发达及新兴市场国家的 OFDI 促进母国产业升级的影响机制。结果显示:一是中国对发达及新兴市场国家的 OFDI 通过技术进步这一中介机制促进母国产业升级。具体而言,中国对发达及新兴市场国家的 OFDI 通过逆向技术溢出效应等促进了母国技术进步,而母国技术进步则进一步推动产业升级。二是中国对发达及新兴市场国家的 OFDI 可以促进母国产业结构优化,技术进步在上述影响中承担着部分中介的作用。三是中国对发达及新兴市场国家的 OFDI 可以促进母国产业效率提升,技术进步在上述影响中扮演着完全中介的角色。四是技术进步的中介作用只在我国东部地区存在,而在中、西部地区该影响机制并不存在。

第二,本书基于调节效应回归模型,实证检验了中国 OFDI 对母国技术进步影响过程中母国消化吸收能力的调节作用。结果显示:一是国内研发资本存量正向调节了中国 OFDI 对母国技术进步的影响,即国内研发资本存量越大,中国 OFDI 对母国技术进步的促进作用就越明显。二是国内人力资本存量同样正向调节了中国 OFDI 对母国技术进步的影响,即国内人力资本存量越大,中国 OFDI 对母国技术进步的促进作用就越明显。三是上述两条调节机制在我国东部地区显著存在。

第六章　中国 OFDI 对产业升级的影响机制检验:发展中国家

第四章的实证结果显示,中国对发展中国家的 OFDI 对母国产业结构优化存在显著的正向影响,但不能促进母国产业效率提升。对于对发展中国家的 OFDI 之母国产业升级效应,理论框架部分通过两条路径进行解释,即边际产业转移和母国研发成本分摊。前者强调 OFDI 将落后产业和过剩产能转移,让国内生产要素向新兴产业集聚,进而实现产业升级;后者则关注通过 OFDI 获取超额利润用以增加研发投入,进而促进母国技术进步,实现产业升级。基于此,本章的核心目的在于实证检验中国对发展中国家的 OFDI 的母国产业升级效应是否存在上述两条机制。

第一节　生产要素流动测算

一、测算方法

生产要素在产业间的流动导致了产业结构的变化,干春晖和郑若谷(2009)将产业生产要素划分为资本要素 K 和劳动力要素 L 两类,并测算了 1978—2007 年三次产业要素构成的变化情况,计算公式为 $SK_i = \dfrac{K_i}{K}$ 和 $SL_i = \dfrac{L_i}{L}$。其中:SK_i 表示第 $i(i=1,2,3)$ 产业的资本要素构成,K_i 表示第 i 产业的资本存量,K 表示三次产业的资本存量总和;SL_i 表示第 i 产业的劳动力要素构成,L_i 表示第 i 产业的劳动力人数,L 表示三次产业的劳动力人数总和。SK_i 的数值越大,说明资

本要素越向第 i 产业流动；SL_i 的数值越大，说明劳动力要素越向第 i 产业流动。

本书所要讨论的问题是：基于边际产业转移和过剩产能输出，中国对发展中国家的 OFDI 是否促进了母国沉淀生产要素向新兴产业转移，进而推动了母国产业升级，因此，本书重点分析的对象是新兴产业的要素构成变化。高技术产业和生产性服务业是现阶段我国着力培养的重点产业，本书将这两类产业作为新兴产业的代表。根据干春晖和郑若谷（2009）的方法，新兴产业的要素构成变化可以通过两个公式进行计算，即 $SK_N = \dfrac{K_N}{K} = \dfrac{K_T + K_S}{K}$ 和 $SL_N = \dfrac{L_N}{L} = \dfrac{L_T + L_S}{L}$。其中：$SK_N$ 表示新兴产业的资本要素构成，K_N 表示新兴产业的资本存量，K_T 表示高技术产业的资本存量，K_S 表示生产性服务业的资本存量；SL_N 表示新兴产业的劳动力要素构成，L_N 表示新兴产业的劳动力人数，L_T 表示高技术产业的劳动力人数，L_S 表示生产性服务业的劳动力人数。SK_N 的数值越大，说明资本要素越向新兴产业流动；SL_N 的数值越大，说明劳动力要素越向新兴产业流动。

根据国家统计局公布的《高技术产业（制造业）分类（2017）》，本书选择的高技术产业包括以下六类：医药制造业，航空、航天器及设备制造业，电子及通信设备制造业，计算机及办公设备制造业，医疗仪器设备及仪器仪表制造业，信息化学品制造业。根据《生产性服务业分类（2015）》，本书选择的生产性服务业包括以下八类：金融业，交通运输、仓储和邮政业，租赁和商务服务业，信息传输计算机服务和软件业，批发和零售业，房地产业①，科学研究、技术服务和地质勘查业，水利、环境和公共设施管理业。本书以我国 30 个省份为分析对象，测算 2003—2015 年地区新兴产业的资本要素和劳动力要素构成变化。

二、资本要素构成测算

由公式 $SK_N = \dfrac{K_N}{K} = \dfrac{K_T + K_S}{K}$ 可知，测算新兴产业的资本要素构成 SK_N 需要用到资本存量总量 K、高技术产业的资本存量 K_T 和生产性服务业的资本存量

---

① 《生产性服务业分类（2015）》中未纳入房地产业，但众多学者（汪伟等，2015）均把房地产业归为生产性服务业，因此本书也把房地产业纳入此分析框架中。

K_S。本书首先对各省份不同年份的资本存量总量进行测算,目前测算资本存量普遍采用的方法是 Goldsmith(1951)开创的永续盘存法,具体公式如下:

$$K_{i,t} = I_{i,t} + (1-\delta)K_{i,t-1} \qquad (6-1)$$

在式(6-1)中,$K_{i,t}$ 表示 i 省在 t 时期的资本存量,$I_{i,t}$ 表示 i 省在 t 时期的投资额,δ 表示折旧率。第一,对于当年投资额 I 的选择主要有以下两种:一是用全社会固定资产投资(王小鲁,2000)来表示,二是用资本形成总额(张军等,2004)来表示,考虑到高技术产业和生产性服务业关于资本形成总额数据的缺失问题,本书采用全社会固定资产投资来衡量当年的投资额 I。第二,对于基期(2003 年)资本存量的计算,本书根据张军等(2004)的做法,采用各省份 2003 年的投资额 I 除以 10% 作为各省份基期的资本存量。第三,对于折旧率 δ 的选择,本书根据张军等(2004)的研究,将折旧率 δ 确定为 9.6%。第四,对于基期后年的投资额 I,本书根据固定资产投资价格指数折算成以 2003 年为基期的不变价。根据上述方法,本书进一步对各省份高技术产业和生产性服务业的资本存量进行测算,最后根据 $SK_N = \dfrac{K_T + K_S}{K}$ 计算各省份新兴产业的资本要素构成。各省份全社会固定资产投资、生产性服务业全社会固定资产投资、固定资产投资价格指数数据均来自《中国统计年鉴》,高技术产业全社会固定资产投资数据来自《中国高技术产业统计年鉴》。

表 6-1 和图 6-1 反映了 2003—2015 年全国新兴产业资本要素构成的变化情况,从中可以发现以下基本特征:第一,我国新兴产业的资本要素构成在 0.50 左右浮动,说明我国产业的资本要素有一半流向了新兴产业,新兴产业整体形势向好。第二,我国新兴产业的资本要素构成呈"V"字形特征,在 2003—2009 年我国新兴产业的资本要素构成处于下降通道,在 2009 年到达最低点后开始触底反弹,并呈现出稳步上升态势。21 世纪初,我国经济进入快速发展的通道,重化工业、加工制造等传统产业如火如荼,在这一时期传统产业的资本要素增多而新兴产业的资本要素减少。2008 年金融危机的爆发使政府启动救市措施,大量资本流入钢铁、基建等基础设施领域,加重了传统产业的产能过剩,这一现象在 2009 年达到顶峰,因此,在 2009 年我国新兴产业的资本要素构成处于谷底。自 2010 年首次提出要大力发展新能源、新材

料、节能环保、生物医药、信息网络和高端制造产业等战略性新兴产业以来，创新驱动日益成为我国经济发展的根本动力,我国新兴产业的资本流入开始增加,资本要素构成呈现出稳步上升的良好态势。

表 6-1　全国新兴产业的资本要素构成变化(2003—2015 年)

年份	SK_N	年份	SK_N
2003	0.5087	2010	0.4929
2004	0.5072	2011	0.4962
2005	0.5027	2012	0.5019
2006	0.4994	2013	0.5093
2007	0.4960	2014	0.5177
2008	0.4924	2015	0.5242
2009	0.4910	平均值	0.5030

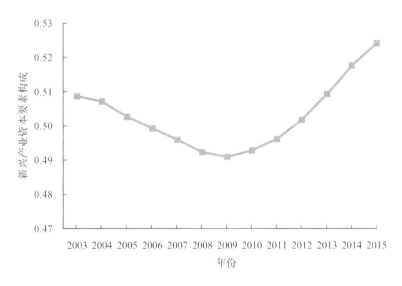

图 6-1　全国新兴产业资本要素构成变化

表 6-2 和图 6-2 反映了 2003—2015 年我国各地区新兴产业的资本要素构成变化与变化均值,从中可以发现以下基本特征:第一,长三角、珠三角和环渤海地区新兴产业的资本要素较为丰富,如北京、上海、广东等,反映出东

部沿海地区新兴产业的发展态势普遍较好，而中、西部地区则是个别省份表现较好，如湖南、重庆等。第二，东部地区新兴产业的资本要素最为丰裕（为0.5464），高于全国平均水平，其次是西部地区（为 0.4899），中部地区最差（为0.4615），且中、西部地区均低于全国平均水平。第三，2003—2015 年，东部地区新兴产业的资本要素一直处于上升通道，而中、西部地区新兴产业的资本要素构成趋势与全国层面一样，呈现"V"字形特征。

表 6-2　地区新兴产业的资本要素构成变化均值（2003—2015 年）

区域	省份	SK_N	区域	省份	SK_N
东部地区	北京	0.8081	中部地区	河南	0.4501
	天津	0.5610		湖北	0.4873
	河北	0.4199		湖南	0.5154
	辽宁	0.4787		平均值	0.4615
	上海	0.6817	西部地区	内蒙古	0.3979
	江苏	0.4729		广西	0.5322
	浙江	0.5259		重庆	0.6109
	福建	0.5487		四川	0.5645
	山东	0.3698		贵州	0.5538
	广东	0.5999		云南	0.5462
	海南	0.5442		陕西	0.5275
	平均值	0.5464		甘肃	0.3759
中部地区	山西	0.4021		青海	0.3884
	吉林	0.4146		宁夏	0.4731
	黑龙江	0.4542		新疆	0.4186
	安徽	0.4871		平均值	0.4899
	江西	0.4809	全国平均值		0.5030

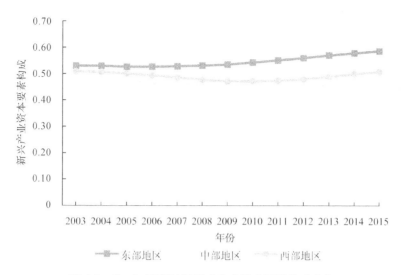

图 6-2　东、中、西部地区新兴产业资本要素构成变化

三、劳动力要素构成测算

由公式 $SL_N = \dfrac{L_N}{L} = \dfrac{L_T + L_S}{L}$ 可知,测算新兴产业的劳动力要素构成 SL_N 需要用到劳动力人数总和 L、高技术产业的劳动力人数 L_T 和生产性服务业的劳动力人数 L_S。本书采用三次产业就业人员总数来衡量劳动力人数总和,数据来源于万德数据库;并采用高技术产业从业人员平均人数来衡量高技术产业的劳动力人数,数据来源于《中国高技术产业统计年鉴》。由于存在数据可得性问题,采用生产性服务业城镇单位就业人员数来近似衡量生产性服务业的劳动力人数,数据来源于国研网数据库。最后根据上述公式计算新兴产业的劳动力要素构成。

表 6-3 和图 6-3 反映了 2003—2015 年全国新兴产业的劳动力要素构成变化情况,可以看到我国新兴产业的劳动力要素构成平均值为 0.0629,这一数值与新兴产业的资本要素构成之间存在巨大的差距,我国新兴产业的资本要素十分丰裕,而劳动力要素则较为稀缺。通过观察数据可以发现:生产性服务业中的房地产业全社会固定资产投资数额巨大,如北京等地的这一数值可占到全社会固定资产总投资的 50% 左右,而房地产业中的劳动力要素相比庞大的资本要素却显得十分稀少;而且对于生产性服务业的劳动力人数,我们采用的是城镇就业人口,因而存在低估的可能。以上两点大致可以解释我

国新兴产业资本要素丰裕而劳动力要素稀缺的现象。虽然我国新兴产业的劳动力要素较为稀缺,但从整体趋势上看,2003—2015 年,我国新兴产业的劳动力要素流入处于稳步上升通道,特别是在 2013 年出现较大幅度的增长,这也体现了我国对新兴产业的战略倾斜和重点培育。

表 6-3　全国新兴产业的劳动力要素构成变化(2003—2015 年)

年份	SL_N	年份	SL_N
2003	0.0566	2010	0.0608
2004	0.0556	2011	0.0637
2005	0.0549	2012	0.0676
2006	0.0552	2013	0.0766
2007	0.0561	2014	0.0761
2008	0.0577	2015	0.0786
2009	0.0589	平均值	0.0629

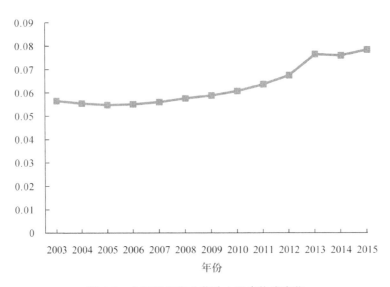

图 6-3　全国新兴产业劳动力要素构成变化

表 6-4 和图 6-4 反映了 2003—2015 年我国各地区新兴产业劳动力要素的构成变化情况,从中可以发现以下特征:第一,北京、天津、上海和广东等环渤海、

长三角与珠三角地区的新兴产业劳动力要素丰裕程度远远大于其他地区，说明东部沿海开放地区的新兴产业培育态势更为良好。第二，东部地区的劳动力要素丰裕程度（为 0.1021）远远高于中、西部地区，中部地区（为 0.0401）和西部地区（为 0.0404）呈现出"黏合上升"的态势，但增长速度相对较缓，且远远低于全国平均水平。第三，东部地区的劳动力要素一直处于上升通道，而中部和西部地区在 2003 年后出现缓慢的下滑态势，虽从 2008 年开始稳步回升，但总体而言，中部和西部地区新兴产业的劳动力要素增长速度依然十分缓慢。

表 6-4　地区新兴产业的劳动力要素构成变化均值（2003—2015 年）

区域	省份	SL_N	区域	省份	SL_N
	北京	0.3343		河南	0.0315
	天津	0.1169	中部地区	湖北	0.0374
	河北	0.0332		湖南	0.0286
	辽宁	0.0640		平均值	0.0401
	上海	0.2071		内蒙古	0.0491
东部地区	江苏	0.0729		广西	0.0288
	浙江	0.0580		重庆	0.0490
	福建	0.0484		四川	0.0315
	山东	0.0355		贵州	0.0275
	广东	0.1022	西部地区	云南	0.0260
	海南	0.0508		陕西	0.0605
	平均值	0.1021		甘肃	0.0299
	山西	0.0546		青海	0.0427
	吉林	0.0577		宁夏	0.0458
中部地区	黑龙江	0.0555		新疆	0.0531
	安徽	0.0229		平均值	0.0404
	江西	0.0329	全国平均值		0.0629

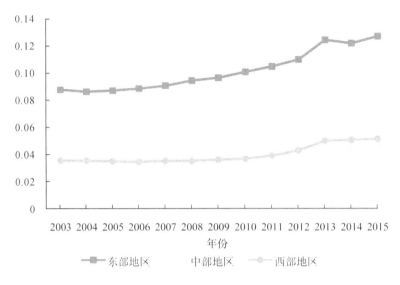

图 6-4　东、中、西部地区新兴产业劳动力要素构成变化

第二节　基于边际产业转移路径的实证检验

一、模型设定与变量选取

（一）中介效应模型设定

根据第三章的理论框架，基于边际产业转移和过剩产能输出路径，中国对发展中国家的 OFDI 释放了母国原本由传统产业占据的沉淀生产要素，使这些生产要素流向新兴产业并最终促进母国产业升级，上述机制的逻辑链条为"对发展中国家的 OFDI—母国生产要素流动—母国产业升级"。因此，对发展中国家的 OFDI 和母国产业升级之间存在一个以生产要素流动为中介的传导路径。为了检验上述影响机制是否存在，本书采用与第五章相似的做法，构建了以下三个递归方程进行中介效应检验。

$$Y_{i,t} = \alpha_0 + \alpha_1 \text{ROFDI2}_{i,t} + \alpha_2 \text{CONTROL}_{i,t} + \varepsilon_{i,t} \quad (6\text{-}2)$$

$$V_{i,t}=\beta_0+\beta_1 \mathrm{ROFDI2}_{i,t}+\beta_2 \mathrm{CONTROL}_{i,t}+\varepsilon_{i,t} \tag{6-3}$$

$$Y_{i,t}=\gamma_0+\gamma_1 \mathrm{ROFDI2}_{i,t}+\gamma_2 V_{i,t}+\gamma_3 \mathrm{CONTROL}_{i,t}+\varepsilon_{i,t} \tag{6-4}$$

其中:$Y_{i,t}$表示被解释变量产业升级;$\mathrm{ROFDI2}_{i,t}$表示核心解释变量对发展中国家的 OFDI;$V_{i,t}$表示中介变量生产要素流动;$\mathrm{CONTROL}_{i,t}$表示一系列控制变量,与第四章实证模型中选取的变量一致,包括技术进步 PAT、对外开放程度 OPEN、外资依存度 RFDI、政府财政支持力度 RFSCL 和人均地区生产总值 PGDP。中介效应的检验步骤为:第一步,对式(6-2)进行回归并检验回归系数α_1。若α_1显著,则转到第二步;若α_1不显著则终止分析。第二步,对式(6-3)和式(6-4)进行回归并检验系数β_1与γ_2。若均显著,则转到第三步;若至少有一个不显著则转到第四步。第三步,检验系数γ_1。若γ_1显著,则说明是部分中介效应,即我国对发展中国家的 OFDI 对母国产业升级的促进作用只有一部分是通过中介变量生产要素流动实现的;若γ_1不显著,则说明是完全中介效应,即我国对发展中国家的 OFDI 对母国产业升级的促进作用完全是通过中介变量生产要素流动实现的。第四步,Sobel 检验。若统计量显著,则说明生产要素流动的中介效应显著;若不显著则检验结束。其中,α_1是对发展中国家的 OFDI 对母国产业升级的总效应,$\beta_1 \times \gamma_2$是生产要素流动的中介效应,γ_1是直接效应。

(二)调节效应模型设定

进一步的理论机制研究表明,中国对发展中国家的 OFDI 通过边际产业转移和过剩产能输出促使母国生产要素从传统产业向新兴产业流动,这一作用机制受到母国制度因素的影响。随着"一带一路"倡议的稳步推进和《国务院关于化解产能严重过剩矛盾的指导意见》等政策的出台,我国政府把 OFDI 作为边际产业转移和过剩产能输出的重要手段,同时,母国制度因素将显著影响我国效率寻求型 OFDI 进程。换言之,政府制度层面对过剩产能输出的推进力度越大,OFDI 对母国生产要素从传统产业向新兴产业流动的推动作用也会越大。为了实证检验母国制度因素的调节作用,本书引入核心解释变量与母国制度因素变量的交叉项,得到式(6-5)所示的回归模型。

$$V_{i,t}=\alpha_0+\alpha_1 \mathrm{ROFDI2}_{i,t}+\alpha_2 \mathrm{INS}_{i,t}+\alpha_3 \mathrm{ROFDI2}_{i,t}$$

$$\times \mathrm{INS}_{i,t} + \alpha_4 \mathrm{CONTROL}_{i,t} + \varepsilon_{i,t} \qquad (6\text{-}5)$$

其中，$\mathrm{INS}_{i,t}$ 表示地区制度变量，其他变量与式(6-2)、式(6-3)和式(6-4)一致。对式(6-5)进行回归并检验回归系数 α_3，若 α_3 显著，则说明母国制度因素的调节效应显著。

(三)变量选取及数据说明

数据样本与第四章一致，选取的发展中国家样本共 40 个，具体可见第四章第一节。

$Y_{i,t}$ 表示 i 省在 t 时期的产业升级水平，分别用产业结构优化指数 W 和产业效率提升指数 R 衡量；$\mathrm{ROFDI2}_{i,t}$ 表示 i 省在 t 时期对发展中国家的 OFDI 占 GDP 的比重；$\mathrm{CONTROL}_{i,t}$ 表示一系列控制变量，包括技术进步 PAT、对外开放程度 OPEN、外资依存度 RFDI、政府财政支持力度 RFSCL 和人均地区生产总值 PGDP，以上所有变量的测算方法和数据说明可见第四章第二节。

$V_{i,t}$ 表示 i 省在 t 时期的生产要素流动，生产要素流动衡量的是我国传统产业的生产要素是否向新兴产业流动、转移。本书采用上文测算的各地区新兴产业资本要素构成 SK_N 和劳动力要素构成 SL_N 作为地区生产要素流动的代理变量。SK_N 的数值越大，说明越来越多的资本要素向新兴产业流动；SL_N 的数值越大，说明越来越多的劳动力要素向新兴产业流动。

$\mathrm{INS}_{i,t}$ 表示 i 省在 t 时期的母国制度因素，母国制度因素衡量的是各省份对边际产业转移和过剩产能输出的制度推动力度。随着"一带一路"倡议的推进和《国务院关于化解产能严重过剩矛盾的指导意见》等政策的出台，我国各省份相继在 2014 年制定和颁布了各项关于过剩产能输出的政策，鼓励和推动各省份以对外直接投资的形式转移过剩产能，部分省份关于过剩产能输出的政策见第二章的表 2-2。因此，本书将各省份 2014 年和 2015 年的母国制度因素变量 $\mathrm{INS}_{i,t}$ 取 1，2003—2013 年的母国制度因素变量 $\mathrm{INS}_{i,t}$ 取 0。各变量的描述性统计如表 6-5 所示。

表 6-5 模型变量的描述性统计结果

变量	样本量	均值	标准差	最小值	最大值
W	390	2.2862	0.1238	2.0276	2.7904
$\ln R$	390	5.5270	0.3019	4.7778	6.1602
ROFDI2	390	0.2379	0.3321	0.0008	2.0723
SK_N	390	0.5030	0.0975	0.3385	0.8282
SL_N	390	0.0629	0.0631	0.0190	0.4111
PAT	390	0.4497	0.7104	0.0130	4.3312
OPEN	390	0.3391	0.4240	0.0357	1.8429
RFDI	390	0.0262	0.0209	0.0070	0.1050
RFSCL	390	0.2029	0.0902	0.0768	0.6269
lnPGDP	390	8.8835	0.9733	5.9541	10.8574
INS	390	0.1538	0.3613	0	1.0000

二、全样本回归结果

(一)中介效应回归结果

根据式(6-2)、式(6-3)和式(6-4),本书对发展中国家的 OFDI 与母国产业升级之间的边际产业转移和过剩产能输出路径进行实证检验,分别采用以下两个指标衡量生产要素流动这一中介变量:新兴产业的资本要素构成 SK_N 和新兴产业的劳动力要素构成 SL_N。在回归方法上,本书根据豪斯曼检验结果,选择固定效应作为核心回归方法,具体结果如表 6-6 和表 6-7 所示。

表 6-6 以 SK_N 衡量的生产要素流动中介效应回归结果

变量	W（不含 SK_N）	SK_N	W（含 SK_N）	$\ln R$
CONS_	1.9754*** (0.0564)	0.6862*** (0.0379)	1.8134*** (0.0666)	0.8731*** (0.0679)
ROFDI2	0.0505*** (0.0075)	0.0428*** (0.0065)	0.0348*** (0.0078)	−0.0394*** (0.0117)
SK_N	—	—	0.3062*** (0.0624)	
PAT	0.0113** (0.0052)	0.0099** (0.0039)	0.0149*** (0.0058)	0.0092 (0.0071)
OPEN	−0.0241 (0.0185)	0.0146 (0.0145)	−0.0189 (0.0186)	−0.0338 (0.0261)
RFDI	−0.4218** (0.2067)	−0.4602*** (0.1466)	−0.2113 (0.2028)	0.3043 (0.2629)
RFSCL	−0.0115 (0.0659)	0.0146 (0.0511)	0.0256 (0.0641)	−0.2400*** (0.0917)
lnPGDP	0.0314*** (0.0065)	−0.0192*** (0.0044)	0.0310*** (0.0064)	0.4654*** (0.0079)
R^2	0.5982	0.1967	0.6285	0.6765
F 统计量	51.50***	91.68***	46.40***	42.94***
豪斯曼检验	203.03***	27.56***	229.48***	32.68***
Sobel	3.93***	—	—	—

注：***、**、* 分别表示在 1%、5%、10% 的显著性水平下显著，括号内的数值为标准误。

基于表 6-6 的回归结果,从以产业结构优化指数 W 为被解释变量的回归结果来看:第一,回归系数 α_1 和 γ_1 显著为正(分别为 0.0505 和 0.0348),说明我国对发展中国家的 OFDI 对母国产业结构优化存在显著的正向作用,这一结果与第四章的结论一致。第二,回归系数 β_1 和 γ_2 显著为正(分别为 0.0428 和 0.3062),说明在边际产业转移路径中,资本要素流动这一中介机制显著存在。基于边际产业转移和过剩产能输出,我国对发展中国家的 OFDI 将资本要素从传统产业中释放了出来,并加速了这些资本要素向新兴产业的流动,从而促进母国产业结构高级化发展。第三,上述中介效应为部分中介效应,中介效应/总效应 $= \dfrac{\beta_1 \times \gamma_2}{\alpha_1} = 0.2595$。从以产业结构优化指数 R 为被解释变量的回归结果来看,回归系数 α_1 显著为负(为 -0.0394),说明我国对发展中国家的 OFDI 对母国产业效率提升存在显著的负向影响,这一结果与第四章的结论一致。因为对发展中国家的 OFDI 不利于母国产业效率提升,所以终止分析,并得出不存在中介效应的结论。

表 6-7 以 SL_N 衡量的生产要素流动中介效应回归结果

变量	W (不含 SL_N)	SL_N	W (含 SL_N)	$\ln R$
CONS_	1.9754***	0.0461***	1.8407***	0.8731***
	(0.0564)	(0.0142)	(0.0445)	(0.0679)
ROFDI2	0.0505***	0.0116***	0.0484***	-0.0394***
	(0.0075)	(0.0024)	(0.0078)	(0.0117)
SL_N	—	—	0.4057**	
			(0.1653)	
PAT	0.0113**	0.0145***	0.0005	0.0092
	(0.0052)	(0.0015)	(0.0052)	(0.0071)
OPEN	-0.0241	-0.0099*	-0.0368**	-0.0338
	(0.0185)	(0.0054)	(0.0169)	(0.0261)

续表

变量	W （不含 SL_N）	SL_N	W （含 SL_N）	$\ln R$
RFDI	-0.4218^{**} (0.2067)	-0.1322^{**} (0.0549)	-0.3897^{**} (0.1713)	0.3043 (0.2629)
RFSCL	-0.0115 (0.0659)	-0.0253 (0.0191)	-0.0862 (0.0594)	-0.2400^{***} (0.0917)
$\ln$PGDP	0.0314^{***} (0.0065)	0.0019 (0.0016)	0.0443^{***} (0.0051)	0.4654^{***} (0.0079)
R^2	0.5982	0.5775	0.6495	0.6765
F 统计量	51.50^{***}	173.10^{***}	25.91^{***}	42.94^{***}
豪斯曼 检验	203.03^{***}	127.00^{***}	40.80^{***}	32.68^{***}
Sobel	2.18^{**}			

注：$***$、$**$、$*$ 分别表示在 1%、5%、10% 的显著性水平下显著，括号内的数值为标准误。

基于表 6-7 的回归结果，从以产业结构优化指数 W 为被解释变量的回归结果来看：第一，回归系数 β_1 和 γ_2 显著为正（分别为 0.0116 和 0.4057），说明在边际产业转移路径中，劳动力要素流动这一中介机制显著存在。基于边际产业转移和过剩产能输出，我国对发展中国家的 OFDI 释放了原本由传统产业占据的劳动力要素，促进了劳动力要素向新兴产业流动并最终推动母国产业结构转型升级。第二，上述中介效应为部分中介效应，中介效应/总效应 $=\dfrac{\beta_1 \times \gamma_2}{\alpha_1}=0.0932$。

综上所述，可以得到如下结论：第一，我国对发展中国家的 OFDI 可以通过边际产业转移和过剩产能输出路径促进母国产业结构优化，具体而言，我国通过将丧失比较优势的产业和过剩产能转移到落后的发展中国家，释放了母国原本由传统产业占据的资本和劳动力要素,促进了这两类生产要素向高技术产业、生产性服务业等战略性新兴产业流动,并最终促进母国产业结构转型升级。第二,比较资本要素(为 0.2595)和劳动力要素(为 0.0932)中介效应的大小可以发现,资本要素流动的中介效应要大于劳动力要素流动。可能的原因在于我国传统产业的劳动力偏向为低技能,而新兴产业的劳动力偏向为高技能,因此边际产业转移和过剩产能输出释放的低技能劳动力无法立刻向新兴产业转移,从而使得劳动力要素流动对母国产业结构优化的影响较小。

(二)调节效应回归结果

根据式(6-5),本书对母国制度因素的调节效应进行实证检验。由于引入了交互项,可能出现多重共线性问题,为消除多重共线性的影响,本书将对核心解释变量 ROFDI2、母国制度因素变量 INS 进行中心化处理。根据豪斯曼检验结果,本书选择固定效应作为核心回归方法,而随机效应则作为对照组,视为稳健性检验,具体结果如表 6-8 所示。

表 6-8 母国制度因素的调节效应回归结果

变量	SK_N		SL_N	
	固定效应	随机效应	固定效应	随机效应
CONS_	0.7261***	0.6900***	0.0591***	0.0409**
	(0.0413)	(0.0426)	(0.0156)	(0.0176)
ROFDI2	0.0390***	0.0384***	0.0112***	0.0106***
	(0.0083)	(0.0085)	(0.0031)	(0.0034)
INS	0.0143***	0.0124**	0.0043**	0.0032
	(0.0050)	(0.0052)	(0.0019)	(0.0021)
ROFDI2×INS	−0.0057	−0.0017	−0.0029	−0.0006
	(0.0098)	(0.0101)	(0.0037)	(0.0040)
PAT	0.0084**	0.0144***	0.0141***	0.0171***
	(0.0039)	(0.0039)	(0.0015)	(0.0016)

续表

变量	SK_N		SL_N	
	固定效应	随机效应	固定效应	随机效应
OPEN	0.0135 (0.0145)	0.0475*** (0.0132)	−0.0104* (0.0055)	0.0075 (0.0055)
RFDI	−0.4695*** (0.1454)	−0.3941*** (0.1476)	−0.1340** (0.0547)	−0.1096* (0.0592)
RFSCL	0.0164 (0.0507)	−0.0138 (0.0492)	−0.0251 (0.0191)	−0.0356* (0.0200)
lnPGDP	−0.0220*** (0.0046)	−0.0194*** (0.0046)	0.0010 (0.0017)	0.0022 (0.0018)
R^2	0.2160	0.2014	0.5837	0.5693
F/Wald 统计量	93.05***	97.46***	171.04	425.14***
豪斯曼检验	37.41***	179.40***	—	—

注：***、**、* 分别表示在 1%、5%、10% 的显著性水平下显著，括号内的数值为标准误。

从表 6-8 的回归结果可以看到，第一，从以资本要素流动 SK_N 为被解释变量的结果来看：一方面，固定效应和随机效应模型均显示 ROFDI2 的回归系数显著为正（分别为 0.0390 和 0.0384），说明我国对发展中国家的 OFDI 对母国新兴产业的资本要素构成具有显著的正向作用，对发展中国家的 OFDI 规模越大，母国新兴产业的资本要素流入也将越多，这一结果与上文中介效应的结果一致；另一方面，固定效应和随机效应模型均显示 ROFDI2×INS 的回归系数不显著，说明母国制度因素的调节效应不存在，即我国对发展中国家的 OFDI 对母国新兴产业的资本要素流入效应不会受到母国制度因素的影响。全国最早关于以 OFDI 形式实现过剩产能输出的政策是 2013 年的《国务院关于化解产能严重过剩矛盾的指导意见》，随后各地在 2014 年相继颁布了关于过剩产能输出的实施方案,但由于本书只选取了 2003—2015 年的样本数据,在政策实施后的两年内,各地以 OFDI 形式实现过剩产能输出的政策效应可能尚未显现。第二,从以劳动力要素流动 SL_N 为被解释变量的结果来看:一方面,固定效应和随机效应模型均显示 ROFDI2 的回归系数显著为正(分别为 0.0112 和 0.0106),说明我国对发展中国家的 OFDI 对母国新兴产业的劳动力要素构成具有显著的正向影响,对发展中国家的 OFDI 规模越大,母国新兴产业的劳动力要素流入也将越多,这一结果与上文中介效应的结果一致;另一方面,固定效应和随机效应模型均显示 ROFDI2×INS 的回归系数不显著,说明母国制度因素的调节效应不存在,即我国对发展中国家的 OFDI 对母国新兴产业的劳动力要素流入效应不会受到母国制度因素的影响。

三、分地区回归结果

本书将我国 30 个省份划分为东部、中部和西部地区,对各地区向发展中国家的 OFDI 与母国产业升级之间的边际产业转移和过剩产能输出路径进行实证检验。根据全样本回归结果可以看到,我国对发展中国家的 OFDI 对母国产业效率提升指数 R 存在显著的负向影响,因此在这一部分,本书只以母国产业结构优化指数 W 作为被解释变量展开分析。根据豪斯曼检验结果,本书选择固定效应作为核心回归方法进行分析。

表 6-9 反映了东部地区生产要素流动的中介效应回归结果。第一,从以新兴产业资本要素构成 SK_N 为中介变量的结果来看:一是回归系数 β_1 和 γ_2 显著为正(分别为 0.0456 和 0.7030),说明我国东部地区资本要素流动这一中介机制显著存在;二是上述中介效应为完全中介效应。第二,从以新兴产业劳动力要素构成 SL_N 为中介变量的结果来看:一是回归系数 β_1 和 γ_2 显著为正(分别为 0.0300 和 0.3453),说明我国东部地区劳动力要素流动这一中介机制显著存在;二是上述中介效应为部分中介效应,中介效应/总效应$=\dfrac{\beta_1 \times \gamma_2}{\alpha_1}=$
0.2862。

表 6-9　东部地区生产要素流动的中介效应回归结果

变量	W （不含 SK_N 和 SL_N）	SK_N	SL_N	W （含 SK_N， 不含 SL_N）	W （不含 SK_N， 含 SL_N）
CONS_	2.0339*** (0.1118)	0.3366*** (0.0857)	0.1926*** (0.0528)	1.7973*** (0.0992)	2.0238*** (0.1038)
ROFDI2	0.0362*** (0.0096)	0.0456*** (0.0073)	0.0300*** (0.0059)	0.0042 (0.1119)	0.0478*** (0.0121)
SK_N	—			0.7030*** (0.1119)	
SL_N					0.3453** (0.1671)
PAT	0.0092* (0.0051)	0.0035 (0.0039)	0.0107*** (0.0023)	0.0067 (0.0042)	−0.0027 (0.0047)
OPEN	−0.0202 (0.0163)	0.0735*** (0.0125)	−0.0235*** (0.0084)	−0.0719*** (0.0150)	−0.0422*** (0.0161)
RFDI	−0.2515 (0.2130)	−0.2725* (0.1631)	−0.2771*** (0.1039)	−0.0599 (0.1834)	−0.6282*** (0.1996)
RFSCL	0.5402*** (0.1507)	0.5293*** (0.1154)	−0.1091 (0.0758)	0.1681 (0.1367)	0.2945** (0.1428)
lnPGDP	0.0247** (0.0113)	0.0068 (0.0087)	−0.0059 (0.0052)	0.0200** (0.0096)	0.0294*** (0.0098)
R^2	0.8408	0.8014	0.6576	0.5664	0.8184
F 统计量	115.83***	117.83	183.61	102.89***	16.63***
Sobel	—	4.42***	1.91*		

注：***、**、* 分别表示在 1%、5%、10% 的显著性水平下显著，括号内的数值为标准误。

综上所述,可以得到如下结论:基于边际产业转移和过剩产能输出路径,我国东部地区向发展中国家的 OFDI 显著地促进了母国产业结构优化,具体而言,东部地区以 OFDI 的形式向发展中国家转移了过剩产能,释放了由传统产业占据的资本和劳动力等生产要素,使这些生产要素流向新兴产业,推进了产业结构的高级化进程。其中,资本要素的中介效应为完全中介效应,劳动力要素的中介效应为部分中介效应,说明东部地区对发展中国家的 OFDI 更多的是通过使资本要素向新兴产业流动来促进母国产业结构优化,而劳动力要素向新兴产业流动的促进作用较小。

表 6-10 反映了中部地区生产要素流动的中介效应回归结果。第一,从以新兴产业资本要素构成 SK_N 为中介变量的结果来看,回归系数 β_1 和 γ_2 为正但均不显著(分别为 0.0085 和 0.2177),根据 Sobel 值可以发现,统计量未通过显著性检验,说明我国中部地区资本要素流动这一中介机制并不存在。第二,从以新兴产业劳动力要素构成 SL_N 为中介变量的结果来看,回归系数 β_1 和 γ_2 显著为正(分别为 0.0154 和 1.2172),中介效应/总效应 $= \dfrac{\beta_1 \times \gamma_2}{\alpha_1} = 0.1758$,说明在中部地区对发展中国家的 OFDI 对母国产业结构优化的促进作用中,有一部分是通过劳动力要素流动路径实现的,中部地区对发展中国家的效率寻求型 OFDI 释放了传统产业占据的劳动力要素,并推动这些要素向新兴产业转移,最终促进母国产业结构转型升级。

表 6-10 中部地区生产要素流动的中介效应回归结果

变量	W (不含 SK_N 和 SL_N)	SK_N	SL_N	W (含 SK_N, 不含 SL_N)	W (不含 SK_N, 含 SL_N)
CONS_	2.6061*** (0.1949)	0.6236*** (0.1115)	0.0290 (0.0181)	2.2304*** (0.1949)	2.0115*** (0.1141)
ROFDI2	0.1067*** (0.0408)	0.0085 (0.0345)	0.0154*** (0.0052)	0.1753*** (0.0509)	0.0825** (0.0337)

续表

变量	W（不含 SK_N 和 SL_N）	SK_N	SL_N	W（含 SK_N，不含 SL_N）	W（不含 SK_N，含 SL_N）
SK_N	—			0.2177 (0.1737)	
SL_N					1.2172* (0.6577)
PAT	0.0821 (0.0526)	0.0221 (0.0233)	0.0151*** (0.0047)	−0.0483 (0.0349)	−0.0743** (0.0309)
OPEN	0.2173 (0.1442)	−0.5636*** (0.0912)	0.0211 (0.0180)	0.3734** (0.1680)	−0.0500 (0.1127)
RFDI	−0.7064 (0.7595)	1.8982*** (0.4364)	−0.1131 (0.0811)	−0.2485 (0.7262)	0.6680 (0.5089)
RFSCL	0.8811*** (0.2609)	−0.2237 (0.1620)	−0.0655* (0.0352)	1.0151*** (0.2429)	0.8099*** (0.2224)
lnPGDP	−0.0572*** (0.0220)	−0.0104 (0.0131)	0.0017 (0.0022)	−0.0332* (0.0194)	0.0023 (0.0140)
R^2	0.4889	0.5159	0.4590	0.5710	0.6079
F 统计量	16.53***	17.19***	70.39***	19.16***	19.20***
Sobel	—	0.24	1.57	—	—

注：***、**、* 分别表示在 1%、5%、10%的显著性水平下显著，括号内的数值为标准误。

表6-11 反映了西部地区生产要素流动的中介效应回归结果。第一，从以新兴产业资本要素构成 SK_N 为中介变量的结果来看，回归系数 β_1 和 γ_2 为正但均不显著（分别为 0.0012 和 0.1905），根据 Sobel 值可以发现，统计量未通过显著性检验，说明我国西部地区资本要素流动这一中介机制并不存在。第

二,从以新兴产业劳动力要素构成 SL_N 为中介变量的结果来看,回归系数 β_1 和 γ_2 为负且均不显著(分别为 -0.0011 和 -0.6115),根据 Sobel 值可以发现,统计量未通过显著性检验,说明我国西部地区劳动力要素流动这一中介机制也不存在。西部地区的经济发展水平相对落后,目前更多的是承接东部地区的边际产业转移,因此对西部地区来说,以 OFDI 形式转移边际产业和过剩产能的动机是十分微弱的。

表 6-11 西部地区生产要素流动的中介效应回归结果

变量	W (不含 SK_N 和 SL_N)	SK_N	SL_N	W (含 SK_N, 不含 SL_N)	W (不含 SK_N, 含 SL_N)
CONS_	1.7850*** (0.0807)	0.7121*** (0.0550)	0.0263** (0.0105)	1.6493*** (0.1229)	1.8011*** (0.0828)
ROFDI2	0.0326*** (0.0122)	0.0012 (0.0083)	-0.0011 (0.0016)	0.0323*** (0.0121)	0.0319*** (0.0122)
SK_N	—	—	—	0.1905 (0.1306)	—
SL_N	—	—	—	—	-0.6115 (0.6884)
PAT	0.0296 (0.0276)	0.0555*** (0.0188)	0.0446*** (0.0036)	0.0190 (0.0284)	0.0569 (0.0413)
OPEN	-0.0516 (0.0777)	-0.0106 (0.0530)	0.0184* (0.0101)	-0.0496 (0.0774)	-0.0404 (0.0788)
RFDI	0.1155 (0.5005)	0.5178 (0.3413)	-0.1165* (0.0651)	0.0168 (0.5029)	0.0443 (0.5073)
RFSCL	-0.1513* (0.0844)	0.0947* (0.0575)	-0.0059 (0.0110)	-0.1693** (0.0849)	-0.1549* (0.0846)

续表

变量	W (不含 SK_N 和 SL_N)	SK_N	SL_N	W (含 SK_N, 不含 SL_N)	W (不含 SK_N, 含 SL_N)
lnPGDP	0.0501*** (0.0094)	−0.0269*** (0.0064)	0.0008 (0.0012)	0.0552*** (0.0100)	0.0506*** (0.0095)
R^2	0.5548	0.1673	0.7908	0.5623	0.5576
F 统计量	15.91***	94.15***	66.21***	15.89***	15.90***
Sobel	—	0.14	0.56	—	—

注：***、**、* 分别表示在 1%、5%、10%的显著性水平下显著，括号内的数值为标准误。

第三节　基于研发成本分摊路径的实证检验

一、模型设定与变量选取

(一)模型设定

基于第二章的理论框架，除了边际产业转移和过剩产能输出目的，我国对发展中国家的 OFDI 还存在市场寻求和资源寻求的动机。第一，海外市场的扩张有助于形成规模效应（赵伟等，2006），从而提高企业利润，并将利润反馈给母国用于研发、创新等以促进母国技术进步，进而推动母国产业升级。第二，我国对非洲和拉美等地区的廉价资源寻求有效地降低了跨国企业的生产成本，进而促进企业研发投入增加，并推动母国技术进步和产业升级。本书将上述影响机制称为母国研发成本分摊路径，其逻辑链条为"对发展中国家的 OFDI—母国研发投入增加—母国技术进步—

母国产业升级"。为检验上述影响机制是否存在，本书建立以下三个方程进行实证检验。

$$RD_{i,t} = \alpha_0 + \alpha_1 ROFDI2_{i,t} + \alpha_2 CONTROL_{i,t} + \varepsilon_{i,t} \qquad (6\text{-}6)$$

$$PAT_{i,t} = \beta_0 + \beta_1 RD_{i,t} + \beta_2 CONTROL_{i,t} + \varepsilon_{i,t} \qquad (6\text{-}7)$$

$$Y_{i,t} = \gamma_0 + \gamma_1 PAT_{i,t} + \gamma_2 CONTROL_{i,t} + \varepsilon_{i,t} \qquad (6\text{-}8)$$

在式(6-6)、式(6-7)和式(6-8)中，ROFDI2 表示对发展中国家的 OFDI，RD 表示母国研发投入变量，PAT 表示技术进步变量，Y 表示产业升级变量，CONTROL 表示一系列控制变量，与第四章的实证模型一致，包括对外开放程度 OPEN、外资依存度 RFDI、政府财政支持力度 RFSCL 和人均地区生产总值 PGDP。

(二)变量选取及数据说明

与上文一致，本书选取 2003—2015 年我国 30 个省份的面板数据进行实证检验。选取的发展中国家样本共 40 个，具体可见第四章第一节。

$Y_{i,t}$ 表示 i 省在 t 时期的产业升级水平，分别用产业结构优化指数 W 和产业效率提升指数 R 衡量；$ROFDI2_{i,t}$ 表示 i 省在 t 时期对发展中国家的 OFDI 占 GDP 的比重；$PAT_{i,t}$ 表示 i 省在 t 时期的技术进步水平，用每千人拥有的申请专利授权数来衡量；$CONTROL_{i,t}$ 表示四个控制变量，即对外开放程度 OPEN、外资依存度 RFDI、政府财政支持力度 RFSCL 和人均地区生产总值 PGDP。以上所有变量的测算方法和数据说明可见第四章第二节。$RD_{i,t}$ 表示 i 省在 t 时期的母国研发投入，采用各省份研发经费支出占 GDP 的比重来反映研发强度的大小（李梅和柳士昌，2012），各省份研发经费支出数据来源于《中国科技统计年鉴》，各省份 GDP 数据来源于《中国统计年鉴》。模型变量的描述性统计结果如表 6-12 所示。

表 6-12　模型变量的描述性统计结果

变量	样本量	均值	标准差	最小值	最大值
W	390	2.2862	0.1238	2.0276	2.7904
$\ln R$	390	5.5270	0.3019	4.7778	6.1602
ROFDI2	390	0.2379	0.3321	0.0008	2.0723
RD	390	0.0148	0.0135	0.0001	0.0741
PAT	390	0.4497	0.7104	0.0130	4.3312
OPEN	390	0.3391	0.4240	0.0357	1.8429
RFDI	390	0.0262	0.0209	0.0070	0.1050
RFSCL	390	0.2029	0.0902	0.0768	0.6269
lnPGDP	390	8.8835	0.9733	5.9541	10.8574

二、回归结果分析

估计方程的方法包括单一方程估计法和系统估计法两类，其中，单一方程估计法又包括普通最小二乘估计（ordinary least squares，简称 OLS）、二阶段最小二乘估计等，系统估计法通常是指三阶段最小二乘估计（three stage least squares，简称 3SLS）。由于单一方程估计法忽略了各方程之间的联系，因此不如将所有方程作为一个整体，即采用系统估计法进行有效估计。本书选择三阶段最小二乘估计对式（6-6）、式（6-7）和式（6-8）进行估计，同时使用 OLS 进行稳健性检验。考虑到在式（6-7）中解释变量研发投入 RD 和技术进步 PAT 之间可能存在双向因果关系，即研发投入增加会促进技术进步，技术进步水平上升会反过来促进研发投入增加，模型可能存在内生性问题，因此，本书将研发投入的滞后一期作为工具变量代入式（6-7）中进行估计。最终的回归结果如表 6-13 所示。

表 6-13　母国研发成本分摊路径的回归结果

变量	OLS 估计				3SLS 估计			
	RD	PAT	W	$\ln R$	RD	PAT	W	$\ln R$
CONS_	−0.020*	−5.481***	1.739***	1.128***	−0.020*	−5.490***	2.459***	0.120
	(0.011)	(0.447)	(0.067)	(0.100)	(0.010)	(0.442)	(0.153)	(0.214)
ROFDI2	0.002				0.002			
	(0.002)				(0.002)			
RD	—	13.480***				13.025***		
		(2.406)				(2.066)		
PAT	—	—	0.051***	−0.033***			0.176***	−0.208***
			(0.006)	(0.010)			(0.023)	(0.033)
OPEN	0.018***	0.238***	0.169**	−0.005	0.018***	0.247***	0.109***	0.080***
	(0.002)	(0.093)	(0.011)	(0.016)	(0.002)	(0.089)	(0.018)	(0.025)
RFDI	−0.032	−4.849***	−0.512**	−1.539***	−0.032	−4.868***	0.164	−2.485***
	(0.037)	(1.661)	(0.212)	(0.315)	(0.036)	(1.646)	(0.312)	(0.025)
RFSCL	0.043***	−1.702***	0.237***	0.440***	0.043***	−1.681***	0.371***	0.252***
	(0.007)	(0.337)	(0.041)	(0.061)	(0.007)	(0.330)	(0.060)	(0.081)
lnPGDP	0.002*	0.604***	0.043***	0.431***	0.002*	0.605***	−0.036**	0.542***
	(0.001)	(0.045)	(0.007)	(0.010)	(0.001)	(0.045)	(0.016)	(0.023)
R^2	0.3577	0.5603	0.7573	0.8960	0.3577	0.5602	0.4981	0.7976

注：***、**、* 分别表示在 1%、5%、10% 的显著性水平下显著，括号内的数值为标准误。

从表 6-13 的回归结果可以看到：第一，不管是 3SLS 还是 OLS，它们的估计结果均显示式（6-6）中的核心解释变量 ROFDI2 的回归系数为正但不显著，说明我国对发展中国家的 OFDI 并不能促进母国研发投入增加。换言之，现阶段我国对发展中国家的市场寻求型 OFDI 所产生的利润，以及资源寻求型 OFDI 所节约的成本，都未能有效地转化为母国研发投入的增加。因此，本书提出的"对发展中国家的 OFDI—母国研发投入增加—母国技术进步—母国产业升级"这一逻辑链条的第一环节是不显著的。第二，式（6-7）中的核心解释变量 RD 的回归系数显著为正，说明研发投入对母国技术进步存在显著的正向促进作用,研发强度越大,技术进步水平越高。第三,式(6-8)中以产业结构优化指数 W 为被解释变量的结果显示,核心解释变量 PAT 的回归系数显著为正,说明技术进步显著地促进了母国产业结构优化,而以产业效率提升指数 R 为被解释变量的结果显示,核心解释变量 PAT 的回归系数显著为负。综上所述,可以看到,"母国研发投入增加—母国技术进步—母国产业升级"这一影响机制显著成立,而最为关键的环节,即"对发展中国家的 OFDI—母国研发投入增加"并不存在。因此,本书认为,现阶段我国对发展中国家的 OFDI 促进母国产业升级不能通过母国研发成本分摊路径实现。

第四节　小　结

本章通过生产要素流动测算、计量回归检验等方法实证检验了中国对发展中国家的 OFDI 促进母国产业升级的影响机制,并得出如下结论。

第一,本书从资本要素和劳动力要素入手,测算了我国新兴产业的要素流动情况。结果显示:2003—2015 年我国新兴产业的资本要素均值在 0.50 左右浮动,且呈现"V"字形特征,2003—2009 年处于下降通道,在 2009 年到达最低点后开始触底反弹,并呈现出稳步上升的态势;从地区对比来看,东部地区新兴产业的资本要素最为丰裕,西部地区次之,中部地区最差。2003—2015 年我国新兴产业的劳动力要素均值为 0.0629,整体呈现出上升趋势;从地区对比来看,东部地区的劳动力要素要明显优于中、西部地区,且优势明显。

第二,本书实证检验了基于边际产业转移路径的 OFDI 之母国产业升级效应。结果显示:一是我国对发展中国家的 OFDI 通过边际产业转移这一中介机制促进母国产业结构优化。具体而言,我国对发展中国家的 OFDI 可以对边际产业和过剩产能进行转移,从而释放国内资本和劳动力要素,并加速这些要素向新兴产业流动,推动母国产业结构往高级化方向发展。二是在边际产业转移路径中,我国更多地依靠资本要素流动这一中介机制,劳动力要素流动机制发挥的作用较小。三是我国对发展中国家的 OFDI 通过边际产业转移路径促进母国产业升级,这一影响机制在东部地区显著存在,但在西部地区并不显著,而中部地区的劳动力要素流动路径显著存在,资本要素流动路径则不显著。四是母国制度因素的调节效应不显著。

第三,本书实证检验了基于母国研发成本分摊路径的 OFDI 之母国产业升级效应。结果显示,虽然我国研发投入增加显著地促进了我国的技术进步,并推动了我国的产业升级,但我国对发展中国家的 OFDI 并不能实现母国研发投入的增加,因此,我国的母国研发成本分摊路径尚不存在。

第七章　中国 OFDI 对绿色 TFP 影响的门槛效应

第一节　模型设定与数据说明

第二章理论框架部分梳理了中国 OFDI 对绿色 TFP 的影响机理,本章运用我国 2003—2019 年省级面板数据,采用固定效应回归展开实证检验。由于区域的差异性,将全国 30 个省份样本分成东、中、西部地区检验 OFDI 对绿色 TFP 的影响是否具有地区异质性,并将人力资本和研发资本作为门槛变量进行面板门槛回归分析,实证检验了中国 OFDI 对母国绿色 TFP 的影响。

一、基准模型设定

本章为探讨 OFDI 对我国绿色 TFP 的影响,借鉴原毅军和谢荣辉(2015)的做法,构建如式(7-1)所示的基准模型。

$$GTFP_{i,t} = \alpha_0 + \alpha_1 OFDI_{i,t} + \alpha_2 H_{i,t} + \alpha_3 RDG_{i,t} + \alpha_4 OPEN_{i,t} + \alpha_5 S_{i,t}$$
$$+ \alpha_6 URB_{i,t} + \alpha_7 EC_{i,t} + \varepsilon_{i,t} \tag{7-1}$$

其中,$GTFP_{i,t}$ 为绿色 TFP,$OFDI_{i,t}$ 为对外直接投资,$H_{i,t}$ 为人力资本水平,$RDG_{i,t}$ 为研发投入水平,$OPEN_{i,t}$ 为贸易开放程度,$S_{i,t}$ 为产业结构合理化程度,$URB_{i,t}$ 为城镇化率,$EC_{i,t}$ 为能源消费水平,$\varepsilon_{i,t}$ 为误差项。

二、门槛模型设定

在进行实证分析时,为研究绿色 TFP 与 OFDI 之间的非线性关系,现有文献普遍采用的方法是分组检验法和相互交叉法,但是这两种方法只能证明 OFDI 对绿色 TFP 存在非线性影响,无法得出门槛效应的显著性情况和门槛值。Hansen(1999)首次介绍了面板门槛模型的计量分析方法,弥补了这两种方法的缺陷。Hansen(1999)将未知的变量加入模型中,构造以门槛变量为对象的分段函数。由上述文献和影响机制可知人力资本与研发投入在 OFDI 对绿色 TFP 的影响上的具体调节作用,中国不同区域人力资本水平和研发投入水平存在差异,不同区域具有的调节作用也不同。运用 Hansen(1999)的思想,将人力资本和研发投入分别作为门槛变量构建面板门槛模型,得到式(7-2)和式(7-3)。

$$\text{GTFP}_{i,t} = \beta_0 + \beta_1 \text{OFDI}_{i,t}(H_{i,t} \leq \theta_1) + \beta_2 \text{OFDI}_{i,t}(\theta_1 < H_{i,t} \leq \theta_2)$$
$$+ \cdots + \beta_n \text{OFDI}_{i,t}(\theta_{n-1} < H_{i,t} \leq \theta_n)$$
$$+ \beta_{n+1} \text{OFDI}_{i,t}(H_{i,t} > \theta_n) + \varphi \text{Control}_{i,t} + \varepsilon_{i,t} \tag{7-2}$$

$$\text{GTFP}_{i,t} = \beta_0 + \beta_1 \text{OFDI}_{i,t}(\text{RDG}_{i,t} \leq \theta_1) + \beta_2 \text{OFDI}_{i,t}(\theta_1 < \text{RDG}_{i,t} \leq \theta_2)$$
$$+ \cdots + \beta_n \text{OFDI}_{i,t}(\theta_{n-1} < \text{RDG}_{i,t} \leq \theta_n)$$
$$+ \beta_{n+1} \text{OFDI}_{i,t}(\text{RDG}_{i,t} > \theta_n) + \varphi \text{Control}_{i,t} + \varepsilon_{i,t} \tag{7-3}$$

其中:$\text{Control}_{i,t}$ 为控制变量组,包括贸易开放程度、产业结构合理化程度、城镇化率、能源消费水平;$\theta_1, \theta_2, \cdots, \theta_n$ 表示有 n 个不同的门槛值;$\beta_1, \beta_2, \cdots, \beta_n,$ β_{n+1} 表示不同门槛值区间内核心解释变量的系数。

三、变量选择与数据说明

(一)被解释变量

被解释变量绿色 TFP 在公式中用 GTFP 来表示。本书在第三章基于 SBM 方向性距离函数,测算了 2003—2019 年的 ML 生产率指数,得出的 ML

指数为环比数据，为得到当年的绿色 TFP 数据，需对 ML 指数进行相应的计算。本书借鉴姚小剑等（2021）的做法，假定 2003 年的绿色 TFP 为 1，将当年的 ML 指数与前一年的绿色 TFP 相乘得到当年的绿色 TFP，即 2003—2004 年的绿色 TFP 为 2004 年的 ML 指数与 2003 年绿色 TFP 的乘积，以此类推，可得到 2003—2019 年的绿色 TFP 数据。

（二）解释变量

解释变量对外直接投资 OFDI 数据来源于商务部公布的 2003—2019 年中国对外直接投资统计公报，该数据可分为流量数据和存量数据，因为流量数据在短期内波动较大，所以选取年末中国对外直接投资（非金融类）存量数据进行研究。将用美元表示的存量数据按各年份平均汇率折算成用人民币表示的数据。同时，为了去除价格因素的影响，选用对外直接投资数据与地区生产总值的比值来衡量对外直接投资强度。

（三）门槛变量

门槛变量人力资本 H。人力资本是决定经济持续增长的重要因素，在一定程度上体现了一个地区消化、吸收先进知识的能力，可影响劳动生产中的生产率，丰富的人力资本可在全球范围内学习先进技术和吸收各种生产要素来弥补本国的技术与资源缺陷，进而影响绿色 TFP。本书借鉴 Barro 和 Lee（1993）的方法，用地区就业人员平均受教育程度来衡量 $H = 6 \times P + 9 \times J + 12 \times S + 16 \times C$，$P$、$J$、$S$、$C$ 分别表示受教育程度为小学、初中、高中、大学专科及以上人口占 6 岁以上人口的比重。

门槛变量研发投入 RDG。研发投入增加可积累知识资本，对研发投入的有效使用在一定程度上影响了一国的科技创新能力，而科技创新能力是保持经济持续增长的重要动力源泉。本书采用孔群喜等（2019）的方法，选取 2003—2019 年的研发资本存量与地区生产总值的比值来衡量研发投入水平。基期研发资本存量的计算公式为 $RDG_{i,2003} = R\&D_{i,2003}/(\delta + g)$，$R\&D_{i,2003}$ 是 i 省 2003 年的 R&D 经费支出数据，δ 是折旧率，假定为 5%，g 是 2003—2019 年 R&D 经费支出的对数形式增长率的平均值。2004—

2019 年的研发资本存量根据永续盘存法进行计算：$RDG_{i,t} = R\&D_{i,t} + (1 - \delta)RDG_{i,t-1}$，$R\&D_{i,t}$ 为 i 省在 t 时期的 R&D 经费支出，并按照指数平减法换算成以 2003 年为基期的不变价。

(四)控制变量

控制变量贸易开放程度 OPEN。开放经济通过国际资本流动和国际贸易对本国经济产生影响，在开放经济中各国经济通过溢出效应相互影响，开放程度的高低对我国通过国际贸易获取先进技术的速度产生不同影响。本书借鉴傅京燕等(2018)的做法，采用货物进出口总额与地区生产总值的比值来衡量。

控制变量产业结构水平 S。产业结构水平反映了各个产业、部门之间相互协调发展的水平，不同的产业结构对绿色 TFP 产生的影响不同。本书借鉴田洪刚和刘亚丽(2020)的做法，采用第二产业增加值与地区生产总值的比值来衡量。

控制变量城镇化率 URB。城镇化建设通过集聚效应将各种生产要素向城镇聚集，并对社会资源进行重新配置，不断优化城乡经济结构，对国民经济产生了深远影响。本书借鉴李敏杰和王健(2019)的做法，采用城镇人口与总人口的比值来衡量。

控制变量能源消费水平 EC。我国的能源结构是以煤炭为主的能源结构，能源消费会产生大量环境污染物，导致经济可持续发展进程缓慢，因此实现经济、环境和能源的协调发展是实现中国现代化目标的前提。本书借鉴张泽嘉(2020)的做法，选取能源消费量占地区生产总值的比重来衡量。

四、数据来源

囿于数据的可得性，本书选取 2003—2019 年中国 30 个省份的面板数据，所选数据来源于各年度中国对外直接投资统计公报，以及《中国统计年鉴》《中国科技统计年鉴》《中国劳动统计年鉴》《中国能源统计年鉴》等。变量的具体处理方法以及变量处理后的描述性统计如表 7-1 和表 7-2 所示。

表 7-1　变量指标说明

变量类型		变量名称	符号	计算方式
被解释变量		绿色 TFP	GTFP	基于非径向、非角度的 SBM 模型以及 ML 指数
解释变量	核心解释变量	对外直接投资	OFDI	对外直接投资存量/GDP
	门槛变量	人力资本	H	$H = 6 \times P + 9 \times J + 12 \times S + 16 \times C$
		研发投入	RDG	$RDG_t = [R\&D_t + (1-\delta)RDG_{t-1}]/GDP$
	控制变量	贸易开放程度	OPEN	货物进出口总额/GDP
		产业结构水平	S	第二产业增加值/GDP
		城镇化率	URB	城镇人口/总人口
		能源消费水平	EC	能源消费量/GDP

表 7-2　变量描述性统计

变量	样本量	均值	标准差	最小值	最大值
GTFP	510	0.4878	0.3777	0.1067	4.4174
OFDI	510	0.0187	0.0333	0	0.2323
H	510	8.7335	1.0278	6.0405	12.6811
RDG	510	0.0632	0.0583	0.0016	0.3662
OPEN	510	0.3190	0.3753	0.0125	1.7117
S	510	0.4818	0.1183	0.1583	0.8498
URB	510	0.5277	0.1428	0.2477	0.8960
EC	510	1.1583	0.7264	0.2000	4.5500

第二节　全样本回归结果分析

结合上文可以得出 OFDI 对绿色 TFP 的作用机制,根据上文设定的模型和选择的变量,本书运用 Stata 15.1 进行分析,运用豪斯曼检验检验模型的内生性问题,证明研发投入与绿色 TFP 之间存在内生性,然后用工具变量法处理这个问题,并引入研发投入变量的滞后一期当作工具变量。

一、回归结果分析

表 7-3 中的模型(1)、(2)、(3)分别为混合效应模型、随机效应模型和固定效应模型。对三种模型进行检验,首先对是否使用混合效应模型和固定效应模型进行检验,F 检验的结果为 0,故选用固定效应模型。同时,豪斯曼检验结果表明在 1% 的显著性水平下拒绝原假设,即固定效应回归优于随机效应回归。因此,本书选取固定效应回归结果进行分析。

表 7-3　我国 OFDI 对绿色 TFP 的回归结果

变量	模型(1)	模型(2)	模型(3)
OFDI	2.3899*** (5.39)	2.5336*** (5.88)	2.0764*** (4.62)
H	0.0255 (1.01)	0.0768** (2.24)	0.0900** (2.38)
RDG	3.1316*** (8.55)	3.7256*** (8.30)	3.3229*** (6.57)
OPEN	0.4148*** (8.86)	0.4822*** (7.16)	0.2214** (2.17)
S	−0.7453*** (−7.03)	−0.1423 (−1.13)	−0.0284 (−0.21)

续表

变量	模型(1)	模型(2)	模型(3)
URB	-0.5926^{***} (-2.69)	-1.6615^{***} (-5.90)	-2.1401^{***} (-6.69)
EC	0.1474^{***} (7.68)	0.1231^{***} (4.21)	0.0724^{*} (1.91)
常数项	0.3755^{**} (2.24)	0.1717 (0.68)	0.4287 (1.38)
F 统计量	92.71^{***}	—	14.40^{***}
R^2	0.5789	0.5229	0.2025
豪斯曼检验	—	—	33.97^{***}

注：$***$、$**$、$*$ 分别表示在 1%、5%、10% 的显著性水平下显著，括号内的数值为 t/z 值。

在表 7-3 的回归结果中，变量的系数与预期较为符合。结果显示：OFDI 的系数为 2.0764，且在 1% 的显著性水平下显著为正，OFDI 每增长一个百分点，绿色 TFP 平均增长 2.0764 个百分点，说明 2003—2019 年我国 OFDI 逆向技术溢出对绿色 TFP 具有显著的促进作用。对发展中国家进行 OFDI，一方面，可获取国内所需资源，打破国内资源短缺的弊端，企业利用国外生产要素降低生产成本，避免国内资源的过度开采，有利于国内绿色 TFP 的提升。另一方面，可以在国外建立子公司并开设工厂，当企业在母国的市场份额接近饱和、生产过剩时，对有需求潜力的国外市场进行 OFDI，主要集中在中东欧、东南亚地区，其劳动力价格低，市场潜力和规模大，可通过边际产品转移效应和规模经济效应获取逆向技术溢出。对发达国家进行 OFDI，我国公司选用跨国并购等方式进行海外投资，能够了解国际先进技术的最新动态，吸收先进技术，引进我国并进行本土化后能在一定程度上改善母国企业技术。母国跨国公司吸收和学习国外绿色先进技术，通过企业经验交流和人员培训等方式将绿色先进技术传递至母公司，从而推动母国企业的绿色技术水平提高。

人力资本 H 的系数为正,在 5% 的显著性水平下显著,说明我国人力资本对绿色 TFP 的增长具有显著的促进作用。中国已经初步形成了具有中国特色的人才政策培养体系,逐渐形成了覆盖各年龄段、各行业的人才吸引政策。我国就业人员的受教育程度不断提升有利于先进生产技术的创新,同时,他们的环境保护意识和节约意识较高,并且会将节约能源和保护环境的理念贯彻到日常生产中,这有利于推动我国绿色 TFP 的提升。

研发投入 RDG 的系数为 3.3229,在 1% 的显著性水平下显著,表明我国研发投入对绿色 TFP 具有显著的正向促进作用。仅靠模仿、学习国外的先进技术永远会落后别人一步,因此想要提升本国的技术水平,实现技术创新,研发投入是必不可少的。随着创新驱动发展战略的实施,近几年国内研发投入力度不断加大,基础研究投入不断提升,为环保节能技术的研发提供了物质基础,从而影响我国的绿色 TFP。

贸易开放程度 OPEN 的系数为正,在 5% 的显著性水平下显著,说明贸易开放程度对绿色 TFP 存在促进作用。贸易开放程度越高,越有利于生产要素在全球范围内的流动和国际分工水平的提高,为推动世界范围内资源配置效率的提高和各国生产力的发展创造了有利条件。国内企业获取国际前沿技术的机会越多,越有利于提升国内的环境技术,从而推动国内绿色 TFP 增长。

产业结构水平 S 的系数为负但并不显著,说明产业结构对我国绿色 TFP 没有显著影响。我国现阶段仍处于工业化进程中,环境污染状况较为严重,难以提升绿色经济效率。因此,我国应优化产业结构,提高以服务业为核心的第三产业比重,大力发展清洁技术,实现绿色经济转型。

城镇化率 URB 的系数显著为负,说明城镇化率对我国绿色 TFP 存在抑制作用。城镇化会导致城市环境承载压力过大,造成环境污染,由于岗位有限使得就业困难,也造成了人力资源浪费。城镇化发展过快将对绿色 TFP 产生不良影响。

能源消耗水平 EC 的系数在 10% 的显著性水平下显著为正,说明我国能源消耗现状对绿色 TFP 产生了促进作用。新时期,我国经济发展方式正由粗放型向集约型转变,逐步采用新工艺、新技术提高生产要素的利用率并增加产量,这种生产方式消耗较低,经济效益高,有利于发展绿色经济。

二、稳健性检验

为了检验回归结果的稳健性，本书将被解释变量绿色 TFP 替换成 GTC，进一步检验 OFDI 对绿色技术进步的影响。在固定效应模型中，OFDI 的系数在 1% 的显著性水平下显著，说明我国 OFDI 对绿色技术进步存在促进作用。其余变量的系数的符号与表 7-4 中的系数符号一致，因此，回归结果具有稳健性。

表 7-4　OFDI 对我国 GTC 的回归结果

变量	混合效应模型	随机效应模型	固定效应模型
OFDI	7.1783***	6.3999***	6.3626***
	(13.08)	(13.72)	(13.25)
H	0.0403	0.0858**	0.0980**
	(1.29)	(2.25)	(2.42)
RDG	0.2475	2.4257***	3.0722***
	(0.55)	(4.87)	(5.68)
OPEN	−0.0013	0.2513***	0.3919***
	(0.02)	(3.09)	(3.60)
S	−0.8138***	−0.1140	0.0235
	(−6.20)	(0.82)	(0.16)
URB	0.4132	−0.5133	−0.4050
	(1.51)	(−1.63)	(−1.18)
EC	0.0099	0.0756**	0.1247***
	(0.41)	(2.21)	(3.08)
常数项	0.4104**	−0.1029	−0.4721
	(1.97)	(−0.35)	(−1.42)

续表

变量	混合效应模型	随机效应模型	固定效应模型
F 统计量	102.00***	—	24.53***
R^2	0.5961	0.5359	0.4841
豪斯曼检验	—	—	22.37***

注: *** 、** 、* 分别表示在 1%、5%、10% 的显著性水平下显著,括号内的数值为 t/z 值。

第三节　分地区回归结果分析

通过上文对 OFDI 分布现状和对绿色 TFP 测算的分析可以发现,我国东、中、西部地区发展不平衡,且存在明显的区域差异。本书将 30 个省份样本划分为东、中、西部地区,分地区检验 OFDI 对绿色 TFP 的影响。不同地区进行回归时所使用的检验方法与全国样本回归时所使用的检验方法一致,根据检验结果,三个地区均使用固定效应模型,回归结果如表 7-5 所示。

表 7-5　东、中、西部地区 OFDI 对绿色 TFP 的回归结果

变量	东部地区	中部地区	西部地区
OFDI	1.7382** (2.39)	2.4414 (1.13)	−1.3215** (−2.21)
H	0.2127** (2.19)	0.0786** (2.73)	0.0124 (0.69)
RDG	5.2176*** (5.11)	−2.7334*** (−2.89)	0.2108 (0.38)
OPEN	0.3522** (1.97)	−0.6023** (−2.30)	0.3945*** (3.82)

续表

变量	东部地区	中部地区	西部地区
S	−0.0505 （−0.12）	−0.1682* （−1.69）	−0.3051*** （−4.86）
URB	−2.6255*** （−3.15）	0.3221 （1.16）	−0.3089 （−1.52）
EC	0.5549*** （2.86）	0.1060*** （3.03）	0.0114 （0.73）
常数项	−0.8400 （−0.83）	−0.4059* （−1.73）	0.5193*** （3.61）
模型	固定效应	固定效应	固定效应
F 统计量	18.26***	9.19***	10.78***
R^2	0.2848	0.2224	0.1738
豪斯曼检验	21.01***	82.00***	64.04***

注：***、**、*分别表示在 1%、5%、10%的显著性水平下显著，括号内的数值为 t/z 值。

在表 7-5 中，从核心解释变量 OFDI 的系数来看，通过对比可以发现，只有东部地区的 OFDI 活动对其绿色 TFP 具有显著的驱动作用，中部地区的 OFDI 的促进作用并不显著，西部地区的 OFDI 其至会对绿色 TFP 产生抑制作用。

一方面，OFDI 带来的逆向技术溢出效应与其地区的消化吸收能力息息相关，并且受到其人力资本、研发投入等因素的限制。目前，我国的主要教育资源如研究中心（基地）、大学等大部分集中在东部地区，东部地区拥有各种高端制造业和工业企业等优质资源。对于中、西部地区来说，缺少研发人员和高校人才，且面临着大量的人才流失。东部地区平均人力资本水平为 9.3336，中、西部地区平均人力资本水平分别为 8.7281 和 8.1372，东部地区的人均受教育程度明显高于中、西部地区。科学技术是第一生产力，研发经费投入是获得科学技术的前提条件，东部地区的科技工作者和科研机构均要多于中、西部地区,科研经费投入也大部分集中在东部地区。从人力资本和研发投入分析可以看出东部地区的消化吸收能力远远超过中、西部地区,更能充分学习 OFDI 逆向技术溢出带来的绿色先进技术,从而促进绿色 TFP 的增长。

另一方面,对外开放战略并不是在全国同时以同等水平进行的,而是从东部地区开始,逐步推进,实施的是“向东倾斜,梯度推进”的发展策略,我国为此战略的成功推行制定了财政自主权和税收豁免等促进东部地区迅速成长的政策。东部地区对外开放的对象是较为发达的国家和地区,中、西部地区对外开放的对象较为落后,交流合作的层次较低。东部地区的市场环境和交通运输条件比中、西部地区发达,可以说是进行 OFDI 不可或缺的优势。东部地区的政策和区位优势等条件决定了其进行 OFDI 活动会更为便利,且更有利于我国利用 OFDI 逆向技术溢出取得国外先进环保技术,还会对我国绿色 TFP 产生正向影响。

第四节　面板门槛回归分析

我国不同地区的人力资本水平和研发投入水平受到其自身地理位置、自然环境和政策等的影响,导致不同地区的 OFDI 以及对 OFDI 逆向技术溢出的消化吸收能力产生差异。具有高消化吸收能力的地区最大程度地运用 OFDI 带来的先进清洁技术对于提升当地的绿色 TFP 有益。当消化吸收能力处于较低水平时,不能学习 OFDI 带来的治污技术,此时这些地区的 OFDI 很难对绿色 TFP 产生正向作用。我国 OFDI 对绿色 TFP 的影响可能受到母国消化吸收能力的影响,本节将人力资本和研发投入作为消化吸收能力的代理变量,验证消化吸收能力在我国 OFDI 对绿色 TFP 的作用中的门槛效应。

一、门槛效应检验

根据式(7-2)和式(7-3)构建的门槛模型,运用 Stata 15.1 对门槛效应进行检验,表 7-6 显示了以人力资本和研发投入作为门槛变量的门槛条件检验结果。结果发现，人力资本的双门槛模型和三门槛模型没有通过显著性检验，单门槛模型则通过了 5% 的显著性检验。研发投入与人力资本相同，单门槛模型通过了 10% 的显著性检验，人力资本和研发投入的门槛模型的门槛最优值都为 1，因此选择人力资本和研发投入的单门槛模型进行实证研究。

表 7-6　门槛条件检验结果

门槛变量	假设检验	F 值	p 值	10% 的临界值	5% 的临界值	1% 的临界值
人力资本	H_0:线性模型 H_1:单一门槛	59.94**	0.0267	27.0405	38.2396	69.3298
	H_0:单一门槛 H_1:双重门槛	15.05	0.2133	22.2012	36.9365	135.2972
	H_0:双重门槛 H_1:三重门槛	3.88	0.9100	45.9866	55.9752	100.6765
研发投入	H_0:线性模型 H_1:单一门槛	18.74*	0.0867	16.1171	29.6753	105.8017
	H_0:单一门槛 H_1:双重门槛	26.40	0.4367	190.3483	236.4768	296.5780
	H_0:双重门槛 H_1:三重门槛	21.39	0.5900	179.7218	207.1364	235.3682

注：***、**、* 分别表示在 10%、5% 和 1% 的显著性水平下显著，H_0、H_1 分别表示原假设和备择假设，p 值与临界值均是通过采用 Bootstrap 法模拟 1000 次得到的。

二、门槛值确定与置信区间

在门槛条件检验通过后，应估计人力资本和研发投入的门槛值与置信区间，由表 7-7 可知，人力资本的门槛值为 9.9847，研发投入的门槛值为 0.0624。

表 7-7　门槛估计值与置信区间

门槛变量	门槛数	门槛估计值	置信区间
人力资本	第一个门槛	9.9847	[9.8152,10.1217]
研发投入	第一个门槛	0.0624	[0.0445,0.0635]

三、门槛回归结果分析

根据门槛检验得出 OFDI 对绿色 TFP 的影响存在显著的人力资本和研发投入单门槛效应,面板门槛回归结果如表 7-8 所示。在不同人力资本水平下 OFDI 对绿色 TFP 的影响存在显著差异,当人力资本水平低于门槛值(即 9.9847)时,OFDI 的系数为 0.0871,但并没有通过显著性检验,此时 OFDI 对绿色 TFP 不存在显著的促进作用。当人力资本水平高于门槛值(即 9.9847)时,OFDI 的系数增加至 0.1833,且在 1% 的显著性水平下显著,OFDI 对绿色 TFP 具有显著的正向驱动作用,这意味着随着人力资本水平的不断提高,OFDI 对绿色 TFP 的正向作用会更加明显。同时,也说明 OFDI 是否能够有效提高母国绿色 TFP 受到母国人力资本水平的约束,只有人力资本水平达到一定高度时,OFDI 对绿色 TFP 的正向效应才可能得到有效释放。产生这种结果的原因可能是 OFDI 对母国绿色 TFP 的影响不仅与 OFDI 逆向技术溢出效应有关,还和母国消化吸收能力密切相关,母国消化吸收能力越强,OFDI 对绿色 TFP 的作用就越明显。而人力资本是消化吸收能力的重要衡量指标,低水平的人力资本可能无法有效吸收由 OFDI 带来的先进技术及知识,即只有达到一定水平的人力资本才能更好地吸收知识,获得技术进步,促进绿色 TFP 的增加。本书为进一步分析我国各省份人力资本分布情况,根据人力资本门槛值(即 9.9847),把我国选取的 30 个省份样本划分为两个不同人力资本水平区域,分别为低人力资本水平区域($H \leqslant 9.9847$)和高人力资本水平区域($H > 9.9847$)。在 2003 年,只有北京市和上海市的人力资本水平达到了 9.9847 以上。随着时间的推移,高人力资本水平的区域也在增加，直至 2019 年，处于高人力资本水平的省份有北京市、上海市和天津市。本书对每年处于不同人力资本水平的省份的数量进行统计，2003—2019 年，高人力资本水平区域的省份个数不断增加，而低人力资本水平区域的省份个数则不断减少，全国各地就业人员的平均受教育程度从 8.0218 增加到 9.4288，说明我国对 OFDI 产生的知识溢出越来越能够充分吸收，即对先进技术的获取能力越来越强，同时也更能促进母国绿色 TFP 的增加。

表 7-8　我国 OFDI 对绿色 TFP 影响的门槛回归结果

变量	人力资本	研发投入
OFDI($H \leqslant 9.9847$)	0.0871 (0.14)	—
OFDI($H > 9.9847$)	0.1833*** (8.69)	—
OFDI(RDG$\leqslant$0.0624)	—	0.5534 (0.77)
OFDI(RDG$>$0.0624)	—	4.0740*** (6.76)
H		0.1686*** (4.08)
RDG	0.3240 (0.60)	—
OPEN	0.0004 (0)	0.0517 (0.46)
S	−0.5211*** (−3.55)	−0.4114*** (−2.71)
URB	−0.9222*** (−2.73)	−2.3695 (−6.74)

变量	人力资本	研发投入
EC	0.0857** (−0.74)	0.0982** (2.46)
常数项	1.0708*** (5.08)	0.2783 (0.83)

注：***、**、*分别表示在 1%、5%、10% 的显著性水平下显著，括号内的数值为 t/z 值。

当研发投入水平低于门槛值（即 0.0624）时，OFDI 的影响系数是 0.5534，但并不显著；当研发投入水平高于门槛值（即 0.0624）时，OFDI 的系数会增加至 4.0740，并在 1% 的显著性水平下显著。上述结果说明在研发投入水平较小时，OFDI 对绿色 TFP 无显著影响，而当研发投入水平达到一定高度时，OFDI 会对绿色 TFP 产生显著的正向影响。OFDI 对绿色 TFP 的影响会随着研发投入水平的增加逐渐加大。我国利用 OFDI 在世界各国寻求先进技术，获取国际最新信息、高科技知识，并反馈给母国，使我国能够充分把握世界顶尖科技知识、技术发展和行业趋势，同时还能通过积极与国外科研机构、研究所合作以获取正向的逆向技术溢出。保证研发投入的增加才能充分吸收 OFDI 的逆向技术溢出，加强本国的绿色创新能力，拥有核心竞争技术。2003 年，中国东部地区的研发投入水平达到了 0.0624，与上文东部地区人力资本显著促进绿色 TFP 增加的结论相符。我国现阶段政府和企业应重视对高新技术研发资金的投入，彻底掌握核心清洁技术，努力实现绿色经济发展。

第五节　小　结

经济全球化在客观上有利于各国企业"走出去"，并能优化配置全球资源，目前中国 OFDI 规模位居全球前列，伴随着环境问题日益严峻，如何在这种情形下更好地利用 OFDI 实现我国经济发展和社会进步成为我们需要考虑的问题。本章针对 OFDI 对绿色 TFP 的影响作出分析：首先，从全样本出发，验证 OFDI 对绿色 TFP 的正向促进作用；其次，将全国划分为东、中、西部地区，分地区检验 OFDI 对绿色 TFP 的影响，不同地区的 OFDI 对绿色 TFP 的影响不同，OFDI 政策应根据地域进行调整；最后，将人力资本和研发投入作为门槛变量，检验母国消化吸收能力在我国 OFDI 对绿色 TFP 影响中的门槛效应。人力资本和研发投入都存在单门槛效应，其水平越高，OFDI 对绿色 TFP 的促进作用越强。这些实证分析都是基于地区内的 OFDI 对绿色 TFP 的影响作出的回归检验，一个地区的 OFDI 和绿色 TFP 是否会对另一个地区的绿色 TFP 产生影响犹未可知，因此，在接下来的章节中将选用空间杜宾模型来分析 OFDI 对绿色 TFP 的空间溢出效应。

第八章　中国 OFDI 对绿色 TFP 的空间溢出效应

第一节　空间计量模型构建

第七章的实证分析探究的是地区内的 OFDI 对绿色 TFP 的影响,但并未讨论一个地区的绿色 TFP 是否会受到其他地区的 OFDI 的影响,即 OFDI 对绿色 TFP 的影响是否存在空间溢出效应,以及影响机制等问题。本章将构建空间计量模型来分析 OFDI 对绿色 TFP 的空间溢出效应。

一、模型设定

与传统线性模型相比,空间计量模型将空间数据引入分析框架中,进一步分析地区间的相关性是否会对其他地区的绿色 TFP 产生影响。空间计量模型可分为空间滞后模型、空间误差模型和空间杜宾模型。空间杜宾模型同时考虑了因变量的自相关性和自变量与因变量的空间滞后性,即空间溢出效应,因此本书选择空间杜宾模型进行实证分析,具体模型设定如式(8-1)所示。

$$\mathbf{Y} = \rho \, \mathbf{W}^{\mathrm{T}} \mathbf{Y} + \beta \mathbf{X}^{\mathrm{T}} + \delta \, \mathbf{W}^{\mathrm{T}} \mathbf{X} + \mu + \gamma + \varepsilon \qquad (8\text{-}1)$$

其中,$\mathbf{Y}$ 为被解释变量及其分解项的观测值,$\mathbf{X}$ 为解释变量的观测值,$\mathbf{W}$ 为空间权重矩阵,ρ 为空间自相关系数,β 为解释变量的回归系数,δ 为解释变量的空间回归系数，μ 为时间固定效应，γ 为个体固定效应，ε 为随机扰动项。

二、空间权重矩阵设定

空间权重矩阵是一个反映个体在空间中相互依赖关系的矩阵，是空间计量模型中必不可少的部分，若变量间的空间距离越小，即空间相关性越大，则变量可能存在较大的空间依赖性。为检验模型结果的稳健性，本书从地理位置和经济距离两个角度对空间权重矩阵进行设定，并在实证中进行标准化处理，空间权重矩阵表现为 n 阶矩阵。

$$W = \begin{bmatrix} W_{11} & W_{12} & \cdots & W_{1n} \\ W_{21} & W_{22} & \cdots & W_{2n} \\ \vdots & \vdots & \ddots & \vdots \\ W_{n1} & W_{n2} & \cdots & W_{nn} \end{bmatrix} \tag{8-2}$$

在式（8-2）中，$W_{ij}(i=1,2,\cdots,n;j=1,2,\cdots,n)$ 表示空间中第 i 个地区与第 j 个地区之间的空间距离，权重越大，地区之间的空间依赖性就越强。

本书首先基于地理邻接关系构建空间权重矩阵，设其对角线上的值为 0，即某一地区与其自身的距离为 0，邻接矩阵的具体设定规则如式（8-3）所示。

$$W_{ij} = \begin{cases} 1, & i \text{ 与 } j \text{ 相邻} \\ 0, & i \text{ 与 } j \text{ 不相邻} \end{cases} \tag{8-3}$$

除邻接矩阵外，从经济角度对空间权重矩阵进行设定，用各地区之间人均 GDP 的差值绝对值的倒数来表示，差值越接近 0 意味着地区间的经济变量值越接近，经济距离矩阵的设定规则如式（8-4）所示。

$$W_{ij} = \begin{cases} \dfrac{1}{|x_i - x_j|}, & i \neq j \\ 0, & i = j \end{cases} \tag{8-4}$$

三、莫兰指数

在实行空间计量回归之前,需对样本数据进行空间相关性检验,确定被解释变量是否存在空间自相关性,并确定其相关程度的大小。若被解释变量存在空间相关性,则可以进行空间计量回归;若不存在空间相关性,则不能进行空间计量回归。基于此,本书在邻接矩阵和经济距离矩阵的基础上,使用莫兰指数探究不同地区的空间聚集程度,估计地区间的相关程度,莫兰指数的具体公式如式(8-5)所示。

$$I = \frac{n \sum\limits_{i=1}^{n} \sum\limits_{j=1}^{n} W_{ij}(x_i - \overline{x})(x_j - \overline{x})}{\sum\limits_{i=1}^{n} (x_i - \overline{x})^2 \sum\limits_{i=1}^{n} \sum\limits_{j=1}^{n} W_{ij}} \tag{8-5}$$

其中,$\overline{x}$ 为所有区域观测值的均值,W_{ij} 为空间权重,x_i、x_j 为在空间位置 i 和 j 的观测值。莫兰指数的取值范围为 $[-1,1]$,I 大于 0 表示各地区绿色 TFP 呈现出正向的空间自相关性,存在空间集聚效应,I 越趋于 1 说明正自相关性越强;I 小于 0 表示各地区绿色 TFP 呈现出负向的空间自相关性,即存在空间扩散效应,I 越趋于 -1 说明扩散效应越强;I 等于 0 表示绿色 TFP 不存在空间自相关性,且呈现出随机分布态势。

第二节　空间回归结果分析

一、空间自相关性检验结果

本书在邻接矩阵和经济距离矩阵的基础上,使用 Stata 15.0 根据莫兰指数公式测算中国 2003—2019 年绿色 TFP 的莫兰指数,结果如表 8-1 所示。2004—2019 年在邻接矩阵和经济距离矩阵下的绿色 TFP 的莫兰指数都为正,只有邻接矩阵下 2013 年和 2015 年的莫兰指数不显著,其余情况下的莫兰指数均显著为正，说明各地区绿色 TFP 存在显著的空间自相关性，具有空间依赖性和高值与高值、低值与低值集聚的空间集聚现象。因此，拒绝不存在空间相关性的原假设，各地区之间的绿色 TFP 存在显著的空间溢出效应，可进行空间计量回归。

表 8-1 莫兰指数检验结果

年份	邻接矩阵			经济距离矩阵		
	莫兰指数	z 值	p 值	莫兰指数	z 值	p 值
2003	—	—	—	—	—	—
2004	0.318***	2.935	0.003	0.306***	3.234	0.001
2005	0.243**	2.321	0.020	0.273***	2.938	0.003
2006	0.223**	2.152	0.031	0.314***	3.324	0.001
2007	0.197*	1.952	0.051	0.320***	3.407	0.001
2008	0.188*	1.872	0.061	0.301***	3.225	0.001
2009	0.182*	1.856	0.063	0.338***	3.628	0
2010	0.188*	1.898	0.058	0.337***	3.614	0
2011	0.179*	1.866	0.062	0.337***	4.107	0
2012	0.163*	1.746	0.081	0.384***	4.223	0
2013	0.148	1.636	0.102	0.372***	4.150	0
2014	0.148*	1.656	0.098	0.378***	4.269	0
2015	0.137	1.580	0.114	0.377***	4.321	0
2016	0.259***	2.729	0.006	0.427***	4.887	0
2017	0.213**	2.504	0.012	0.441***	5.474	0
2018	0.157**	2.229	0.026	0.395***	5.722	0
2019	0.124**	2.066	0.039	0.346***	5.666	0

注：***、**、* 分别表示在 1%、5%、10% 的显著性水平下显著。

　　为直观了解我国 30 个省份的空间态势,基于邻接矩阵和经济距离矩阵,画出两个矩阵下 2004 年和 2019 年 30 个省份的莫兰指数散点图。图中的四个象限分别用来识别一个省份与邻近省份之间的关系:第一象限表示本省是高值,周边省份也是高值;第二象限表示本省是低值,周边省是高值;第三象限表示本省是低值,周边省份也是低值;第四象限表示本省是高值,周边省份是低值。

　　图 8-1 与图 8-2 分别为邻接矩阵和经济距离矩阵下 2004 年和 2019 年的莫兰指数散点图,在两种矩阵下,可以看出,中国 30 个省份的绿色 TFP 大部分聚集在第一、三象限,为空间正相关关系,只有很少的省份集中在第二、四

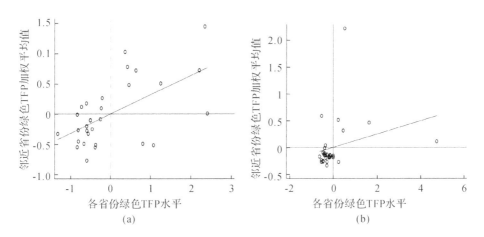

图 8-1　邻接矩阵 2004 年和 2019 年的莫兰指数散点图

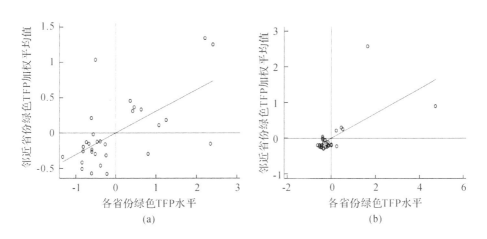

图 8-2　经济距离矩阵 2004 年和 2019 年的莫兰指数散点图

象限,我国大部分省份的绿色 TFP 呈现出"高—高"和"低—低"的集聚现象。2019 年,部分省份由"低—低"的聚集状态转变为"高—高"的聚集状态,说明我国绿色 TFP 的空间正自相关性随着时间推移有逐年增强的趋势。

二、空间杜宾模型回归结果

由空间自相关性检验结果可知,各省份的绿色 TFP 之间存在显著的空间溢出效应。用 Stata 15.0 进行豪斯曼检验,检验是使用固定效应还是随机效应,根据检验结果,选择固定效应的空间杜宾模型进行回归。在邻接矩阵和经济距离矩阵的基础上,空间杜宾模型的实证结果如表 8-2 所示。

表 8-2　空间杜宾模型回归结果

变量	邻接矩阵	经济距离矩阵
OFDI	1.2986** (2.41)	1.6786*** (4.09)
H	0.1900*** (4.59)	0.0166 (0.77)
RDG	3.5344*** (5.41)	2.2902*** (7.67)
OPEN	0.2613*** (2.82)	0.1013* (1.71)
S	0.6843*** (4.51)	−0.5852*** (−5.94)
URB	−2.3738*** (−5.21)	−0.1794 (−0.86)
EC	−0.0822** (−2.08)	0.0802*** (4.25)

变量	邻接矩阵	经济距离矩阵
$W * OFDI$	1.3553 （1.24）	8.1346*** （9.83）
$W * H$	−0.0784 （−1.43）	0.2807*** （4.90）
$W * RDG$	−3.1648*** （−2.86）	−1.2276* （−1.77）
$W * OPEN$	−0.3513** （−2.34）	0.1637 （1.16）
$W * S$	−1.4296*** （−7.45）	0.6836*** （3.34）
$W * URB$	0.1247 （0.20）	−1.3905** （−2.55）
$W * EC$	0.0848 （1.49）	−0.0890 （−1.41）
ρ	0.4663*** （10.79）	0.1579** （2.37）
sigma	0.0282*** （15.70）	0.0338*** （15.92）
$\log L$	171.5107	138.9812

注：***、**、*分别表示在 1%、5%、10%的显著性水平下显著，括号内的数值为 t/z 值。

在表 8-2 的回归结果中，邻接矩阵和经济距离矩阵下的回归结果显示变量符号大致相同，说明模型具有稳健性。空间自相关系数 ρ 在邻接矩阵和经济距离矩阵下分别为 0.4663 与 0.1579，分别在 1%和 5%的显著性水平下显著，说明我国绿色 TFP 具有明显的空间溢出效应和集聚现象，一个地区绿色 TFP 的提升会给地理位置相邻和经济距离相近区域的绿色 TFP 带来显著的改善作用。一个地区的经济政策、市场环境、专业设备和先进技术等能驱动该地区绿色 TFP 的提升，并对邻近地区产生辐射作用，吸引邻近地区进行学习、借鉴，改善其经济发展环境，进而促进其绿色 TFP 增长。

将空间杜宾模型分解为直接效应、间接效应和总效应，深入探究 OFDI 对绿色 TFP 的空间溢出效应。其中：直接效应表现为本地区解释变量对本地区被解释变量的直接作用；间接效应表现为本地区解释变量对其他地区被解释变量的平均作用；而总效应则是直接效应和间接效应的综合。具体分解结果如表 8-3 所示。

表 8-3　空间杜宾模型的效应分解结果

变量	邻接矩阵			经济距离矩阵		
	直接效应	间接效应	总效应	直接效应	间接效应	总效应
OFDI	1.5769*** (2.97)	3.3501** (2.04)	4.9270*** (2.91)	1.9697*** (4.88)	9.6614*** (9.30)	11.6311*** (10.77)
H	0.1900*** (4.82)	0.0248 (0.30)	0.2149** (2.39)	0.0251 (1.21)	0.3346*** (5.24)	0.3598*** (5.33)
RDG	3.3973*** (5.92)	−2.6579* (−1.68)	0.7394 (0.50)	2.2936*** (8.06)	−1.0129 (−1.27)	1.2808 (1.55)
OPEN	0.2332** (2.43)	−0.4009 (−1.60)	−0.1677 (−0.57)	0.1065* (1.86)	0.2098 (1.34)	0.3163** (2.07)
S	0.5412*** (3.78)	−1.9137*** (−6.48)	−1.3725*** (−4.40)	0.5633*** (−5.78)	0.7009*** (2.85)	0.1375 (0.53)
URB	−2.4703*** (−5.46)	−1.7946** (−2.01)	−4.2649*** (−4.46)	−0.2204 (−1.07)	−1.6969*** (−2.96)	−1.9174*** (−3.21)
EC	−0.0769* (−1.85)	0.0832 (0.85)	0.0063 (0.05)	0.0778*** (3.83)	−0.0878 (−1.15)	−0.0100 (−0.11)

注：***、**、* 分别表示在 1%、5%、10% 的显著性水平下显著，括号内的数值为 t/z 值。

第一,直接效应邻接矩阵下解释变量系数与上文全样本固定效应回归系数符号相同,经济距离矩阵下系数产业结构和能源消耗水平系数符号不同,但其他系数符号相同。直接效应回归系数与全样本固定效应回归系数具有较高的一致性,且 OFDI 系数在 1% 的显著性水平下都显著为正。我国一个地区的 OFDI 对本地区绿色 TFP 具有正向驱动作用,并且 OFDI 逆向技术溢出效应为本地区带来了先进的生产技术和管理经验,促使本地区绿色 TFP 提高。

第二,间接效应邻接矩阵和经济距离矩阵下解释变量的系数与空间杜宾模型的回归系数符号一致,OFDI 的系数在邻接矩阵和经济距离矩阵下分别为 3.3501 与 9.6614,分别在 5% 和 1% 的显著性水平下显著,说明本地区 OFDI 增加对邻近地区绿色 TFP 具有正向驱动作用。地区间的贸易往来使一个地区 OFDI 获得的逆向技术溢出不再限定在本地区内,还会扩散到其他地区,对其自主创新能力、技术升级等产生影响,使区域间的经济联系更加紧密。地理位置相近和经济距离相差较小的区域之间的物流、人口迁移和信息流动越频繁,就会使得地区 OFDI 获得的逆向技术溢出越能影响相近地区的经济发展。一个地区的 OFDI 提高了本地的绿色 TFP,且该地区的企业通常与相邻地区企业之间存在贸易往来和长期合作关系,双方之间存在无形的相互影响,这种贸易往来为 OFDI 带来的技术溢出影响周围地区的绿色 TFP 提供了纽带。OFDI 带来了先进的清洁技术,本地区对其进行学习、吸收并不断创新,通过地区间的科研研讨、技术交流和产研协作等方式促进技术扩散到周边地区,被其消化、吸收,以提升自身技术水平。

第三节　小　结

中国地域辽阔,地理因素对绿色 TFP 的影响是不可忽视的,因此本书在 OFDI 对绿色 TFP 影响的分析中加入了空间地理因素,构建空间杜宾模型来分析 OFDI 对绿色 TFP 的空间溢出效应。先对空间权重矩阵进行设定,以邻接矩阵和经济距离矩阵为基础,测算我国 30 个省份的莫兰指数并画出莫兰指数散点图，研究发现，各省份绿色 TFP 存在显著的空间自相关性，具有空间依赖性和空间集聚现象。在空间杜宾模型实证分析中，发现一个地区绿色 TFP 的提升会给地理位置相邻和经济距离相近区域的绿色 TFP 带来显著的促进作用，且该地区 OFDI 的增加对邻近地区的绿色 TFP 具有正向驱动作用。

第九章　中国 OFDI、产业升级与绿色 TFP 提升:浙江实践

第一节　浙江省的实践现状

一、浙江省 OFDI 特征

自"走出去"战略实施以来,浙江省 OFDI 一直处于全国前列,OFDI 流量从 2003 年的 0.37 亿美元激增到 2020 年的 107.4 亿美元,位列全国第三;OFDI 存量从 2004 年的 1.9 亿美元激增到 2020 年 747.6 亿美元,位列全国第四。可以说,浙江省是名副其实的 OFDI 大省。2012—2020 年浙江省 OFDI 流量和存量情况如图 9-1 所示。

截至 2020 年底,浙江省境外投资企业数量达 4654 家,占我国境外投资企业总数的 10.6%,仅次于广东省,位列全国第二。① 2021 年,浙江省全年经备案核准的境外企业和机构共 673 家,比上年增加 42 家,2008—2021 年境外投资企业数目变化情况如图 9-2 所示。2021 年浙江省境外直接投资备案额为 573 亿元,下降了 20.4%。同时,国外经济合作完成营业额 510 亿元,增长了 18.7%。其中:对外承包工程完成营业额 505 亿元,增长了 17.7%;新签合同

---

① 数据来源于《2020 年度中国对外直接投资统计公报》。

额为 287 亿元,增长了 12.4%;共派出各类劳务人员 18741 人,外派劳务人员实际收入为 4 亿元。①

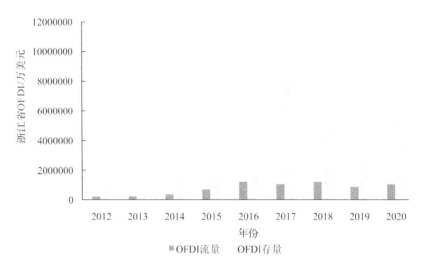

图 9-1　2012—2020 年浙江省 OFDI 流量和存量

数据来源:2012—2020 年各年度中国对外直接投资统计公报。

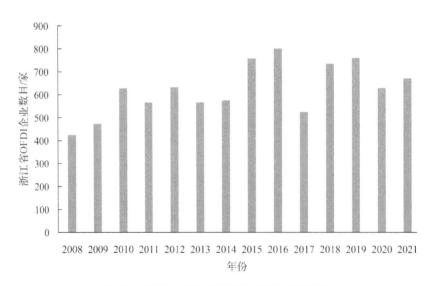

图 9-2　2008—2021 年浙江省 OFDI 企业数目

数据来源:2008—2021 年浙江省统计年鉴。

———————————

①　数据来源于《2021 年浙江省国民经济和社会发展统计公报》。

二、浙江省产业升级演进

(一)浙江省产业演进轨迹的分析

1978—2021 年,浙江省第一产业、第二产业和第三产业的产值分别从 47.09 亿元、53.52 亿元和 23.11 亿元增加到 2209.09 亿元、31188.57 亿元和 40118.10 亿元,三次产业结构之比从 38.1∶43.2∶18.7 调整到 3.0∶42.4∶54.6。从数据中可直观得知,浙江省三大产业的生产总值快速增长,而且三大产业的结构也在不断优化。基于浙江省经济发展以及产业结构优化,本书将浙江省的产业升级和跃迁划分为三个阶段。

第一阶段为 1979 年至 1992 年,在此期间浙江省产业结构发展的侧重点从"一产、二产、三产"转变为"二产、一产、三产"。从 1979 年到 1992 年,浙江省凭借独特的地理位置优势以及靠近上海的区位优势,生产力得到了飞速发展。这一时期的生产总值从 158 亿元跃升到 1376 亿元,而且三次产业占比出现了较大的变化。其中:第一产业比重迅速下降,从 1979 年的 42.8% 下降到 1992 年的 19.1%;第二产业比重则从 1979 年的 40.6% 上升到 1992 年的 47.5%;第三产业所占比重也明显增加,从 1979 年的 16.6% 上升到 1992 年的 33.4%(见图 9-3)。这一时期的明显特征是浙江省从计划经济向市场经济

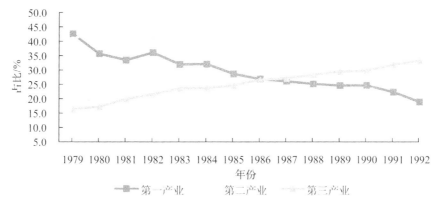

图 9-3　1979—1992 年浙江省三次产业占比

数据来源:1979—1992 年浙江省统计年鉴。

转变，个体商户等经济体如雨后春笋般大量涌现，乡镇企业异军突起，这就使得第一产业的占比迅速下降，而第二、第三产业则飞速发展，占比不断增加。

第二阶段为 1993 年至 2002 年，这一时期浙江省产业结构发展的侧重点从"二产、一产、三产"变为"二产、三产、一产"。从 1993 年到 2002 年，浙江省乡镇企业发展的阻碍不断减少，出现了私营经济发展的新高潮，逐步形成了富有特色的民营经济。这一时期浙江省的产业结构不断优化，虽然第二产业依旧是浙江省国民经济发展的第一组成部分，但是这一时期的第三产业得到了快速发展。第一产业比重下降迅速，从 1993 年的 16.4% 下降到 2002 年的 8.6%，首次跌破了 10%；第二产业则保持高位发展状态，所占比重超过全省生产总值的一半，在 1999 年之前所占比重有所上升，但是 1999 年之后第二产业所占比重略有回落，并保持在 51% 左右；第三产业迅速发展，从 1993 年的 32.5% 增加到 2002 年的 40.3%，首次超过 40%（见图 9-4）。在这一阶段，伴随着我国改革开放进程的加快，浙江省整体呈现出外向型经济，而且服装、电子等产业逐渐成为浙江省国民经济发展的主导产业。

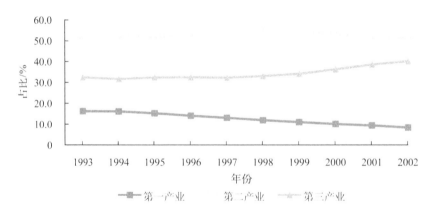

图 9-4 1993—2002 年浙江省三次产业占比

数据来源：1993—2002 年浙江省统计年鉴。

第三阶段是 2003 年至今，这一时期浙江省产业结构变迁的趋势是从"二产、三产、一产"升级到"三产、二产、一产"。这一阶段的主要特征是现代服务业的快速增长，就两大产业的发展趋势而言，第二产业所占比重会逐步减少，而第三产业所占比重会迅速增加。在这一时期,第一产业所占的比重仍旧在下降,从 2003 年的 7.4% 下降到 2021 年的 3.0%;第二产业所占比重虽然依旧较大,但是出现了下降的趋势,从 2003 年的 52.5% 下降到 2021 年的 42.4%,跌破了 50%;而第三产业则增长明显,从 2003 年的 40.1% 增加到 2021 年的 54.6%,第三产业占比超过 50%(见图 9-5)。

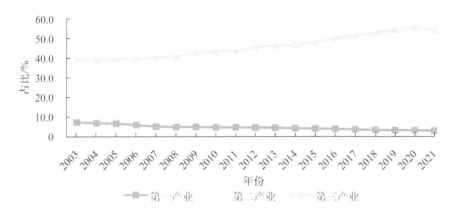

图 9-5　2003—2021 年浙江省三次产业占比

数据来源:2003—2021 年浙江省统计年鉴。

由上述分析可知,伴随着经济发展,浙江省产业正在不断升级,产业结构也在不断优化,而且浙江省产业升级的轨迹符合发达国家和发展中国家产业升级的一般路径。从发达经济体的产业升级轨迹来看,第三产业占比往往超过 60%。因此可以推断,随着浙江省的经济发展,第三产业占比也会不断提高并超过 60%。

(二)三大产业内部结构的变迁

从浙江省产业发展的三个阶段来看,浙江省产业正处于不断跃迁和升级之中,就产业内部结构而言,在整体产业升级的背景下,对于三大产业内部结构是否不断优化,以及产业结构是否趋于"高度化"等问题还需要进一步分析。

针对第一产业,本书测算 1978 年至 2021 年第一产业内部的农业、林业、牧业以及渔业产值占第一产业产值的比重(见表 9-1),可以发现,从 1978 年到 2021 年,渔业与牧业产值占比出现了明显的上升,而农业产值占比却大幅下降，并且自 2000 年开始便跌破 50％，林业产值占比虽略微上升，但基本上维持在 5％～6％的水平。这说明浙江省第一产业的内部结构正在不断优化，传统农业在第一产业中的占比明显下降，取而代之的是附加值相对较高的渔业和牧业。虽然浙江省第一产业的内部结构不断优化，但是目前的产业结构远未达到合理的水平，纯农业的占比依旧位列第一，而且这些农业多是传统农业，如何使这些农业转变为精细农业是浙江省第一产业结构优化的重要课题。浙江省地貌素有"七山二水一分田"之称，但是林业占比却不到 10％，说明浙江省的农业结构与资源结构不匹配程度严重，地理资源利用率很低。

表 9-1　1978—2021 年第一产业内部结构变化情况

年份	农业产值占比	林业产值占比	牧业产值占比	渔业产值占比
1978	0.773	0.030	0.143	0.053
1979	0.756	0.030	0.169	0.044
1980	0.693	0.039	0.209	0.059
1981	0.724	0.040	0.172	0.064
1982	0.717	0.037	0.194	0.052
1983	0.705	0.040	0.197	0.058
1984	0.697	0.045	0.183	0.075
1985	0.639	0.051	0.217	0.093
1986	0.640	0.048	0.209	0.103
1987	0.621	0.051	0.214	0.114
1988	0.579	0.051	0.250	0.119
1989	0.595	0.045	0.249	0.112
1990	0.602	0.048	0.227	0.123
1991	0.598	0.048	0.211	0.143

续表

年份	农业产值占比	林业产值占比	牧业产值占比	渔业产值占比
1992	0.571	0.053	0.215	0.162
1993	0.561	0.061	0.188	0.191
1994	0.540	0.061	0.195	0.204
1995	0.555	0.058	0.163	0.224
1996	0.555	0.059	0.167	0.220
1997	0.514	0.059	0.189	0.238
1998	0.521	0.059	0.165	0.254
1999	0.516	0.062	0.156	0.266
2000	0.493	0.052	0.174	0.281
2001	0.464	0.057	0.186	0.293
2002	0.464	0.055	0.186	0.295
2003	0.447	0.055	0.197	0.285
2004	0.445	0.059	0.209	0.272
2005	0.458	0.058	0.200	0.267
2006	0.481	0.060	0.196	0.244
2007	0.461	0.060	0.230	0.232
2008	0.457	0.060	0.235	0.229
2009	0.469	0.063	0.216	0.232
2010	0.479	0.055	0.206	0.240
2011	0.454	0.053	0.216	0.259
2012	0.462	0.053	0.207	0.258
2013	0.471	0.050	0.192	0.267

续表

年份	农业产值占比	林业产值占比	牧业产值占比	渔业产值占比
2014	0.487	0.052	0.166	0.274
2015	0.489	0.052	0.145	0.292
2016	0.479	0.052	0.150	0.296
2017	0.483	0.055	0.120	0.317
2018	0.481	0.056	0.105	0.330
2019	0.475	0.055	0.118	0.322
2020	0.456	0.054	0.135	0.323
2021	0.474	0.047	0.113	0.332

数据来源：1978—2021 年浙江省统计年鉴。

对于第二产业，从 2005 年到 2021 年的数据可知，浙江省工业总产值正在不断增加，并且轻工业和重工业产值是同时在增加的。浙江省工业的霍夫曼指数小于 1，而且正在不断下降，说明浙江省工业主要以重工业为主。此外，重工业比重在不断上升，说明浙江省第二产业的内部结构也在不断优化（见表 9-2）。在改革开放初期，浙江省第二产业的内部结构是以传统的低端制造业为主，新兴的先进制造业发展不足，基本上都是纺织业、电气机械及器材制造业、化学原料以及化学制品制造业等传统的劳动密集型产业，而像通信设备、计算机及其他电子设备制造业等先进的资本密集型制造业的占比则非常低。这主要是由于浙江省经济发展以民营中小企业为"主力军"，缺乏龙头企业的带动，而这些民营企业往往是乡镇企业或者是家庭作坊式的，所以只能从事纺织、汽车配件等低端制造业的生产。现阶段，浙江省以数字经济作为"一号工程"，新产业、新业态、新模式不断兴起。2021 年，以新产业、新业态、新模式为主要特征的"三新"经济增加值占 GDP 的 27.8%，数字经济核心产业增加值为 8348 亿元，比上年增长 13.3%。数字经济核心产业制造业增加值增长 20.0%，增速比规模以上工业高 7.1%，拉动规模以上工业增加值增长

2.9%。装备产业、高技术产业、战略性新兴产业、人工智能产业和高新技术产业增加值分别增长 17.6%、17.1%、17.0%、16.8%与 14.0%,分别拉动规模以上工业增加值增长 7.5、2.7、5.5、0.7 和 8.7 个百分点。在战略性新兴产业中,新一代信息技术产业、新能源产业、生物产业、节能环保产业的增加值分别增长 18.7%、20.4%、14.4%和 13.7%。①

表 9-2　2005—2021 年浙江省工业霍夫曼指数

年份	工业总产值/亿元	轻工业产值/亿元	重工业产业/亿元	霍夫曼系数
2005	23106.76	10626.24	12480.52	0.85
2006	29129.94	12756.99	16372.95	0.78
2007	36073.93	15519.12	20554.82	0.76
2008	40832.10	16943.47	23888.63	0.71
2009	41035.29	17196.43	23838.86	0.72
2010	51394.20	20896.40	30497.80	0.69
2011	56406.10	21953.10	34453.00	0.64
2012	59124.20	23228.20	35896.00	0.65
2013	62980.30	24720.30	38260.00	0.65
2014	67039.80	26039.80	41000.00	0.64
2015	66819.00	26442.10	40376.80	0.65
2016	68953.40	26915.70	42037.70	0.64
2017	66328.00	25062.40	41265.60	0.61
2018	69775.40	24747.90	45027.50	0.55
2019	73766.20	26072.60	47693.70	0.55

①　数据来源于《2021 年浙江省国民经济和社会发展统计公报》。

续表

年份	工业总产值/亿元	轻工业产值/亿元	重工业产业/亿元	霍夫曼系数
2020	75684.78	25476.15	50208.62	0.51
2021	94969.88	30455.11	64514.77	0.47

数据来源：2005—2021 年浙江省统计年鉴。

　　针对浙江省第三产业内部结构发展的分析，本书选取 2016 年至 2021 年批发和零售、住宿和餐饮、交通运输等行业的生产值进行比较，发现浙江省第三产业的各行业进入了黄金增长期，生产值不断提高而且结构也趋于优化，金融业、信息传输、软件和信息技术服务业，房地产业等现代服务业所占比重不断提高（见表 9-3）。但是，浙江省第三产业的结构远未达到先进水平，批发和零售业等传统产业依然在浙江省第三产业中占据着重要位置，且占比一直超过 20%。这与浙江省的省情相符，浙江省的小商品体系较为发达，如义乌的国际小商品城、绍兴的纺织城等，使得浙江省服务业以零售业等低端服务业为主，新兴服务业发展明显不足。与此同时，浙江省的第二产业以低端制造业为主，这也导致先进制造业与现代服务业之间的互动不足，使现代服务业升级的空间弱化。因此，想要破解服务业升级难的困境，必须注重二产与三产之间的联动发展。但随着互联网技术的快速发展，电子商务等服务业迅速发展，并引领着浙江消费新时尚。2021 年，浙江省限额以上批发和零售业单位通过公共网络实现的零售额比上年增长 25.9%，且线上消费在持续增长。

表 9-3　2016—2021 年浙江省第三产业中的各行业生产值占比

行业	2016 年	2017 年	2018 年	2019 年	2020 年	2021 年
批发和零售业	0.245	0.232	0.223	0.216	0.210	0.219
交通运输、仓储和邮政业	0.067	0.064	0.060	0.058	0.053	0.056

续表

行业	2016 年	2017 年	2018 年	2019 年	2020 年	2021 年
住宿和餐饮业	0.037	0.035	0.032	0.032	0.027	0.029
信息传输、软件和信息技术服务业	0.087	0.095	0.096	0.106	0.113	0.118
金融业	0.136	0.139	0.147	0.144	0.153	0.154
房地产业	0.117	0.129	0.134	0.136	0.141	0.132
租赁和商务服务业	0.056	0.054	0.057	0.057	0.055	0.055
科学研究和技术服务业	0.030	0.031	0.031	0.034	0.034	0.034
水利、环境和公共设施管理业	0.013	0.011	0.011	0.011	0.010	0.010
居民服务、修理和其他服务业	0.022	0.020	0.019	0.020	0.018	0.017
教育	0.061	0.061	0.062	0.061	0.062	0.058
卫生和社会工作	0.042	0.044	0.045	0.044	0.045	0.043
文化、体育和娱乐业	0.015	0.015	0.015	0.015	0.012	0.012

数据来源:2016—2021 年浙江省统计年鉴。

三、浙江省绿色 TFP 测算

本书中的第三章基于 SBM 模型和 ML 生产率指数,测算了我国 30 个省份 2003—2019 年的绿色 TFP 水平,其中,浙江省 2003—2019 年绿色 TFP 的均值为 1.0049,说明浙江省的绿色 TFP 整体呈现出上升态势。为进一步分析浙江省内各地级市绿色 TFP 的变化情况,本部分将使用超效率 SBM 模型测算 2009—2019 年浙江省 11 个地级市绿色 TFP 的动态演进和空间特征。

(一)超效率 SBM 模型

非导向 CRS-SBM 超效率模型如式(9-1)所示。

$$\min \rho_{SE} = \frac{\frac{1}{m}\sum_{i=1}^{m} \overline{x}_i / x_{i,k}}{\frac{1}{s}\sum_{r=1}^{s} \overline{y}_r / y_{r,k}} \tag{9-1}$$

$$\text{s.t.} \ \overline{x}_i \geqslant \sum_{j=1,j\neq k}^{n} x_{i,j}\lambda_i, \quad \overline{y}_r \leqslant \sum_{j=1,j\neq k}^{n} y_{r,j}\lambda_i$$

$$\overline{x}_i \geqslant x_{i,k}, \quad \overline{y}_r \geqslant y_{r,k}, \quad \lambda \geqslant 0, \quad \overline{y} \geqslant 0$$

由除 DMU_k 外的其他 DMU 构建的生产可能集可表示为如式(9-2)所示的形式。

$$\left\{(x,y) \mid x \geqslant \sum_{j=1,j\neq k}^{n} x_{i,j}\lambda_i, y \leqslant \sum_{j=1,j\neq k}^{n} y_{r,j}\lambda_i\right\} \tag{9-2}$$

被评价 DMU_k 在 SBM 超效率模型中的投影值 $(\overline{x},\overline{y})$ 就是模型的最优解。

(二)投入、产出变量及数据来源

本节选取了浙江省 2009—2019 年 11 个地级市[①]的投入、产出数据,利用 MaxDEA 软件进行绿色 TFP 测算。数据来源于《中国城市统计年鉴》。

投入指标主要有三个:第一,劳动投入。用各地级市的年末就业人员总数来衡量。第二,能源投入。用各地级市的全年用电量来衡量。第三,资本投入。资本投入的计算方法可见第三章第三节,基于 Goldsmith(1951)、单豪杰(2008)的方法进行估算。

产出指标主要有两个:第一,期望产出。基于 2009—2019 年地区生产总

---

① 本书选取的浙江省 11 个地级市分别为杭州、宁波、温州、绍兴、湖州、嘉兴、金华、衢州、台州、丽水、舟山。

值,为消除通货膨胀的影响,运用平减指数法将 GDP 折算成以 2009 年为基期的不变价。第二,非期望产出。选取工业二氧化硫排放量、工业废水排放量、工业烟粉尘排放量作为非期望产出的衡量指标。

(二)结果分析

基于 MaxDEA 软件,本书测算了 2009—2019 年浙江省 11 个地级市的绿色 TFP 水平,并将其分解为绿色技术进步 GTC 和绿色技术效率 GEC 两个维度进行测算,结果如表 9-4 所示。可以发现,杭州、宁波、嘉兴、湖州、衢州和舟山 6 个地级市 2009—2019 年绿色 TFP 的均值大于 1,说明以上 6 个地级市在 2009—2019 年的绿色 TFP 总体呈上升趋势,温州、绍兴、金华、台州和丽水 5 个地级市 2009—2019 年绿色 TFP 的均值小于 1,说明以上 5 个地级市在 2009—2019 年的绿色 TFP 总体上出现了轻微下降。

表 9-4　浙江省 11 个地级市的 GTFP、GEC、GTC 均值(2009—2019 年)

城市	GTFP	GEC	GTC
杭州	1.0224	1.0092	1.0155
宁波	1.0192	1.0387	0.9936
温州	0.9901	0.9481	1.0585
嘉兴	1.0172	1.0231	0.9985
湖州	1.0074	1.0002	1.0117
绍兴	0.9840	0.9913	1.0060
金华	0.9702	0.9594	1.0508
衢州	1.0175	1.0094	1.0125
舟山	1.0536	1.0838	1.0416
台州	0.9866	0.9632	1.0261
丽水	0.9896	0.9880	1.0098

2010 年,除绍兴和温州外,其余 9 个地级市的绿色 TFP 均大于 1,说明绿色 TFP 表现良好,其中衢州、丽水和舟山三地的绿色 TFP 水平最高。2013 年,除绍兴和温州的绿色 TFP 持续恶化外,金华和台州的绿色 TFP 也出现了大幅下降,其余 7 个地级市的绿色 TFP 水平表现较为良好,其中舟山和嘉兴的绿色 TFP 水平分列第一、二位。2016 年,绍兴、金华、台州和温州的绿色 TFP 依旧表现较差,其余 7 个地级市的绿色 TFP 均大于 1.1,相较于 2013 年而言实现了巨大的提升。2019 年,绍兴、金华、台州、温州和丽水的绿色 TFP 水平表现欠佳,其余地级市的绿色 TFP 水平表现良好,特别是杭州和宁波,相较于往年而言一直处于不断上升的状态。

第二节　吉利集团案例研究

浙江吉利集团作为浙江省的本土汽车品牌,在国家"走出去"战略的东风下,吉利集团主动出击,开展了多项跨国并购业务并以此为跳板融入全球创新网络,实现企业创新转型。在当前国家重点关注的新能源领域,吉利集团率先发力,通过推出新能源汽车等助力低碳、绿色发展。本节以吉利集团为案例,深入剖析其跨国并购、创新转型和绿色发展的相关实践,并在此基础上总结经验、启示,为我国企业对外投资、转型升级与绿色发展提供相关政策建议。

一、案例呈现:吉利集团的全球化战略

(一)吉利集团概况[①]

浙江吉利控股集团(简称吉利集团)始建于 1986 年,在 1997 年进入汽车行业,一直专注实业、技术创新和人才培养,不断打基础、练内功,坚定不移地

---

① 相关资料和数据来源于吉利集团官网 http://www.zgh.com。

推动企业转型升级和可持续发展。现企业资产总值超 5100 亿元人民币,员工总数超过 12 万人,连续 11 年进入《财富》世界 500 强(2022 年排名第 229 位),是全球汽车品牌组合价值排名前十中唯一的中国汽车集团。

目前,吉利集团的业务涵盖汽车及上下游产业链、智能出行服务、绿色运力和数字科技等。集团总部设在杭州,旗下吉利、领克、极氪、几何、沃尔沃、极星、路特斯、英伦电动汽车、远程新能源商用车、雷达新能源汽车、曹操出行等围绕各自的品牌定位,积极参与市场竞争。吉利集团在中国上海、杭州、宁波,瑞典哥德堡,英国考文垂,美国加州,德国法兰克福等地建有造型设计和工程研发中心,研发、设计人员超过 2 万人,拥有国内外有效专利超 1.4 万项。在中国、美国、英国、瑞典、比利时、马来西亚等国家和地区建有世界一流的现代化整车与动力总成制造工厂,拥有各类销售网点超过 4000 家,产品销售及服务网络遍布世界各地。

(二)吉利集团的跨国并购与转型升级

2007 年 5 月 17 日,吉利集团正式向外界宣布吉利汽车进入战略转型期。一直以来凭借低价策略取得竞争优势的吉利汽车开始转变发展战略,从"低价战略"向"技术先进、品质可靠、服务满意、全面领先"战略转型。在这一过程中,国家的"走出去"战略为吉利集团战略转型提供了契机。

吉利集团主要完成了三大跨国并购:一是 2009 年收购澳大利亚 DSI 公司。DSI 公司是世界第二大独立于整车之外的自动变速器生产商。通过收购 DSI 公司,吉利集团将 DSI 先进的自动变速器产品和技术引入中国汽车行业,极大地强化了吉利集团自身自动变速器的研发和生产能力。二是 2010 年斥资 18 亿美元收购了沃尔沃 100% 的股权。通过收购沃尔沃,吉利集团获得了沃尔沃轿车商标的全球所有权和使用权,以及分布于 100 多个国家的 2325 个网点的销售和服务体系,此外,还有涵盖发动机、整车平台、模具安全技术和电动技术的 10963 项专利与专用知识产权等宝贵资产,这为吉利集团跨越技术瓶颈,以及提高创新能力奠定了坚实的基础。三是 2017 年吉利集团收购马来西亚 DRB 集团旗下宝腾汽车 49.9% 的股份以及豪华跑车品牌路特斯 51% 的股份,开启了中国汽车品牌向国外输出技术、标准、人才、产品的先河。

更为重要的是，吉利集团在完成跨国并购后，快速融入全球创新网络，在此过程中加快自主创新步伐，提升创新能力。目前，吉利在杭州、宁波、哥德堡和考文垂设立了四大研发中心，在上海、哥德堡、巴塞罗那和洛杉矶设立了四大造型中心，拥有超过 2 万名的研发与设计人员。

（三）吉利集团新能源与绿色发展

减少车辆对环境的影响是每个汽车行业从业者的责任。吉利集团一直以"创造安全、环保和节能的汽车"为使命，协同合作伙伴搭建全球产业价值链，持续为消费者提供具有市场竞争力的新能源和电气化车型，同时为助力"双碳"目标实现和推动绿色发展做出贡献。

2018 年是吉利汽车全面迈入新能源汽车时代的元年。吉利集团发布了智擎新能源动力系统，通过四大技术路径，即混动技术、纯电动技术、替代燃料技术和氢燃料电池技术，初步实现从新能源技术追随到技术引领的新跨越。目前，吉利集团已聚集了超过 2500 人的全球顶尖的新能源研发团队，取得了数百项核心专利，打造底层架构技术，实现了真正 100% 自主研发的中国新能源技术体系和解决方案。

吉利在新能源商用车、甲醇汽车产业化等方面的工作也取得了重大进展，伦敦电动汽车逐渐成为全球城市交通领域零排放的先行者。沃尔沃汽车自 2017 年开始全面启动电气化战略，2019 年起所有新上市的车型都将搭载电气化系统，预计到 2025 年，沃尔沃汽车销量中将有一半来自纯电动车。沃尔沃汽车也是全球首家提出全部车型 100% 搭载电气化系统的汽车公司。

二、案例分析：基于"LLL"框架的效应分析

跨国并购是国际投资的一种重要模式，Mathews（2006）提出"LLL"分析框架，即联系效应、杠杆效应和学习效应，认为发展中国家跨国企业作为国际化进程中的后发者，可以凭借上述三大效应，汲取领先者的技术外溢并

形成自身的竞争优势以参与国际竞争。本书基于"LLL"分析框架,从联系效应、杠杆效应和学习效应三个层面入手,深入剖析吉利集团的全球化创新战略。

(一)联系效应:链接全球创新资源

所谓联系效应,是指跨国公司通过跨国并购等方式,嵌入国际创新网络,与世界技术前沿建立联系,并以此为契机,学习和吸收国际先进技术。吉利集团在创立初期面临技术窘境,作为一家无技术、无人才的初创民营汽车企业,只能依靠低价竞争占领市场份额。进入 21 世纪后,汽车企业面临的国内外竞争日益加剧,吉利集团亟须实现战略转型,即从低价竞争转向技术升级。在国家"走出去"战略背景下,吉利集团加快海外并购步伐,链接全球创新资源。

第一,2009 年收购澳大利亚 DSI 公司,推动变速器研发创新。2009 年,吉利集团顺利收购世界第二大自动变速器生产商——澳大利亚 DSI 公司,DSI 公司是美国福特、印度马新爵和韩国双龙等汽车公司的变速器供应商,拥有年产 18 万台自动变速器的制造能力。吉利集团通过跨国并购,将 DSI 公司先进的自动变速器技术引入中国汽车行业,显著地提高了吉利集团自动变速器的研发和制造能力。第二,2010 年收购沃尔沃,强化技术与品牌价值。对于吉利集团而言,要想在短期内大幅提升技术创新水平并拓展全球品牌知名度,最简洁、高效的做法是并购一家全球知名的汽车企业,通过"蛇吞象"的方式一举获得被并购企业的先进技术、品牌价值与销售网络等。以 2008 年金融危机为契机,吉利集团在 2010 年收购了沃尔沃 100% 的股权,从而获得了沃尔沃轿车的商标所有权和使用权,并一举拿下了沃尔沃的销售网络、研发团队、知识产权、制造工厂等大量宝贵的资产,极大地提升了吉利集团的技术创新能力。由此可见,在早期的全球化过程中,通过跨国并购,吉利集团与国外领先企业建立联系,获取汽车制造的核心技术,从而开启创新转型之路。

(二)杠杆效应:撬动全球创新资源

所谓杠杆效应,是指跨国公司通过跨国并购等方式与世界技术前沿建立联系后，以此为杠杆，加速融入全球化资源网络并撬动全球创新资源。吉利集团通过跨国并购链接领先者技术前沿，加速融入全球创新资源网络，形成了"全球研发—全球设计"的全球化创新网络。

第一，借助全球四大研发中心抢占技术制高点。吉利集团拥有四大研发中心，分别是杭州、宁波、哥德堡和考文垂，多点布局全球化研发网络。从时间轴来看，2010 年、2013 年、2015 年和 2017 年吉利集团分别在杭州、哥德堡、考文垂、宁波建立研发中心。其中，在瑞典哥德堡设立的欧洲研发中心聚力打造新一代中级车模块化架构，这也是吉利集团全新品牌领克产品的主阵地，目前哥德堡研究中心已拥有研发人员 2000 多名。在英国考文垂设立的研发中心聚力推出轻量化新能源商用车，共计投资 5000 万英镑。在宁波杭州湾新区设立的研发中心拥有国内最前沿的研发技术中心、动力总成试验中心、整车试验中心与整车试制中心。第二，借助全球四大设计中心引领造型前沿。研发中心为汽车基础架构提供技术支撑，设计中心则为汽车外观和造型设计保驾护航。吉利集团已在中国上海、瑞典哥德堡、西班牙巴塞罗那、美国洛杉矶建立了设计中心，这些设计中心代表了世界级汽车工业的最新动态。值得一提的是，吉利集团聘请了国际顶尖汽车造型设计人才彼得·霍布里担任造型设计副总裁，并取得了丰硕成果。2011 年以来，吉利集团集结了多国 500 多位专家集体研发，推出了具有中国文化元素的吉利博瑞，在合资企业主导的 B 级车市场占据一席之地。

(三)学习效应：吸收全球创新资源

所谓学习效应，是指跨国公司在融入全球创新网络后，不断学习和汲取领先者先进技术，并通过模仿创新、自主创新等手段不断提升企业技术创新能力，形成竞争优势。依靠全球化创新网络，吉利集团不断学习和吸收国际先进技术，在技术学习的基础上加快自主创新步伐，开拓横纵联合的产品线，打造自主突破的创新网，实现传统动力汽车向新能源汽车的转型升级，在"创造性破坏"中实现中华民族汽车品牌的追赶和超越。

第一，吸收全球创新资源，打造产品创新网。目前，吉利集团打造了一张横纵联合的产品网，既有丰富多样的横向产品线，又有形成质量阶梯的纵向产品线。其中,在横向产品线方面,2007 年以前,吉利集团只生产轿车车型,比如豪情、美日和优利欧等,随着技术水平提升和战略改革,吉利集团陆续推出远景、博瑞、博越和帝豪等融合轿车、SUV 与 MPV 等多种车型的品牌系列。吉利汽车在其产品规划中提出:吉利汽车将推出超过 30 款全新产品,产品将横跨设计轿车、跨界车、SUV 和 MPV 等多个种类,以满足客户需求。在纵向产品线方面,2007 年以前,吉利集团主要以低价策略参与市场竞争,如美日、豪情和优利欧被称为"老三样"。在 2007 年战略转型之后,吉利集团通过跨国并购显著提升了技术创新能力,实现了汽车从 A 级到 B 级再到 C 级的跨越式发展,成功推出了远景、博瑞、博越、帝豪和领克等中高端汽车品牌,领克更是进军欧美市场,实现了中华民族汽车品牌价值的崛起。第二,吉利集团致力于提供多样化的新能源解决方案,积极探索油电混合、插电式混动、增程式电动、纯电动和甲醇、乙醇等替代燃料领先技术,推动传统汽车向新能源汽车转型升级。在替代燃料方面,吉利集团与冰岛碳循环国际公司合作开发了一种将二氧化碳转化为清洁甲醇的可持续发展方法。甲醇的安全性和可行性已由测试车队在数年与数百万公里的行驶中得到了证实。在电动化方面,目前最成熟的零排放动力系技术是电池电动汽车,随着吉利集团战略性地投资新能源移动服务,曹操专车的吉利电池电动车已行驶了 1000 万公里以上。此外,吉利集团专门成立了远程新能源商用车品牌,专注于新能源和清洁能源商用车的研发与制造。在新能源技术的开发与应用领域,吉利抢占先机,走在了世界前列。

第三节　小　结

本章剖析了浙江省 OFDI、产业升级与绿色 TFP 的发展现状,研究发现:在 OFDI 方面,浙江省 OFDI 不管是存量还是流量,都位居全国前列,浙江省是一个名副其实的 OFDI 大省。在产业升级方面,2015 年浙江省服务业占比首次超过第二产业,已形成"三二一"的产业结构。在绿色 TFP 方面,基于超效率 SBM 模型,测算了 2009—2019 年浙江省 11 个地级市绿色 TFP 的动态演进和空间特征,结果显示,浙江省整体的绿色 TFP 处于上升状态,但内部各地级市之间存在显著差异,杭州、嘉兴、湖州等地的绿色 TFP 发展态势较好,而温州、金华等地的绿色 TFP 水平则相对较低。本章以吉利集团为案例,深入剖析其跨国并购、创新转型和绿色发展的相关实践。吉利集团作为国际化进程中的后发者,通过联系效应、杠杆效应、学习效应,实现了技术创新升级与新能源绿色转型。

第十章 结论与政策建议

第一节 基本结论

关于 OFDI、母国产业升级和绿色 TFP 的研究是国际经济领域的热点，也是新时期我国经济发展提质增效的重要手段。基于文献回顾与现实特征描述，本书构建了中国 OFDI、母国产业升级与绿色 TFP 提升的理论框架。首先，基于理论机制，本书对中国 OFDI 的国别差异与母国产业升级进行实证检验，分析了中国对发达及新兴市场国家的 OFDI 和对发展中国家的 OFDI 对母国产业升级的不同影响；其次，本书通过中介效应和调节效应分析方法，对上述影响的传导路径展开实证讨论；最后，本书基于门槛模型和空间杜宾模型，实证检验了中国 OFDI 对绿色 TFP 的门槛效应和空间溢出效应，最终得到以下基本结论。

第一，本书基于传统国际直接投资理论，梳理了 OFDI 促进母国产业升级的一般机制，构建了中国 OFDI、母国产业升级与绿色 TFP 提升的理论框架，研究表明：一是中国对发达及新兴市场国家的 OFDI 之母国产业升级效应是通过技术进步路径实现的，即存在"中国对发达及新兴市场国家的 OFDI—母国技术进步—母国产业升级"的逻辑链条，其中，链条的第一环节受到母国消化吸收能力的影响。二是中国对发展中国家的 OFDI 之母国产业升级效应是通过边际产业转移路径和研发成本分摊路径实现的，即存在两个逻辑链条，分别是"中国对发展中国家的 OFDI—母国生产要素流动—母国产业升级"

（其中，链条的第一环节受到母国制度因素的影响）与"中国对发展中国家的 OFDI—母国研发投入增加—母国技术进步—母国产业升级"。三是中国 OFDI 对母国绿色 TFP 的影响是通过绿色技术溢出机制、环境制度倒逼机制、绿色研发分摊机制实现的，并且受到母国消化吸收能力的调节作用的影响。

第二，本书从产业结构优化和产业效率提升两个维度考察了 2003—2020 年中国产业升级情况，研究表明，我国产业结构总体上呈现出不断优化的态势，服务业加速占据主导地位并不断向"三二一"结构演进，同时产业效率得到极大提升。本书在区分发达及新兴市场国家和发展中国家两类投资东道国样本的基础上，对中国 OFDI 国别差异的现实特征进行提炼，研究表明，2003—2015 年，我国对这两类国家的 OFDI 流量和存量均呈指数型增长，但我国对发达国家的 OFDI 的流量和存量增长速度要明显高于我国对发展中国家的 OFDI 的流量和存量增长速度。本书基于修正的钱纳里标准结构模型，实证检验了中国 OFDI 宏观整体和国别差异对母国产业升级的影响。研究表明：从 OFDI 宏观整体层面来看，中国 OFDI 对母国产业结构优化存在显著的正向激励作用，而对母国产业效率提升却存在显著的负向影响；从 OFDI 国别差异层面来看，中国对发达及新兴市场国家的 OFDI 和对发展中国家的 OFDI 均能显著促进母国产业结构优化，中国对发达及新兴市场国家的 OFDI 对母国产业效率提升存在显著的正向影响，但对发展中国家的 OFDI 对母国产业效率提升存在负向阻碍效应。

第三，本书通过中介效应和调节效应分析，实证检验了中国对发达及新兴市场国家的 OFDI 促进母国产业升级的传导路径。一是通过 DEA 和 SFA 方法对中国技术进步水平进行测度，其中：DEA 结果显示，2003—2015 年，我国技术创新呈正向增长，增长率为 1.7%，而技术效率和全要素生产率均下滑，分别下降 4.4% 和 2.8%；SFA 结果显示，2003—2015 年，我国技术效率均值为 0.451，我国整体技术效率仍处于较低水平。二是中介效应回归结果显示，中国对发达及新兴市场国家的 OFDI 对母国产业升级的促进作用是通过技术进步路径实现的，更确切地说，应该是技术进步中的技术创新部分，而非技术效率部分，即存在"中国对发达及新兴市场国家的 OFDI—母国技术创新—母国产业升级"这一传导机制,且这一传导机制只在我国东部地区显著存在,在中、西部地区并不显著。进一步的研究发现,在中国对发达及新兴市场国家的OFDI对母国产业结构优化的促进作用中,技术进步发挥着部分中介的作用,而在中国对发达及新兴市场国家的OFDI对母国产业效率提升的促进作用中,技术进步则发挥着完全中介的作用。三是调节效应回归结果显示,国内研发资本存量和人力资本存量对技术进步的调节作用显著存在,中国对发达及新兴市场国家的OFDI对母国技术进步的促进作用受到母国研发资本存量和人力资本存量的影响,母国研发资本存量越密集,人力资本存量越丰裕,这种促进作用就会越明显。

第四,本书通过中介效应和调节效应分析,实证检验了中国对发展中国家的OFDI促进母国产业升级的传导路径。一是从资本要素和劳动力要素入手,考察了中国新兴产业的要素流动情况,结果显示:2003—2015年我国新兴产业的资本要素均值在0.50左右浮动,且呈现"V"字形特征,2003—2009年处于下降通道,在到达最低点后开始触底反弹;2003—2015年我国新兴产业的劳动力要素均值为0.0629,且一直处于稳步上升的状态。二是本书实证检验了基于边际产业转移路径的OFDI之母国产业升级效应,中介效应回归结果显示,中国对发展中国家的OFDI对母国产业结构优化的促进作用可以通过边际产业转移路径实现,即确实存在"中国对发展中国家的OFDI—母国生产要素流动—母国产业升级"的传导路径,且这一传导路径只在东部地区显著存在,在西部地区并不显著,而中部地区的劳动力要素流动路径显著存在,但资本要素流动路径不显著。进一步的研究发现,我国对发展中国家的OFDI更多的是通过资本要素向新兴产业流动促进母国产业结构优化,而劳动力要素向新兴产业流动的促进作用则较小。调节效应回归结果显示,母国制度因素的调节效应并不显著,即我国对发展中国家的OFDI促进母国生产要素从传统产业向新兴产业流动这一作用机制尚未受到母国制度因素的影响。三是本书实证检验了基于研发成本分摊路径的OFDI之母国产业升级效应,结果显示,中国对发展中国家的OFDI不能促进母国研发投入增加,即"对发展中国家的OFDI—母国研发投入增加—母国技术进步—母国产业升级"这一逻辑链条的第一环节是不显著的,因此本书认为,现阶段我国对发展中国家的 OFDI 促进母国产业升级不能通过母国研发成本分摊路径实现。

第五，本书基于 SBM 模型和 *ML* 生产率指数，通过 MaxDEA 软件测算了 2003—2019 年中国绿色 TFP 水平，结果显示，2003—2019 年中国绿色 TFP 的均值为 0.9616，说明中国绿色 TFP 总体呈现下降趋势，绿色经济发展亟待大力推进。此外，绿色 TFP 呈现出明显的地区差异，东部地区的绿色 TFP 水平远远高于中、西部地区。本书基于基准回归模型、门槛模型和空间杜宾模型，实证检验了中国 OFDI 对母国绿色 TFP 的影响，结果表明：中国 OFDI 对母国绿色 TFP 具有显著的正向促进作用，并且该促进作用只在我国东部地区显著，中、西部地区并不存在；中国 OFDI 对母国绿色 TFP 的正向影响受到母国消化吸收能力的调节作用的影响，其中，人力资本和研发投入在中国 OFDI 对绿色 TFP 的影响中存在显著的单门槛效应，当人力资本和研发投入水平达到某个门槛值时，中国 OFDI 才会对绿色 TFP 产生显著的推动作用；中国绿色 TFP 存在显著的空间自相关性和空间集聚特征，中国 OFDI 对绿色 TFP 存在显著的空间溢出效应，即某个地区的绿色 TFP 提升将会给地理位置相邻和经济距离相近区域的绿色 TFP 带来显著的正向溢出作用，且该地区 OFDI 的扩大将会显著提高邻近地区的绿色 TFP 水平。

第二节　政策建议

一、中国对外投资的战略选择

（一）加速中国对发达及新兴市场国家的技术寻求型 OFDI

在新科技革命和知识经济的大背景下，技术和创新等要素已成为产业赖以生存的基石，更是促进产业结构转型升级的根本动力。本书的研究结论表明，中国对发达及新兴市场国家的 OFDI 能够通过技术进步路径实现母国产业升级，还可以通过绿色技术溢出机制和环境制度倒逼机制促进母国绿色

TFP 提升。

发达国家是全球技术创新的发源地,在电子信息、航空航天、装备制造等领域都处于世界领先地位,我国应把握新科技革命背景下欧美制造业回归的现实机遇,通过跨国并购、设立海外研发中心、建立战略联盟等形式嵌入发达国家高新技术集群网络,重点投资于发达国家具有高技术、高附加值的先进制造业等高技术产业,比如美国的航空航天制造业、软件业、电子信息业、半导体材料产业等,德国的汽车制造业、专用设备制造业等,通过研发要素吸收、研发成果返回和研发人员交流等途径,不断学习和引进国外先进技术实现对母国的技术反哺,最终通过国内产业的示范和竞争效应推动母国产业升级与绿色 TFP 提升。

(二)扩大中国对发展中国家的效率寻求型 OFDI

随着我国经济的持续发展,人口红利逐渐消失,劳动力成本和原材料价格上涨等因素共同宣告过去以低端生产为核心的产业结构和生产方式将难以维系,边际产业转移迫在眉睫。本书的研究结论表明,中国对发展中国家的 OFDI 能够通过边际产业转移路径实现母国产业升级,我国将服装加工等劳动密集型产业向劳动力成本更为低廉的发展中国家转移,能够有效地释放国内稀缺生产要素并推动这些要素向新兴产业流动。

基于上述研究结论,我国应加速将纺织、服装加工等传统劳动密集型产业向菲律宾、越南等东南亚国家以及非洲和拉美国家转移,利用好当地市场的劳动力优势和原材料成本优势。同时,要积极把握"一带一路"倡议的重要机遇,通过与沿线发展中国家基础设施领域的互联互通,优先把钢铁、水泥和玻璃等产能过剩产业向外迁移,从而能够集中优势资源发展国内高新技术产业、生产性服务业等新兴产业,最终通过生产要素流动推动母国产业升级。

(三)因地制宜,各地区结合实际开展对外投资活动

本书研究结论表明,东部地区能够通过技术进步路径和边际产业转移路径实现产业升级,中部地区能够通过边际产业转移路径实现产业升级,但不能通过技术进步路径实现产业升级,西部地区不能通过上述路径实现产业升

级；东部地区能够通过 OFDI 促进绿色 TFP 提升，而在中、西部地区该效应尚不存在。

基于上述研究结论，可以得出：东部地区的投资区位选择应向发达及新兴市场国家集聚，通过经验学习、绿色技术外溢等进一步推动地区绿色 TFP 提升和产业高级化发展，同时不断把边际产业向发展中国家转移，以集中地区优势资源发展新兴产业；中部地区可以通过边际产业转移实现产业升级，应加速将服装、纺织等劳动密集型产业以及水泥、玻璃等产能过剩行业向发展中国家转移，释放地区稀缺生产要素并促使这些要素向新兴产业流动，同时不断加大地区研发投入以提高自主创新能力，可以尝试向发达国家进行小规模的技术寻求型 OFDI 以积累经验；西部地区产业基础薄弱，现阶段要做的应当是夯实经济根基，可向距离较近的国家开展资源寻求型 OFDI，为地区产业发展提供必要的能源储备。此外，不同地区应结合区域经济特点，因地制宜地开展对外投资活动。以浙江省为例，浙江省可以立足自身块状经济的鲜明特色，发挥浙江省中小企业集群优势，创新抱团、组团"走出去"新模式，比如建立境外产业园区，形成以大企业为主导，中小企业跟随的全产业链投资模式，增强集群企业竞争力。

(四)稳扎稳打，显著提升中国跨国企业的技术水平

国际技术溢出理论和本书的研究结论均证实，OFDI 逆向技术溢出效应的发挥有赖于母国消化吸收能力，而影响消化吸收能力的关键在于一国的研发资本存量和人力资本存量，归根结底在于企业的技术创新能力。技术创新是企业转型升级的第一推动力，其关键在于研发投入和人才培养。

基于上述结论，我国跨国企业应从增加研发投入和关注人才培养两个方面入手，不断提高我国企业的技术水平。首先，应大幅增加跨国企业的研发投入，建立研发机构，增强创新动能。以 Google、Apple 和华为等跨国公司为例，其研发投入均超过总收入的 10%，然而目前我国绝大多数企业的这一比例仍然停留在 5% 以下。因此，切实提高研发投入是我国企业开展技术寻求型对外投资的首要任务。大型企业应建立企业研究院、技术研发中心等研发机构，并积极开展研发活动，同时积极申报与承担国家和省级重大科技与产

业发展项目;中小企业可通过模仿创新、引进创新,走一条引进、消化、吸收、创新的"四步走"创新转型之路。其次,重点关注人力资本培养。人力资本是知识和技术的有效载体,也是技术扩散和溢出的重要途径,我国对发达及新兴市场国家的OFDI的逆向技术溢出效应需要用人力资本去消化、吸收并反馈给母国以促进母国技术进步。企业应制定人才储备和培养的长期规划,大力引进高技术人才,培育和孵化创新团队;联合高校和科研院所,实现高端人才的互动、互联、互通,促进产学研一体化建设和科技成果加速转化。与此同时,加强技术人才的国际交流,与欧美等技术强国建立人才联合培养机制。

二、中国绿色发展的实施路径

(一)构建绿色低碳的产业体系

从绿色农业、绿色工业和绿色服务业三大产业入手,构建绿色低碳的产业体系,助推我国绿色经济发展。第一,加快推动绿色农业发展。加强农业农村污染治理,发展高效节水灌溉,大力推进绿色种养循环,促进农业绿色、高质量发展;加快推进农业与文创、旅游、健康等产业的深度融合,实现农业生态与效益的双赢。第二,传统高耗能工业绿色转型升级。聚焦钢铁、化工等高耗能行业,对"两高一剩"的高碳低效行业严格执行产能置换办法,依法依规淘汰落后、过剩产能;推广应用清洁生产技术,依法实施强制性清洁生产审核;严把项目准入关,切实发挥节能审查制度的源头把控作用,逐步开展重点行业建设项目碳排放评价试点工作,坚决遏制高耗能、高排放项目的盲目发展。第三,大力发展绿色低碳的新兴制造业。加快推动数字经济、智能制造、生命健康、新能源、新材料等战略性新兴产业的发展,培育形成一批低碳、高效的新兴产业集群;深化信息技术、数字技术与制造业的深度融合,尽可能减少生产过程中的环境污染与资源浪费。第四,做大做强绿色服务业。大力推动绿色金融发展,通过绿色信贷、绿色债券、绿色保险、碳排放权等绿色金融产品助力绿色产业高效融资;推动物流行业降本增效,推进快递包装绿色转型,培育一批绿色流通主体等。

(二)构建绿色低碳的技术创新体系

第一,强化绿色技术研发。加强清洁能源、储能等领域前沿技术的基础研究,重点突破高耗能行业的节能增效技术,超前部署碳捕集利用与封存等负碳技术。鼓励优势单位牵头建设省级重点实验室、技术创新中心,支持龙头企业牵头组建体系化、任务型的绿色技术创新联合体与产业技术联盟。第二,推进科技成果转移转化。深入实施首台(套)提升工程,定期发布绿色技术推广目录,积极推广碳捕集利用与封存技术。鼓励企业、高校、科研机构打造绿色技术创新项目孵化、成果转化和创新创业基地,积极培养绿色技术创新创业人才。第三,建设国家绿色技术交易中心。打造线上线下联动的市场化绿色技术交易综合性服务平台。扩大绿色技术交易线下辐射网,常态化推进技术服务和交易,探索建立绿色技术相关标准和认证体系。

(三)构建绿色低碳的资源利用体系

基于循环经济的发展理念,不断提高全社会、全行业资源高效利用水平。第一,绿色载体建设。以"无废城市"为目标,全面推广绿色机关、绿色学校、绿色社区、绿色工厂、绿色家庭等绿色载体的创建,加快立法,强制推进生活垃圾分类回收利用,构建区域协作的废弃物回收储运、循环利用和监管体系,全面统筹城市废弃物、工业废弃物等的综合利用。第二,加强再生资源的回收利用。加快推进资源循环利用,推动固体废弃物处置利用全区域统筹、全过程分类、全品种监管、全链条循环。加强城乡生活垃圾分类设施建设,推行定时定点分类模式,推进垃圾分类回收和再生资源回收"两网融合"。第三,倡导绿色低碳的生活方式。全面开展绿色生活创建行动,持续推进塑料污染全链条治理。鼓励国有企业建立绿色采购制度,提高政府绿色采购比例;推广绿色电力证书交易,引领全社会增加绿色电力消费;促进个人新能源小客车消费,引导公众绿色出行。

参考文献

[1]Acemoglu D. Introduction to modern economic growth[M]. Princeton: Princeton University Press,2009.

[2]Aigner D,Lovell C A K,Schmidt P. Formulation and estimation of stochastic frontier production models[J]. Journal of Econometrics,1977 (1):21-37.

[3]Akbar Y H,Mcbride J B. Multinational enterprise strategy,foreign direct investment and economic development: The case of the Hungarian banking industry[J]. Journal of World Business,2004(1):89-105.

[4]Álvarez I,Marin R,Fonfría A. The role of networking in the competitiveness of firms [J]. Technological Forecasting and Social Change,2009(3):410-421.

[5]Amann E,Virmani S. Foreign direct investment and reverse technology spillovers:The effect on total factor productivity[J]. OECD Journal: Economic Studies,2014(1):129-153.

[6]Andersson U,Forsgren M,Holm U. The strategic impact of external networks:Subsidiary performance and competence development in the multinational corporation[J]. Strategic Management Journal,2002(11): 979-996.

[7]Audretsch D B,Feldman M P. R&D spillovers and the geography of innovation and production[J]. American Economic Review,1996(3): 630-640.

[8] Barbosa N, Eiriz V. Linking corporate productivity to foreign direct investment: An empirical assessment[J]. International Business Review, 2009(1):1-13.

[9] Baron R M, Kenny D A. The moderator-mediator variable distinction in social psychological research: Conceptual, strategic, and statistical considerations [J]. Journal of Personality and Social Psychology,1986(6):1173-1182.

[10] Barro R J, Lee J W. International comparisons of educational attainment [J]. Journal of Monetary Economics,1993(3):363-394.

[11] Battese G E, Coelli T J. A model for technical inefficiency effects in a stochastic frontier production function for panel data[J]. Empirical Economics,1995(2):325-332.

[12] Bloch H, Rafiq S, Salim R. Economic growth with coal, oil and renewable energy consumption in China: Prospects for fuel substitution [J]. Economic Modelling,2015(44):104-115.

[13] Blomstrom M, Sjöholm F. Technology transfer and spillovers? Does local participation with multinationals matter? [J]. European Economic Review,1999(43):915-923.

[14] Braconier H, Ekholm K, Knarvik K H M. In search of FDI-transmitted R&D spillovers: A study based on Swedish data[J]. Review of World Economics,2001(4):644-665.

[15] Branstetter L. Is foreign direct investment a channel of knowledge spillovers? Evidence from Japan's FDI in the United States[J]. Journal of International Economics,2006(2):325-344.

[16] Buckley P J, Casson M. The economic theory of the multinational corporate[M]. London: Macmillan Press Ltd. ,1976.

[17] Buckley P J, Clegg L J, Cross A R, et al. The determinants of Chinese outward foreign direct investment[J]. Journal of International Business Studies,2007(4):499-518.

[18] Buckley P J, Cross A R, Tan H, et al. Historic and emergent trends in

Chinese outward direct investment[J]. Management International Review,2008(6):715-748.

[19]Cantwell J,Tolentino P E E. Technological accumulation and third world multinationals[J]. International Investment and Business Studies, 1990(139):1-58.

[20]Cao X,Deng M,Li H. How does e-commerce city pilot improve green total factor productivity? Evidence from 230 cities in China[J]. Journal of Environmental Management,2021(289):112520.

[21]Caves D W,Christensen L R,Diewart W E. The economic theory of index numbers and measurement of input output and productivity[J]. Econometrica,1982(50):1393-1414.

[22]Caves R E. International corporations:The industrial economics of foreign investment[J]. Economica,1971(149):1-27.

[23]Chang S J,Park S. Types of firms generating network externalities and MNCs' co-location decisions[J]. Strategic Management Journal,2005 (7):595-615.

[24]Charnes A,Cooper W W,Rhodes E. Measuring the efficiency of decision making units[J]. European Journal of Operational Research,1978(6): 429-444.

[25]Chen V Z,Li J,Shapiro D M. International reverse spillover effects on parent firms:Evidences from emerging-Market MNEs in developed markets[J]. European Management Journal,2012(3):204-218.

[26]Chenery H B,Syrquin M,Elkington H. Patterns of development:1950-1970[M]. Oxford:Oxford University Press,1975.

[27]Cheung Y W,Qian X. Empirics of China's outward direct investment [J]. Pacific Economic Review,2009(3):312-341.

[28]Child J,Rodrigues S B. The internationalization of Chinese firms:A case for theoretical extension? [J]. Management and Organization Review, 2005(3):381-410.

[29]Chung Y,Fare R. Productivity and undesirable outputs：A directional distance function approach[J]. Microeconomics,1997(3):229.

[30]Clegg J,Lin H M,Voss H,et al. The OFDI patterns and firm performance of Chinese firms：The moderating effects of multinationality strategy and external factors[J]. International Business Review,2016(4):971-985.

[31]Coe D T, Helpman E. International R&D spillovers [J]. European Economic Review,1995(39):859-887.

[32]Cohen W M,Levinthal D A. Absorptive capacity：A new perspective on learning and innovation [J]. Administrative Science Quarterly, 1990 (35):128-152.

[33]Clark C. The Conditions of Economic Progress[M]. London：Macmillan Press Ltd.,1940.

[34]Cozza C,Rabellotti R,Sanfilippo M. The impact of outward FDI on the performance of Chinese firms[J]. China Economic Review,2015 (36): 42-57.

[35]Deng P. Outward investment by Chinese MNCs：Motivations and implications[J]. Business Horizons,2004(3):8-16.

[36]Dierk Herzer. The long-run relationship between outward foreign direct investment and total factor productivity：Evidence for developing countries[J]. Journal of Development Studies,2011(5):767-785.

[37]Dowlinga M,Cheang C T. Shifting comparative advantage in Asia：New tests of the "flying geese" model[J]. Journal of Asian Economics,2000 (4):443-463.

[38]Driffield N,Love J H. Foreign direct investment,technology sourcing and reverse spillovers [J]. The Manchester School,2003(6):659-672.

[39]Dunning J H,Lundan S M. Multinational enterprises and the global economy[M]. Cheltenham：Edward Elgar Publishing,2008.

[40]Dunning J H,Narula R. The investment development path revisited some emerging issues[M]. London：Routledge,1996.

[41]Dunning J H. Explaining the international direct investment position of countries:Towards a dynamic or developmental approach[J]. Review of World Economics,1981(1):30-64.

[42]Dunning J H. The eclectic paradigm as an envelope for economic and business theories of MNE activity[J]. International Business Review, 2000(2):163-190.

[43]Dunning J H. The investment development cycle and third world multinationals[M]. London:Routledge,1986.

[44]Dunning J H. Toward an eclectic theory of international production: Some empirical tests[J]. Journal of International Business Studies,1980 (1):9-31.

[45]Dunning J H. Trade,location of economic activity and the MNE:A search for an eclectic approach[C]//The International Allocation of Economic Activity:Proceedings of a Nobel Symposium Held at Stockholm. Palgrave Macmillan UK,1977:395-418.

[46]Fare R,Grosskopf S,Norris M,et al. Productivity growth,technical progress and efficiency change in industrialized countries[J]. American Economic Review,1994(84):66-83.

[47]Fisher A G B. The clash of progress and security[M]. London: Macmillan Press Ltd.,1935.

[48]Grossman G M,HelpmanE. Innovation and growth in the global economy[M]. Cambridge:The MIT Press,1991.

[49]Gereffi G,Tam T. Industrial upgrading through organizational chains: Dynamics of rent,learning,and mobility in the global economy[C]// 93rd Annual Meeting of the American Sociological Association, San Francisco,CA,August. 1998:21-25.

[50]Gereffi G. International trade and industrial upgrading in the apparel commodity chain[J]. Journal of International Economics,1999 (1): 37-70.

[51]Giuliani E,Pietrobelli C,Rabellotti R. Upgrading in global value chains：Lessons from Latin American clusters[J]. World Development，2005(4)：549-573.

[52]Goldsmith R W. A perpetual inventory of national wealth[J]. Studies in Income and Wealth,1951(14)：5-74.

[53]Griliches Z. The search for R&D spillovers[J]. Scandinavian Journal of Economics,1992(4)：29-47.

[54] Hansen B E. Threshold effects in non-dynamic panels：Estimation，testing,and inference[J]. Journal of Econometrics,1999(2)：345-368.

[55]Hiley M. The dynamics of changing comparative advantage in the Asia-Pacific region [J]. Journal of the Asia Pacific Economy，1999（3）：446-467.

[56]Huang Y,Morck R K,Yeung B. ASEAN and FTAA：External threats and internal institutional weaknesses[J]. Business and Politics,2004(1)：1-43.

[57]Huang Y,Wang B. Chinese outward direct investment：Is there a China model? [J]. China & World Economy,2011(4)：1-21.

[58]Humphrey J,Schmitz H. Local enterprises in the global economy[M]. Cheltenham：Edward Elgar Publishing,2004.

[59]Hymer S. The International operations of national firms：A study of foreign direct investment[M]. Cambridge：The MIT Press,1960.

[60]Jain N K,Lahiri S,Hausknecht D R. Emerging market multinationals' location choice：The role of firm resources and internationalization motivations[J]. European Business Review,2013(3)：263-280.

[61]Jensen C. Foreign direct investment,industrial restructuring and the upgrading of Polish exports[J]. Applied Economics,2002(2)：207-217.

[62] Judd C M, Kenny D A. Process analysis estimating mediation in treatment evaluations[J]. Evaluation Review,1981(5)：602-619.

[63]Kiggundu M N. A profile of China's outward foreign direct investment

to Africa[J]. Proceedings of the American Society of Business and Behavioral Sciences,2008(1):130-144.

[64]Kindleberger C P. American business abroad[J]. Thunderbird International Business Review,1969(2):11-12.

[65] Kogut B,Chang S J. Technological capabilities and Japanese foreign direct investment in the United States[J]. Review of Economics & Statistics,1991(3):401-413.

[66]Kojima K. Direct foreign investment:A Japanese model of multi-national business operations[M]. London:Groom Helm,1978.

[67]Kuznets S. Economic growth of nations:Total output and production structure [M]. Cambridge:Belknap Press of Harvard University,1971.

[68]Lall S,Chen E,Katz J,et al. The new multinationals:The spread of third world enterprises[J]. Journal of Development Economics,1985 (1):210-213.

[69]Lall S. The new multinationals:The spread of third world enterprises [M]. New York:John Wiley & Sons,1983.

[70]Lau L J,Qian Y,Roland G. Reform without losers:An interpretation of China's dual-track approach to transition [J]. Journal of Political Economy,2000(1):120-143.

[71]Lecraw D J. Outward direct investment by indonesian firms:Motivation and effects[J]. Journal of International Business Studies, 1993 (3):589-600.

[72]Lee C C,Lee C C. How does green finance affect green total factor productivity? Evidence from China[J]. Energy Economics,2022(107):105863.

[73]Leontief W W. Quantitative input and output relations in the economic systems of the United States[J]. The Review of Economic Statistics,1936(18):105-125.

[74]Lewis W A. The evolution of the international economic order[M].

Princeton：Princeton University Press，1978.

[75]Li C，Qi Y，Liu S，et al. Do carbon ETS pilots improve cities' green total factor productivity? Evidence from a quasi-natural experiment in China [J]. Energy Economics，2022(108)：105931.

[76]Li J，Strange R，Ning L，et al. Outward foreign direct investment and domestic innovation performance：Evidence from China[J]. International Business Review，2016(5)：1010-1019.

[77]Li L，Liu X，Yuan D，et al. Does outward FDI generate higher productivity for emerging economy MNEs? Micro-level evidence from Chinese manufacturing firms[J]. International Business Review，2017 (5)：839-854.

[78]Lichtenberg F R，De La Potterie B V P. International R&D spillovers：A comment[J]. European Economic Review，1998(8)：1483-1491.

[79]Lin C F. Does Chinese OFDI really promote export? [J]. China Finance & Economic Review，2016(1)：13.

[80]Lipsey R E，Feliciano Z. Foreign entry into US manufacturing by takeovers and the creation of new firms[R]. National Bureau of Economic Research，2002.

[81]Liu Z，Xin L. Has China's Belt and Road Initiative promoted its green total factor productivity? Evidence from primary provinces along the route[J]. Energy Policy，2019(129)：360-369.

[82]Mathews J A. Dragon multinationals：New players in 21st century globalization[J]. Asia Pacific Journal of Management，2006(1)：5-27.

[83]Meeusen W，Broeck J V D. Efficiency estimation from Cobb-Douglas production functions with composed error[J]. International Economic Review，1977(2)：435-444.

[84]Meyer K E. Perspectives on multinational enterprises in emerging economies[J]. Journal of International Business Studies，2004 (4)：259-276.

[85]Montero J P. Market structure and environmental innovation[J]. Journal of Applied Economics,2002(2):293.

[86]Ngai L R,Pissarides C A. Structural change in a multisector model of growth[J]. American Economic Review,2007(1):429-443.

[87]Nosov V,Tseplyaeva J. China: Economy in transition[J]. Economic Policy,2016(3):46-55.

[88]Ozawa T. International investment and industrial structure: New theoretical implications from the Japanese experience[J]. Oxford Economic Papers, 1979(1):72-92.

[89]Pietrobelli C,Rabellotti R. Upgrading to compete:Global value chains, clusters, and SMEs in Latin America [M]. Cambridge: Harvard University Press,2006.

[90]Poon T S C. Beyond the global production networks:A case of further upgrading of Taiwan's information technology industry[J]. International Journal of Technology and Globalisation,2004(1):130-144.

[91]Porter M E. Competitive advantage:Creating and sustaining superior performance[M]. New York:The Free Press,1985.

[92]Porter M E. The competitive advonioge of notions[J]. Harvard Business Review,1990(73):91.

[93]Potterie B P,Lichtenberg F. Does foreign direct investment transfer technology across borders? [J]. Review of Economics and Statistic,2001 (3):490-497.

[94]Qiu S,Wang Z,Geng S. How do environmental regulation and foreign investment behavior affect green productivity growth in the industrial sector? An empirical test based on Chinese provincial panel data[J]. Journal of Environmental Management,2021(287):112282.

[95]Ramasamy B,Yeung M. The determinants of foreign direct investment in services[J]. The World Economy,2010(4):573-596.

[96]Ritchie B K. Economic upgrading in a state-coordinated,liberal market

economy[J]. Asia Pacific Journal of Management,2009(3):435-457.

[97] Rugman A M. Internalization as a general theory of foreign direct investment: A re-appraisal of the literature [J]. Review of World Economics,1980(2):365-379.

[98] Singh N. Outward FDI type and ownership mode: The effect on home country exports[J]. Journal of International Business,2016(2):11-34.

[99] Song Y, Hao F, Hao X, et al. Economic policy uncertainty, outward foreign direct investments,and green total factor productivity:Evidence from firm-level data in China[J]. Sustainability,2021(4):2339.

[100] Sutherland D. Do China's "national team" business groups undertake strategic-asset-seeking OFDI? [J]. Chinese Management Studies,2009 (1):11-24.

[101] Tone K. A slacks-based measure of efficiency in data envelopment analysis [J]. European Journal of Operational Research, 2001 (3): 498-509.

[102] Tone K. Dealing with undesirable outputs in DEA: A slacks based measure (SBM) approach[R]. GR IPS Reserarch Report Series,2003.

[103] Tuan C,Ng L F Y. Manufacturing agglomeration as incentives to Asian FDI in China after WTO[J]. Journal of Asian Economics,2004(4): 673-693.

[104] Vernon R. International investment and international trade in the product cycle [J]. The Quarterly Journal of Economics, 1966 (2): 190-207.

[105] Wang C, Clegg J, Kafouros M. Country-of-origin effects of foreign direct investment [J]. Management International Review, 2009 (2): 179-198.

[106] Wei Y, Zheng N, Liu X, et al. Expanding to outward foreign direct investment or not? A multi-dimensional analysis of entry mode transformation of Chinese private exporting firms [J]. International

Business Review,2014(2):356-370.

[107] Wei Z. The literature on Chinese outward FDI[J]. Multinational Business Review,2010(3):73-112.

[108]Wells L T. Third world multinationals:The rise of foreign investments from developing countries[M]. Cambridge:MIT Press Books,1983.

[109]Wu H,Chen J,Liu Y. The impact of OFDI on firm innovation in an emerging country[J]. International Journal of Technology Management,2017(1-4):167-184.

[110]Xia J,Ortiz J,Wang H. Reverse technology spillover effects of outward FDI to PR China: A threshold regression analysis [J]. Applied Economics Quarterly,2016(1):51-67.

[111]Young A. Gold into base metals:Productivity growth in the people's republic of China during the reform period[J]. Journal of Political Economy,2003(6):1220-1261.

[112]Zhang Y J,Liu Z,Zhang H,et al. The impact of economic growth,industrial structure and urbanization on carbon emission intensity in China[J]. Natural Hazards,2014(2):579-595.

[113]Zhao W,Liu L,Zhao T. The contribution of outward direct investment to productivity changes within China,1991—2007 [J]. Journal of International Management,2010(2):121-130.

[114]Zhou P,Ang B W,Poh K L. Measuring environmental performance under different environmental DEA technologies[J]. Energy Economics,2008(1):1-14.

[115]安苑,王珺.财政行为波动影响产业结构升级了吗? ——基于产业技术复杂度的考察[J].管理世界,2012(9):19-35.

[116]卜伟,易倩.OFDI 对我国产业升级的影响研究[J].宏观经济研究,2015(10):54-61.

[117]陈超凡.中国工业绿色全要素生产率及其影响因素——基于 ML 生产率指数及动态面板模型的实证研究[J].统计研究,2016(3):53-62.

[118]陈菲琼,钟芳芳,陈珧.中国对外直接投资与技术创新研究[J].浙江大学学报(人文社会科学版),2013(4):170-180.

[119]陈昊,吴雯.中国 OFDI 国别差异与母国技术进步[J].科学学研究,2016(1):49-56.

[120]陈静,叶文振.产业结构优化水平的度量及其影响因素分析——兼论福建产业结构优化的战略选择[J].中共福建省委党校学报,2003(1):44-49.

[121]邓玉萍,王伦,周文杰.环境规制促进了绿色创新能力吗?——来自中国的经验证据[J].统计研究,2021(7):76-86.

[122]丁焕峰.技术扩散与产业结构优化的理论关系分析[J].工业技术经济,2006(5):95-98.

[123]杜传忠,郭树龙.中国产业结构升级的影响因素分析——兼论后金融危机时代中国产业结构升级的思路[J].广东社会科学,2011(4):60-66.

[124]范爱军,李菲菲.产品内贸易和一般贸易的差异性研究——基于对我国产业结构升级影响的视角[J].国际经贸探索,2011(4):4-8.

[125]方甲.产业结构问题研究[M].北京:中国人民大学出版社,1997.

[126]冯春晓.我国对外直接投资与产业结构优化的实证研究——以制造业为例[J].国际贸易问题,2009(8):97-104.

[127]冯正强,张雁.中国对外直接投资与产业结构调整关系的实证研究[J].经济研究导刊,2011(22):147-148.

[128]付宏,毛蕴诗,宋来胜.创新对产业结构高级化影响的实证研究——基于 2000—2011 年的省际面板数据[J].中国工业经济,2013(9):56-68.

[129]付凌晖.我国产业结构高级化与经济增长关系的实证研究[J].统计研究,2010(8):79-81.

[130]傅京燕,胡瑾,曹翔.不同来源 FDI、环境规制与 GTFP[J].国际贸易问题,2018(7):134-148.

[131]傅元海,叶祥松,王展祥.制造业结构优化的技术进步路径选择——基于动态面板的经验分析[J].中国工业经济,2014(9):78-90.

[132]干春晖,郑若谷,余典范.中国产业结构变迁对经济增长和波动的影响

[J].经济研究,2011(5):4-16.

[133]干春晖,郑若谷.改革开放以来产业结构演进与生产率增长研究——对中国1978—2007年"结构红利假说"的检验[J].中国工业经济,2009(2):55-65.

[134]高越,李荣林.国际生产分割、技术进步与产业结构升级[J].世界经济研究,2011(12):78-83.

[135]顾雪松,韩立岩,周伊敏.产业结构差异与对外直接投资的出口效应——"中国—东道国"视角的理论与实证[J].经济研究,2016(4):102-115.

[136]郭国云.中国对外直接投资的产业选择[J].统计研究,2008(9):54-56.

[137]郭克莎.外商直接投资对我国产业结构的影响研究[J].管理世界,2000(2):34-45.

[138]郭晔,赖章福.货币政策与财政政策的区域产业结构调整效应比较[J].经济学家,2010(5):67-74.

[139]韩晶.中国高技术产业创新效率研究——基于SFA方法的实证分析[J].科学学研究,2010(3):467-472.

[140]韩沈超.地方政府效率对OFDI的影响研究:基于产业结构调整的视角[D].杭州:浙江大学,2016.

[141]赫希曼.经济发展战略[M].北京:经济科学出版社,1991.

[142]侯新烁,张宗益,周靖祥.中国经济结构的增长效应及作用路径研究[J].世界经济,2013(5):88-111.

[143]黄亮雄,安苑,刘淑琳.中国的产业结构调整:基于三个维度的测算[J].中国工业经济,2013(10):70-82.

[144]贾妮莎,韩永辉,邹建华.中国双向FDI的产业结构升级效应:理论机制与实证检验[J].国际贸易问题,2014(11):109-120.

[145]贾妮莎,申晨.中国对外直接投资的制造业产业升级效应研究[J].国际贸易问题,2016(8):143-153.

[146]江东.对外直接投资与母国产业升级:机理分析与实证研究[D].杭州:浙江大学,2010.

[147]姜泽华,白艳.产业结构升级的内涵与影响因素分析[J].当代经济研究,2006(10):53-56.

[148]靖学青.产业结构高级化与经济增长——对长三角地区的实证分析[J].南通大学学报(社会科学版),2005(3):45-49.

[149]孔群喜,彭丹,王晓颖.开放型经济下中国 ODI 逆向技术溢出效应的区域差异研究——基于人力资本吸收能力的解释[J].世界经济与政治论坛,2019(4):113.

[150]李斌,祁源,李倩.财政分权、FDI 与 GTFP——基于面板数据动态 GMM 方法的实证检验[J].国际贸易问题,2016(7):119-129.

[151]李东坤,邓敏.中国省际 OFDI、空间溢出与产业结构升级——基于空间面板杜宾模型的实证分析[J].国际贸易问题,2016(1):121-133.

[152]李逢春.对外直接投资的母国产业升级效应——来自中国省际面板的实证研究[J].国际贸易问题,2012(6):124-134.

[153]李逢春.中国对外直接投资推动产业升级的区位和产业选择[J].国际经贸探索,2013(2):95-102.

[154]李洪亚.产业结构变迁与中国 OFDI:2003—2014 年[J].数量经济技术经济研究,2016(10):76-93.

[155]李健,徐海成.技术进步与我国产业结构调整关系的实证研究[J].软科学,2011(4):8-13.

[156]李江帆,曾国军.中国第三产业内部结构升级趋势分析[J].中国工业经济,2003(3):34-39.

[157]李江龙,徐斌."诅咒"还是"福音":资源丰裕程度如何影响中国绿色经济增长?[J].经济研究,2018(9):151-167.

[158]李玲,陶锋.污染密集型产业的 GTFP 及影响因素——基于 SBM 方向性距离函数的实证分析[J].经济学家,2011(12):32-39.

[159]李梅,柳士昌.对外直接投资逆向技术溢出的地区差异和门槛效应——基于中国省际面板数据的门槛回归分析[J].管理世界,2012(1):21-32.

[160]李敏杰,王健.外商直接投资质量与中国 GTFP 增长[J].软科学,2019(9):13-20.

[161]李杨,黄艳希,谷玮.全球价值链视角下的中国产业供需匹配与升级研究[J].数量经济技术经济研究,2017(4):39-56.

[162]蔺鹏,孟娜娜.绿色全要素生产率增长的时空分异与动态收敛[J].数量经济技术经济研究,2021(8):104-124.

[163]刘海云,聂飞.中国OFDI动机及其对外产业转移效应——基于贸易结构视角的实证研究[J].国际贸易问题,2015(10):73-86.

[164]刘和旺,郑世林,左文婷.环境规制对企业全要素生产率的影响机制研究[J].科研管理,2016(5):33-41.

[165]刘淑茹,屈慧芳.自主创新、环境规制与工业GTFP[J].生产力研究,2021(8):81-85,99.

[166]刘赢时,田银华,罗迎.产业结构升级、能源效率与绿色全要素生产率[J].财经理论与实践,2018(1):118-126.

[167]刘源超.发展中国家对外直接投资的理论与模式研究[D].北京:北京大学,2008.

[168]龙永图.落实"一带一路"倡议 推动海陆丝绸之路城市联盟发展[J].港口经济,2016(1):5-6.

[169]宁婧.FDI、环境规制和GTFP之间的关系研究[D].西安:西安电子科技大学,2017.

[170]欧阳峣.基于"大国综合优势"的中国对外直接投资战略[J].财贸经济,2006(5):57-60.

[171]潘素昆,袁然.不同投资动机OFDI促进产业升级的理论与实证研究[J].经济学家,2014(9):69-76.

[172]潘颖,刘辉煌.中国对外直接投资与产业结构升级关系的实证研究[J].统计与决策,2010(2):102-104.

[173]裴长洪,樊瑛.中国企业对外直接投资的国家特定优势[J].中国工业经济,2010(7):45-54.

[174]裴长洪.吸收外商直接投资与产业结构优化升级——"十一五"时期利用外资政策目标的思考[J].中国工业经济,2006(1):33-39.

[175]彭磊.关于发展中国家对发达国家直接投资的一个注解[J].财贸经济,

2004(8):37-41.

[176]邱立成,王凤丽.我国对外直接投资主要宏观影响因素的实证研究[J].
国际贸易问题,2008(6):78-82.

[177]邱立成,杨德彬.中国企业 OFDI 的区位选择——国有企业和民营企业
的比较分析[J].国际贸易问题,2015(6):139-147.

[178]仇怡,吴建军.我国对外直接投资的逆向技术外溢效应研究[J].国际贸
易问题,2012(10):140-152.

[179]茹玉璁.技术寻求型对外直接投资及其对母国经济的影响[J].经济评
论,2004(2):109-112.

[180]单豪杰.中国资本存量 K 的再估算:1952—2006 年[J].数量经济技术经
济研究,2008(10):17-31.

[181]史学贵,施洁.技术进步、对外贸易与产业结构转型——中国产业结构
演进动力分析[J].经济问题探索,2015(4):63-69.

[182]宋学印.国际准前沿经济体的技术进步机制:从追赶导向到竞争导向
[D].杭州:浙江大学,2016.

[183]宋勇超.中国对外直接投资目的效果检验——以资源寻求型 OFDI 为视
角[J].经济问题探索,2013(8):123-129.

[184]苏治,徐淑丹.中国技术进步与经济增长收敛性测度——基于创新与效
率的视角[J].中国社会科学,2015(7):4-25.

[185]隋月红."二元"对外直接投资与贸易结构:机理与来自我国的证据[J].
国际商务(对外经济贸易大学学报),2010(6):66-73.

[186]孙晓华,王昀.对外贸易结构带动了产业结构升级吗? ——基于半对数
模型和结构效应的实证检验[J].世界经济研究,2013(1):15-21.

[187]田洪刚,刘亚丽.中国对外直接投资推动 GTFP 提升的路径:一个多重
中介模型的检验[J].南京财经大学学报,2020(2):84-96.

[188]涂正革.环境、资源与工业增长的协调性[J].经济研究,2008(2):
93-105.

[189]汪克亮,许如玉,赵斌.对外直接投资、结构转型与绿色全要素生产率
[J].南京财经大学学报,2020(6):74-85.

[190]汪琦.对外直接投资对投资国的产业结构调整效应及其传导机制[J].国际贸易问题,2004(5):36-41.

[191]汪伟,刘玉飞,彭冬冬.人口老龄化的产业结构升级效应研究[J].中国工业经济,2015(11):47-61.

[192]王根军.比较劣势产业对外直接投资与我国产业升级[J].印度洋经济体研究,2004(3):8-9.

[193]王丽,张岩.对外直接投资与母国产业结构升级之间的关系研究——基于1990—2014年OECD国家的样本数据考察[J].世界经济研究,2016(11):60-69.

[194]王洛林,江小涓.大型跨国公司投资对中国产业结构、技术进步和经济国际化的影响[J].中国工业经济,2000(5):5-10.

[195]王胜,田涛,谢润德.中国对外直接投资的贸易效应研究[J].世界经济研究,2014(10):80-86.

[196]王庭东.新科技革命,美欧"再工业化"与中国要素集聚模式嬗变[J].世界经济研究,2013(6):3-8.

[197]王小鲁.中国经济增长的可持续性[M].北京:经济科学出版社,2000.

[198]王晓红,冯严超,胡士磊.FDI、OFDI与中国绿色全要素生产率——基于空间计量模型的分析[J].中国管理科学,2021(12):81-91.

[199]王英,刘思峰.中国对外直接投资的出口效应:一个实证分析[J].世界经济与政治论坛,2007(1):36-41.

[200]魏浩.中国对外直接投资战略及相关问题[J].国际经济合作,2008(6):4-8.

[201]温忠麟,张雷,侯杰泰,等.中介效应检验程序及其应用[J].心理学报,2004(5):614-620.

[202]文东伟,冼国明.垂直专业化与中国制造业贸易竞争力[J].中国工业经济,2009(6):77-87.

[203]吴进红.对外贸易与长江三角洲地区的产业结构升级[J].国际贸易问题,2005(4):58-62.

[204]吴蔚.对外贸易、外商直接投资与我国GTFP增长:基于省际面板数据

的实证分析[J].武汉商学院学报,2020(2):57.

[205]吴先明,黄春桃.中国企业对外直接投资的动因:逆向投资与顺向投资的比较研究[J].中国工业经济,2016(1):99-113.

[206]夏凉,朱莲美,王晓栋.环境规制、财政分权与 GTFP[J].统计与决策,2021(13):131-135.

[207]项本武.中国对外直接投资的贸易效应研究——基于面板数据的协整分析[J].财贸经济,2009(4):77-82.

[208]项本武.中国对外直接投资:决定因素与经济效应的实证研究[M].北京:社会科学文献出版社,2005.

[209]肖文,陈昊.新科技革命与中国对外直接投资[J].浙江学刊,2018(1):110-117.

[210]肖文,韩沈超.产业结构调整速率对 OFDI 的静态影响与动态效应——基于 2003—2013 年省级面板数据的检验[J].国际贸易问题,2016(11):108-119.

[211]肖文,薛天航,潘家栋.金融结构对产业升级的影响效应分析[J].浙江学刊,2016(3):168-175.

[212]肖文,周君芝.国家特定优势下的中国 OFDI 区位选择偏好[J].浙江大学学报(人文社会科学版),2014(1):184-196.

[213]肖兴志,彭宜钟,李少林.中国最优产业结构:理论模型与定量测算[J].经济学(季刊),2012(4):135-162.

[214]徐德云.产业结构升级形态决定、测度的一个理论解释及验证[J].财政研究,2008(1):46-49.

[215]徐敏,姜勇.中国产业结构升级能缩小城乡消费差距吗?[J].数量经济技术经济研究,2015(3):3-21.

[216]许南,李建军.产品内分工、产业转移与中国产业结构升级[J].管理世界,2012(1):182-183.

[217]阎大颖.中国企业对外直接投资的区位选择及其决定因素[J].国际贸易问题,2013(7):128-135.

[218]杨春学,姚宇,刘剑雄.增长方式转变的理论基础和国际经验[M].北京:

社会科学文献出版社,2012.

[219]杨建清,周志林.我国对外直接投资对国内产业升级影响的实证分析[J].经济地理,2013(4):120-124.

[220]杨娇辉,王伟,谭娜.破解中国对外直接投资区位分布的"制度风险偏好"之谜[J].世界经济,2016(11):3-27.

[221]杨连星,张梅兰.中国对外直接投资与国内投资:挤出还是挤入?[J].世界经济研究,2019(1):56-69,136.

[222]杨智峰,陈霜华,汪伟.中国产业结构变化的动因分析——基于投入产出模型的实证研究[J].财经研究,2014(9):38-49.

[223]姚小剑,夏丹丹,张英琳.环境规制对陕西省能源开发产业GTFP影响研究[J].中国矿业,2021(5):100.

[224]尹子擘,孙习卿,邢茂源.绿色金融发展对GTFP的影响研究[J].统计与决策,2021(3):139-144.

[225]于斌斌.产业结构调整与生产率提升的经济增长效应——基于中国城市动态空间面板模型的分析[J].中国工业经济,2015(12):83-98.

[226]余官胜.东道国金融发展和我国企业对外直接投资——基于动机异质性视角的实证研究[J].国际贸易问题,2015(3):138-145.

[227]俞佳根.中国对外直接投资的产业结构升级效应研究[D].沈阳:辽宁大学,2016.

[228]俞毅,万炼.我国进出口商品结构与对外直接投资的相关性研究——基于VAR模型的分析框架[J].国际贸易问题,2009(6):96-104.

[229]原毅军,谢荣辉.FDI、环境规制与中国工业GTFP增长——基于Luenberger指数的实证研究[J].国际贸易问题,2015(8):84-93.

[230]原毅军,谢荣辉.环境规制的产业结构调整效应研究——基于中国省际面板数据的实证检验[J].中国工业经济,2014(8):57-69.

[231]张宏.我国对外直接投资的产业选择[J].齐鲁学刊,2003(3):42-44.

[232]张晖明,丁娟.论技术进步、技术跨越对产业结构调整的影响[J].复旦学报(社会科学版),2004(3):81-85.

[233]张军,吴桂英,张吉鹏.中国省际物质资本存量估算:1952—2000[J].经

济研究,2004(10):35-44.

[234]张林.中国双向 FDI、金融发展与产业结构优化[J].世界经济研究,2016(10):111-124.

[235]张同斌,高铁梅.财税政策激励、高新技术产业发展与产业结构调整[J].经济研究,2012(5):58-70.

[236]张泽嘉.中国对外直接投资对绿色经济效率的影响[D].长春:吉林大学,2020.

[237]赵红,张茜.外商直接投资对中国产业结构影响的实证研究[J].国际贸易问题,2006(8):82-86.

[238]赵伟,古广东,何元庆.外向 FDI 与中国技术进步:机理分析与尝试性实证[J].管理世界,2006(7):53-60.

[239]赵伟,江东.ODI 与中国产业升级:机理分析与尝试性实证[J].浙江大学学报(人文社会科学版),2010(3):116-125.

[240]赵文哲.财政分权与前沿技术进步、技术效率关系研究[J].管理世界,2008(7):34-44.

[241]周昌林,魏建良.产业结构水平测度模型与实证分析——以上海、深圳、宁波为例[J].上海经济研究,2007(6):15-21.

[242]周升起.OFDI 与投资国(地区)产业结构调整:文献综述[J].国际贸易问题,2011(7):135-144.

[243]朱承亮,岳宏志,李婷.中国经济增长效率及其影响因素的实证研究:1985—2007 年[J].数量经济技术经济研究,2009(9):52-63.

[244]朱平芳,张征宇,姜国麟.FDI 与环境规制:基于地方分权视角的实证研究[J].经济研究,2011(6):133.

[245]朱卫平,陈林.产业升级的内涵与模式研究——以广东产业升级为例[J].经济学家,2011(2):60-66.

后 记

　　本书系浙江省哲学社会科学规划课题"'两山理论'下浙江省 OFDI 对绿色 TFP 的影响机制及对策研究"(20NDQN309YB)的研究成果。本课题于 2019 年立项,经过课题组的不懈努力,几经寒暑,于 2022 年底最终完成书稿。本书研究涵盖了中国 OFDI 与产业升级、中国 OFDI 与绿色 TFP 等多个领域,其中,部分观点已在 *China & World Economy* 等刊物上发表,这无疑是对本书价值的极大肯定。

　　本书紧紧围绕中国 OFDI、产业升级与绿色 TFP 提升这一中心,从基础理论的回顾、梳理出发,首先,构建了中国 OFDI、产业升级与绿色 TFP 提升的理论框架,重点研究了中国 OFDI 对母国产业升级的传导路径与理论模型,以及中国 OFDI 对绿色 TFP 的影响机理与调节机制。其次,从中国 OFDI 的特征事实、产业升级动态演进、绿色 TFP 现状刻画三个方面展开分析,并在此基础上,实证研究了中国 OFDI 对母国产业升级的影响效应与传导机制,以及中国 OFDI 对母国绿色 TFP 提升的门槛效应与空间效应。最后,本书基于浙江省 OFDI、产业升级与绿色 TFP 实践,分析了浙江省对外投资情况、产业转型现状与浙江省 11 个地级市的绿色 TFP 水平,并通过吉利集团跨国并购案例进行分析,总结其凭借对外投资促进转型升级、绿色发展的相关经验与启示。

　　在书稿撰写期间,我们得到了许多专家以及学者的大力支持。特别感谢浙江省社会科学界联合会的大力支持,为本书顺利完稿提供了坚实后盾;感谢课题组成员薛天航助理研究员、王浩峦博士和于海明博士的辛苦付出;感谢杭州师范大学樊文静副教授,杭州电子科技大学韩沈超副教授,中共浙江省委党校潘家栋副教授提出的宝贵意见；感谢浙江科技学院陈思静副教授、莫家颖博士提供的广阔思路；感谢徐梦鸽硕士、赵诗杰硕士等在研究过程中所做的资料搜集与实地调研工作。

党的二十大报告明确指出，坚持高水平对外开放，加快构建以国内大循环为主体、国内国际双循环相互促进的新发展格局。对外直接投资是国际循环中的重要环节，本书重点探讨了对外直接投资对我国产业升级与绿色 TFP 的影响，但目前全球经济不确定性加剧，中国对外直接投资也面临着诸多风险和挑战，对于这些新问题，我们也将在后续研究中进一步分析。

陈昊　肖文

2022 年 12 月